21世纪工商管理系列精品教材

Accounting

会计学

赵息◎编著

清华大学出版社
北 京

内容简介

本书体现了我国会计改革的最新成果。在对会计学进行总体描述的基础上，着重阐述了会计信息生成的基本过程，内容涵盖基础会计、财务会计的基本知识以及成本会计的概念和基本流程。本书在层次上由浅入深、循序渐进，在内容上理论与运用并重，既注重会计学的基本理论、基本知识的讲解，又兼顾基本技能的培养和会计思维的训练。本书适用于高等院校 MBA 专业的会计学课程，也适用于经济、金融、管理类的非会计专业的会计学教学。

图书在版编目（CIP）数据

会计学/赵息编著. --北京：清华大学出版社，2014（2019.10重印）
ISBN 978-7-302-38165-5

Ⅰ. ①会…　Ⅱ. ①赵…　Ⅲ. ①会计学－高等学校－教材　Ⅳ. ①F230

中国版本图书馆 CIP 数据核字(2014)第 227839 号

责任编辑：高晓蔚
封面设计：汉风唐韵
责任校对：王荣静
责任印制：刘海龙

出版发行：清华大学出版社
网　　址：http://www.tup.com.cn，http://www.wqbook.com
地　　址：北京清华大学学研大厦 A 座　　**邮　　编**：100084
社 总 机：010-62770175　　**邮　　购**：010-62786544
投稿与读者服务：010-62776969，c-service@tup.tsinghua.edu.cn
质量反馈：010-62772015，zhiliang@tup.tsinghua.edu.cn
课件下载：http://www.tup.com.cn，010-62770175-4903
印 装 者：北京九州迅驰传媒文化有限公司
经　　销：全国新华书店
开　　本：185mm×230mm　　**印　　张**：20.25　　**字　　数**：413 千字
版　　次：2014 年 10 月第 1 版　　**印　　次**：2019 年 10 月第 2 次印刷
定　　价：39.00元

产品编号：044989-01

前　言

会计学知识是从事经济和管理工作不可或缺的。在高等院校会计专业以外的工商管理、金融、经济类专业的课程中开设会计学，旨在使学生了解和掌握会计信息的内容以及生成过程，并学会利用会计信息为管理和经济建设服务。

会计学属于社会科学的范畴，是以社会现象作为研究的对象，而当今会计学所要反映的社会经济活动中新事物和现象层出不穷，这就要求制定相应新的会计规则，以便规范社会各组织的会计行为。自2007年我国新会计准则实施至今已历时7年，这期间我国会计改革的步伐从未停止过，本教材体现了我国会计准则的最新变化。

会计学教材的使用者一般是管理类、金融、经济类的非会计专业学生，编者多年来从事会计学教学，深谙其授课对象的特点和需求。为使学生在较短的时间内掌握会计学的核心内容，本教材内容由浅入深、循序渐进，理论与运用并重，既注重会计学的基本理论、基本知识的讲解，同时也兼顾了基本技能的培养及会计思维的训练。本教材力求体现基础性、系统性和与时俱进。该教材主要特点为：

(1) 首要是体现了“精练”，即以较少的篇幅去描述、表达会计学的精髓，摈弃繁复，言简意赅。

(2) 体现“基础”，即在对于会计学的基本概念和基本理论阐述清楚的基础上，使学生对会计学的理论框架能有一个整体的了解。

(3) 不过多地纠缠在具体业务的处理上，会计实务部分的分量适度。

(4) 便于学生理解和掌握，每章之后附有适量的思考题与练习题，书后配有参考答案。

本教材适用于高等院校MBA专业的会计学课程，也适用于经济类、金融、管理类的其他非会计专业的会计学教学。

本教材第一章、第二章阐述了会计学原理，以会计学的基本理论、复式记账方法和会计循环为主要内容；第三章至第十二章阐述了企业财务会计内容，同时涉及成本会计的基本概念和基本流程。天津大学管理与经济学部的研究生熊耀鹏、褚洪辉、徐晓、田园、刘敏、李晓等参与了本书的校对和习题编写工作。

由于编者水平有限，书中难免会有差错和疏漏，敬请读者指正。

前言

目　录

第一章　总　论

本章要点

(1) 会计的产生与发展。

(2) 会计核算的基本前提与基础。

(3) 会计要素。

(4) 会计信息质量要求。

(5) 会计计量属性。

会计学在人类知识体系中所处的学科范畴，会计学的发展历程，以及会计学的基本理论、基本概念是初学者首先要了解和掌握的。本章在阐述现代会计产生和发展的基础上，着重介绍财务会计的目标、会计核算的基本前提与基础、会计要素及其特征、会计信息质量要求及会计计量属性。通过对这些内容的学习，初学者将对会计学的基本框架有一个总括性的了解。

第一节　会计概述

会计在人类的知识体系中，属于社会科学的范畴，是社会科学中经营管理学的一个分支。会计总是处于变化的社会环境中，经历了一个从简单到复杂、从低级到高级的发展过程。

物质资料的生产是人类社会赖以生存和发展的基础。在生产活动中，人们为了获得一定的劳动成果，必然要耗费一定的人力、财力、物力。人们一方面关心劳动成果的多少，另一方面也注重劳动耗费的高低。在人类社会的早期，人们只是凭借头脑来记忆经济活动过程中的所得与所费；随着生产活动的日益纷繁、复杂，大脑记忆已无法满足上述需要，于是便产生了专门记录和计算经济活动过程中所得与所费的会计。随着人类生产活动的进一步发展，会计已由简单的记录和计算逐步发展成为以货币单位综合地反映经济活动过程的一种价值管理活动。

会计是以货币为主要计量单位，反映和监督一个单位经济活动的一种经济管理工作。

现代企业会计根据其服务对象和目的的不同，通常可以分为财务会计和管理会计两大分支。

一、财务会计

财务会计也称为对外报告会计。财务会计采用公认的、规范的会计处理程序和方法，定期提供一系列通用的会计报表，以满足企业外部的会计信息用户进行经济决策的需要。财务会计提供的信息侧重于历史信息。

商品经济的高度发展，使企业的所有权和经营权逐渐分离，在企业外部形成了直接的和间接的利害关系人，特别是股份有限公司成为占主导地位的经营组织形式后，客观上要求会计不能局限于为企业内部服务，而应考虑企业外部有关利害关系人的需要。这样就从传统会计中分离出了主要向企业外部有关利害关系人提供财务信息的财务会计。企业外部有关利害关系人包括投资者、债权人、政府及其有关部门、社会公众等。

二、管理会计

管理会计也称为对内报告会计。管理会计侧重于向企业经营和内部管理者提供进行经营规划、加强经营管理、做出预测和决策所需要的信息。它对于会计信息的处理程序、方法以及提供会计信息的时间都可以根据企业自身的管理需要，不被会计准则所左右。管理会计主要不是提供历史信息，而是预测和规划未来的信息。

第二次世界大战以后，特别是21世纪以来，国际社会出现了企业规模不断扩大、经营活动日趋复杂、市场竞争更加激烈的局面，企业管理当局为了避免在竞争中被淘汰，迫切需要会计不仅要反映过去，而且要控制现在、预测未来。这样为满足企业管理当局的需要，侧重于为企业内部提供会计信息的管理会计应运而生。

系统论、信息论、控制论、行为科学等以及不断变革的企业管理理念和方法对会计的理论与实践产生了深刻的影响。国际投资、国际贸易和跨国经营的迅速增长以及地区经济集团的出现，使得国际间的经济业务大大增强，超越国界的国际会计协调和规范及与国际化管理要求相适应的会计支持系统应运而生。现代会计的产生和发展是现代经济、科技和管理发展的客观要求，经济和科技发展速度越快，管理要求越高，人们也就越重视对会计信息的利用，会计作为经济管理的组成部分所起的作用也就越重要。

第二节　会计核算的基本前提与基础

会计基本假设是企业会计确认、计量和报告的前提，是对会计核算所处时间、空间环境等所做的合理设定，是企业设计和选择会计方法的重要依据。它之所以称为假设，是因为面对变化不定的社会经济环境和复杂多变的经济活动，为了避免会计处理的随意性，保证会计信息的质量，需要对会计核算的先决条件做出合理推断或人为规定。会计核算的基本前提包括会计主体、持续经营、会计分期和货币计量。

一、会计核算的基本前提

（一）会计主体

会计主体亦称会计实体、会计个体，是指企业会计确认、计量和报告的空间范围。会计所要反映的总是特定主体的经济活动，只有明确规定会计核算主体，将会计所要反映的主体的经济活动与其他经济主体的经济活动区别开来，与其所有者个人的经济活动区别开来，才能保证会计核算工作的正常开展，实现会计的目标。

会计主体的作用在于界定不同会计主体会计核算的范围。从企业来说，它要求会计核算区分自身的经济活动与其他企业单位的经济活动，区分企业的经济活动与企业所有者的经济活动。企业的会计记录和会计报表涉及的只是企业主体范围内的经济活动，而不核算反映企业所有者的经济活动，也不核算反映其他企业或其他经济主体的经济活动。这样通过界定会计核算的范围，才能正确反映企业主体的资产、负债和所有者权益情况，才能准确提供反映企业财务状况和经营成果的财务报表，才能提供会计信息的使用者所需要的信息资料。

会计主体与法律主体并不是同一概念。一般来说，法律主体必然是会计主体，但会计主体并不一定就是法律主体。任何企业，无论是独资企业、合资企业还是合伙企业，都是一个会计主体。在企业规模较大的情况下，为了便于掌握其分支机构的生产经营活动和收支情况，可以将分支机构作为一个会计主体，要求其定期编制会计报表。此外，在控股经营的情况下，母公司及其控制的子公司均为独立的法律主体，各为一个会计主体，但在编制合并会计报表时，也可将母公司和子公司这些独立的法律主体组成的企业集团视为一个会计主体，将其各自的会计报表予以合并，以反映企业集团整体财务状况和经营成果。也就是说，会计主体，可以是独立法人，也可以是非法人，如合作经营企业；可以是一个企业，也可以是企业内部的某一单位或企业中的一个特定部分，如企业的分公司；可以是单一企业，也可以是由几个企业组成的企业集团。

（二）持续经营

持续经营是指在可以预见的将来，企业将会按当前的规模和状态继续经营下去，不会停业，也不会大规模削减业务。它要求会计人员以企业持续、正常的经营活动为前提进行会计核算。

持续经营假设是对会计核算时间无限性的规定，会计核算中所使用的一系列的会计处理方法都是建立在持续经营前提基础之上的。例如，在持续经营的前提下，才能运用历史成本原则，企业才可以按照正常的情况使用它所拥有的各种经济资源和依照原来的偿还条件来偿还它所负担的各种债务。企业对于它所使用的固定资产，只有在持续经营的前提下，才可以在其使用年限内，按照其价值和使用情况，确定所采用的折旧方法计提折旧。对于其所负担的债务，也只有在持续经营的前提下，才有必要区分流动负债和非流动负债，才可以按照规定的条件偿还。因此，在持续经营的前提下，企业在会计信息的收集和处理上所使用的会计处理方法才能保持稳定，企业的会计记录和会计报表才能真实、可靠。

由于持续经营是根据企业发展的一般情况所做的设定，企业在生产经营过程中发生清算、破产或倒闭的可能性总是存在的。为此，往往要求定期对企业持续经营这一前提做出分析和判断。一旦判定企业不符合持续经营前提，就应当改变会计核算的基础。

（三）会计分期

会计分期是指将一个企业持续经营的生产经营活动期间划分为若干连续的、长短相同的期间，据以结算账目，编制会计报表，从而及时地向有关方面提供反映企业财务状况、经营成果及现金流量等方面的信息。

企业在持续经营的情况下，要计算企业的净收益，反映企业的经营成果，从理论上说，只有等到企业的所有生产经营活动最终结束后，才能通过收入和费用的归集与比较，进行准确的计算。但这在实际上是行不通的。因为，企业的投资者、债权人、国家财税部门需要及时了解企业的经营情况，需要企业定期提供其决策和征税依据的会计信息。摆在会计人员面前的问题，就是要确定从何时开始到何时截止对经济活动进行记录核算，并按多长时间和应在哪一个时日把信息传递给使用者，于是产生了会计分期假设。根据会计分期假设，需要企业会计人员人为地将企业川流不息的经营活动划分为若干个相等的期间，以满足各方面对企业会计信息的需求。这种人为的分期就是会计期间。

最常见的会计期间就是一年，以一年作为会计期间称为会计年度，按年编制的财务会计报表成为年报。在我国，会计年度自公历每年的 1 月 1 日至 12 月 31 日。为满足人们对会计信息的需求，也要求企业按短于一年的会计期间编制财务报告，如半年报、季报、月报等。

（四）货币计量

货币计量是指会计主体在财务会计确认、计量和报告时以货币计量，反映会计主体的财务状况、经营成果和现金流量。货币计量假设包括两个含义：一是会计以货币作为主要的计量单位（记账本位币）；二是假定作为计量单位的货币，其价值是稳定或相对稳定的。

记账本位币是企业据以记账的货币，企业会计核算必须确定一种货币为记账本位币。

比如,《企业会计准则》规定,我国是以人民币为记账本位币,业务收支以外币为主的企业和境外企业也可设定某种外币为记账本位币,但在编制会计报表时,应换算成人民币反映。

货币计量是以货币价值不变、币值稳定为条件。因为,只有在币值稳定或相对稳定的情况下,不同时点的资产价值才具有可比性,不同时间的收入和费用才能进行比较,计算、确定其经营成果,会计核算提供的会计信息才能真实反映企业的经营状况。但在现实经济社会中,币值变动时有发生,通货膨胀和通货紧缩会降低或提高货币的购买力,对币值产生影响,从而使单位货币所包含的价值量随着现行价格的波动而变化。这时,币值不变假设的缺陷就暴露出来,资产不能反映其真实价值,从而影响会计信息的质量。因此,在特殊情况下,可以采用物价变动会计,但货币计量仍然是会计核算的基本前提。

二、会计核算的基础

会计核算的基础一般有两种：权责发生制和收付实现制。

权责发生制也称应收应付制,是指企业的会计核算应以经济利益和经济责任的发生为标准来确认收入和费用的归属期。具体地说,凡是在本会计期间已经实现的收入,不论是否收到款项,都应作为本会计期间的收入入账;凡是在本会计期间发生的费用,不论是否付出款项,都应作为本会计期间的费用入账。换言之,凡是不属于本会计期间的收入,即使收到款项,也不应作为本会计期间的收入入账;凡是不属于本会计期间的费用,即使付出款项,也不应作为本会计期间的费用入账。权责发生制的核心是根据权责关系的实际发生和影响期间来确认企业的费用和收益,采用权责发生制有利于准确划分不同会计期间的收入和费用,通过收入与费用的比较,正确确定经营成果。

与权责发生制相对应的是收付实现制(也称现金制),它是以款项实际收付为标准来确定收入和费用的归属期。即凡是本期实际收到的收入和实际付出的费用,无论是否属于本期,都作为本期的收入和费用入账。

权责发生制所反映的款项的收付与经营成果通常是不一致的,因此它主要用于营利组织,而收付实现制主要用于非营利组织。我国《企业会计准则》规定,企业会计的确认、计量和报告应当以权责发生制为基础。

第三节　会计要素

会计要素是对会计对象进行的基本分类,是会计对象的具体化,是用于反映会计主体财务状况、确定经营成果的基本单位。它为会计分类核算提供了基础,也为会计报表构筑了基本框架,因此又称为会计报表要素。

在我国,会计要素包括资产、负债、所有者权益、收入、费用、利润。其中,资产、负债、所有者权益三个要素反映企业一定日期的财务状况;收入、费用、利润三个要素反映企业一定时期的经营结果。

一、资产

资产是指企业过去的交易或者事项形成的、企业拥有或者控制的、预期会给企业带来经济利益的资源。

(一) 资产的特征

1. 资产是由于过去的交易或事项所形成的

资产必须是现实的资产,而不能是预期的资产,是企业在过去的一个时期里通过交易或事项所形成的,是过去已经发生的交易或事项所产生的结果。至于未来交易或事项以及未发生的交易或事项可能产生的结果,则不属于现实的资产,不得作为资产确认。

2. 资产是企业拥有或者控制的

一般来说,一项资源要作为企业的资产予以确认,企业应该拥有此项资源的所有权,可以任意调度使用,其他企业或个人未经同意,不能擅自使用本企业的资产。但在某些情况下,对于一些特殊方式形成的资产,企业虽然对其不拥有所有权,但能够实际控制,按照实质重于形式的原则,也应当确认为企业的资产,如融资租入固定资产等。

3. 资产能够给企业带来未来的经济利益

给企业带来未来的经济利益是资产的本质特征。在企业的生产经营活动中,凡是能够给企业提供未来经济利益的资源都可以成为资产。资产必须具有使用价值和交换价值。没有使用价值,也没有转让价值的,不能确认为资产。例如,库存已失效或已毁损的存货等,它们已经不能给企业带来未来经济利益,因此不能再确认为资产。

4. 作为资产的资源必须能够用货币来计量

资产是一种具有价值的,即能用货币计量的经济资源,有些符合资产定义但不能用货币计量的资源,就不应将其列作企业的资产。如企业的人力资源,仅符合资产定义但不符合资产确认条件的项目,只能在附注中作相应披露。

(二) 资产的分类

任何企业要进行正常的经营活动,都必须拥有一定数量和结构的资产。为了正确反映企业的财务状况,通常将企业的全部资产按其流动性划分为流动资产与非流动资产两大类。

1. 流动资产

流动资产是指那些可以合理地预期将在一年内转变现或被耗用的资产,主要包括货币资金、交易性金融资产、应收票据、应收账款、预付账款、其他应收款、存货等。

2. 非流动资产

除流动资产以外的其他所有资产统称为非流动资产，包括持有至到期的投资、长期股权投资、固定资产、无形资产、其他非流动资产等。

二、负债

负债是指企业过去的交易或者事项形成的、预期会导致经济利益流出企业的现时义务。

（一）负债的特征

1. 负债是企业承担的现时义务

负债必须是企业承担的现时义务，它是负债的一个基本特征。其中，现时义务是指企业在现行条件下已承担的义务。未来发生的交易或者事项形成的义务，不属于现时义务，不应当确认为负债。

这里所指的义务可以是法定义务，也可以是推定义务。其中，法定义务是指具有约束力的合同或者法律、法规规定的义务，通常在法律意义上需要强制执行。推定义务是指根据企业多年来的习惯做法、公开的承诺或者公开宣布的政策而导致企业将承担的责任，这些责任也使有关各方形成了企业将履行义务解脱责任的合理预期。例如，某企业多年来有一项销售政策，即对于售出商品提供一定期限内的售后保修服务，预期将为售出商品提供的保修服务就属于推定义务，应当将其确认为一项负债。

2. 负债预期会导致经济利益流出企业

预期会导致经济利益流出企业是负债的一个本质特征，只有企业在履行义务时会导致经济利益流出企业，才符合负债的定义。如果不会导致经济利益流出企业，就不符合负债的定义。在履行现时义务清偿负债时，导致经济利益流出企业的形式多种多样，例如，用现金偿还或以实物资产形式偿还，以提供劳务形式偿还，以部分转移资产、部分提供劳务形式偿还等。

3. 负债是由企业过去的交易或者事项形成的

负债应当由企业过去的交易或者事项所形成。换句话说，只有过去的交易或者事项才形成负债，企业将在未来发生的承诺、签订的合同等交易或者事项，不形成负债。

（二）负债的分类

负债按其流动性，一般可分为流动负债和非流动负债。

1. 流动负债

流动负债是指偿还期在一年或超过一年的一个营业周期内的债务，包括短期借款、交易性金融负债、应付票据、应付账款、应付职工薪酬、应交税费、应付利息、应付股利及预收账款等。

2. 非流动负债

非流动负债是指偿还期在一年或超过一年的一个营业周期以上的债务,包括长期借款、应付债券、长期应付款等。非流动负债是企业向债权人筹集的可供长期使用的一种资本来源。同流动负债相比,非流动负债的特点是数额较大,偿还期限较长。

三、所有者权益

所有者权益是指企业资产扣除负债后,由所有者享有的剩余权益,是投资人对企业净资产的所有权。所有者权益是企业的主要资金来源,它等于全部资产减去全部负债后的净额。

企业所有者拥有的权益最初以投入企业资产的形式取得,形成投入资本。随着企业生产经营活动的开展,投入资本本身增值,增值部分形成盈余公积和未分配利润,这部分资金归所有者所有,与投入资本一起构成企业的所有者权益,具体包括投入资本、资本公积、直接计入所有者权益的利得和损失及盈余公积和未分配利润等部分。

利得是指由企业非日常活动所形成的、会导致所有者权益增加的、与所有者投入资本无关的经济利益的流入。损失是指由企业非日常活动所发生的、会导致所有者权益减少的、与向所有者分配利润无关的经济利益的流出。它是企业除了费用或分配给所有者之外的一些边缘性或偶发性支出。

所有者权益由实收资本、资本公积、盈余公积和未分配利润四部分构成。

(1) 实收资本。实收资本是指投资者投入资本形成法定资本的价值。所有者向企业投入的资本,在一般情况下无须偿还,可以长期周转使用。

(2) 资本公积。资本公积是指企业收到投资者的超出其在企业注册资本(或股本)中所占份额的投资,以及直接计入所有者权益的利得和损失等。

(3) 盈余公积。盈余公积是指企业按照规定从净利润中提取的各种积累资金,包括法定盈余公积金、任意盈余公积金。

(4) 未分配利润。未分配利润是指企业留待以后年度分配的结存利润。

盈余公积和未分配利润都是企业从逐年实现的净利润中形成的企业内部尚未使用或分配的利润,统称为留存收益。

资产、负债及所有者权益三个要素反映企业的财务状况,资产是企业拥有或控制的经济资源,负债和所有者权益分别是债权人和所有者对企业资产的要求权。因此,它们之间的数量关系是

$$资产=负债+所有者权益$$

或

$$资产-负债=所有者权益$$

四、收入

收入是指企业在日常活动中形成的、会导致所有者权益增加的、与所有者投入资本无关的经济利益的总流入。

（一）收入的特征

1. 收入是企业在日常活动中形成的

日常活动是指企业为完成其经营目标所从事的经常性活动以及与之相关的活动。明确界定日常活动是为了将收入与利得相区分，因为企业非日常活动所形成的经济利益的流入不能确认为收入，而应当计入利得。

2. 收入是与所有者投入资本无关的经济利益的总流入

收入应当会导致经济利益的流入，从而导致资产的增加。有些情况下，经济利益流入是所有者投入资本形成的，所有者投入资本的增加不应确认为收入。

3. 收入将导致所有者权益的增加

与收入相关的经济利益的流入应当会导致所有者权益的增加，不会导致所有者权益增加的经济利益的流入不符合收入的定义，不应确认为收入。

（二）收入的分类

收入按其经营业务的不同，可分为基本业务收入和其他业务收入。

1. 基本业务收入

基本业务收入又称主营业务收入，是指企业为完成其经营目标从事的经常性活动实现的收入。不同行业的基本业务收入有所不同，在制造业中表现为产品销售收入，在商业企业中表现为商品销售收入，在服务业中表现为服务性收入。

2. 其他业务收入

其他业务收入又称附营业务收入，是指与企业为完成其经营目标所从事的经常性活动相关的活动实现的收入。如制造业的技术使用权转让、固定资产出租等的收入。

五、费用

费用是指企业在日常活动中形成的、会导致所有者权益减少的、与向所有者分配利润无关的经济利益的总流出。

（一）费用的特征

1. 费用是企业在日常活动中形成的

费用必须是企业在日常活动中所形成的，这些日常活动的界定与收入定义中涉及的日常活动的界定相一致。将费用界定为日常活动所形成的，目的是为了将其与损失相区分。企业非日常活动所形成的经济利益的流出不能确认为费用，而应当计入损失。

2. 费用是与向所有者分配利润无关的经济利益的总流出

费用的发生应当会导致经济利益的流出，从而导致资产的减少或者负债的增加。鉴于企业向所有者分配利润也会导致经济利益的流出，而该经济利益的流出显然属于所有者权益的抵减项目，不应确认为费用，应当将其排除在费用的定义之外。

3. 费用会导致所有者权益的减少

与费用相关的经济利益的流出应当会导致所有者权益的减少，不会导致所有者权益减少的经济利益的流出不符合费用的定义，不应确认为费用。

（二）费用的分类

企业日常活动中形成的费用按照与成本的关系，可以分为营业成本和期间费用两类。

1. 营业成本

营业成本是指企业经营业务所发生的实际成本总额。营业成本按照所销售产品或提供劳务在企业日常活动中所处地位可以分为主营业务成本和其他业务成本。

2. 期间费用

期间费用包括销售费用、管理费用和财务费用。销售费用是企业在销售商品、提供劳务等日常活动中发生的除营业成本以外的各项费用以及专设销售机构的各项经费；管理费用是企业行政管理部门为组织和管理生产经营活动而发生的各种费用；财务费用是企业筹集生产经营所需资金而发生的费用。

六、利润

利润是指企业在一定会计期间的经营成果，包括收入减去费用后的净额、直接计入当期利润的利得和损失等。

利润按其构成的不同层次，可分为营业利润、投资净收益、净营业外收支净额。

营业利润是企业经营成果的主要部分。营业收入减去营业成本、营业税金及附加、销售费用、管理费用和财务费用、资产减值损失，加上公允价值变动损益、投资收益，从总额上来说，只有当营业收入大于扣除项目的金额之和才会有利润；反之，这一会计期间的经营成果就反映为营业亏损。

投资净收益是企业对外投资收益减去投资损失后的余额。企业对外投资分得的利润或者股利为投资收入，而企业收回的对外投资与其投出时的账面价值的差额，作为投资收益或投资损失处理。

营业外收支净额是指与企业生产经营没有直接关系的各种营业外收入减去营业外支出后的余额。

收入、费用、利润三个要素反映企业的经营成果，它们之间的数量关系是

收入－费用＝利润

在企业产权关系明确之后，企业获得的利润除缴纳所得税以外，余额归投资者所有。因此，上述六项会计要素的关系可以概括如下：

资产＝负债＋期初所有者权益＋(本期收入－本期费用)

或

资产＝负债＋期初所有者权益＋本期实现利润

第四节　会计信息质量要求

会计信息质量要求是对企业财务报告中所提供的会计信息质量的基本要求，它是进行会计工作的规范和评价会计工作质量的标准，具有公认性、权威性和科学性的特点。主要包括可靠性、相关性、可理解性、可比性、实质重于形式、重要性、谨慎性、及时性八项要求。

一、可靠性

可靠性要求企业应当以实际发生的交易或者事项为依据进行确认、计量和报告，如实反映符合确认和计量要求的各项会计要素及其他相关信息，保证会计信息真实可靠、内容完整。

可靠性是保证会计信息的最重要的质量特征。会计所提供的信息是国家宏观经济管理的重要的信息来源，是包括投资者在内的各方财务报告的使用者做出经济决策的重要依据，如果会计信息不能真实反映企业的实际情况，就失去了存在的意义，甚至会误导会计信息使用者，导致经济决策的失误。可靠性包括以下要求。

(1) 以实际发生的交易或者事项为依据进行确认、计量，将符合会计要素定义及其确认条件的资产、负债、所有者权益、收入、费用和利润等如实反映在财务报表中，不得根据虚构的、没有发生的或者尚未发生的交易或者事项进行确认、计量和报告。

(2) 在符合重要性和成本效益原则的前提下，保证会计信息的完整性，编报的报表及其附注内容等应当保持完整，不能随意遗漏或者减少应予披露的信息。

(3) 包括在财务报告中的会计信息应当是中立的，无偏的。如果企业在财务报告中为了达到事先设定的结果或效果，通过选择或列示有关会计信息以影响决策和判断的，这样的财务报告信息就不是中立的。

二、相关性

相关性要求企业提供的会计信息应当与财务报告使用者的经济决策需要相关，有助

于财务报告使用者对企业过去、现在或者未来的情况做出评价或者预测。相关性又称为有用性。

会计信息的使用者包括投资者、债权人、政府、职工、其他利益主体乃至于社会公众。不同的使用者使用会计信息的目的不同，因为他们各自进行的是不同的经济决策，企业的会计信息正是为这些与企业相关的各种经济决策提供信息支持，因而要求与这些经济决策相关。相关性原则要求会计信息能够满足各方面的需要，包括符合国家宏观经济管理的需要，满足有关各方了解企业财务状况和经营成果和现金流量的需要。相关性原则所说的相关，是指与决策相关，有助于决策，如果会计信息提供以后，对经济决策并没有什么作用，就不具有相关性。所以评价会计信息质量的标准除了可靠性外，还要看所提供的信息是否能够满足有关各方的信息需要。

三、可理解性

可理解性要求企业提供的会计信息应当清晰明了，便于投资者等财务报告使用者理解和使用。财务报告所提供的数据和文字说明要能一目了然地反映经济活动及其结果的基本情况，并对需要解释的问题做出必要的说明。

提供会计信息的目的在于使用，要使用会计信息就必须了解它的内涵，弄懂会计信息的内容，否则就谈不上会计信息的使用。这就要求会计所提供的信息必须清晰、简明、易懂，对复杂的经济业务应该用规范文字加以表述，以利于会计信息的使用者准确、完整地把握会计信息所要表达的内涵。

会计信息是专业性较强的信息产品，在强调会计信息可理解性的同时还对信息的使用者有一定的要求，会计信息对于那些具有合理程度的知识而又有意图去研究会计信息的人士，应该是可以理解的。

四、可比性

可比性要求企业提供的会计信息应当相互可比，具体包括横向可比和纵向可比两个方面的要求。

为了便于使用者了解企业财务状况和经营成果的变化趋势，比较企业在不同时期的财务报告信息，从而全面、客观地评价过去、预测未来，会计信息质量的可比性要求企业对于不同时期发生的相同或者相似的交易或者事项，应当采用一致的会计政策，不得随意变更。当然，满足会计信息可比性的要求，并不表明不允许企业变更会计政策，企业按照规定或者会计政策变更后可以提供更可靠、相关性更强的会计信息时，就有必要变更会计政策，以便向使用者提供更为有用的信息。但是有关会计政策变更的情况，应当在附注中予以说明。

为了便于使用者评价不同企业的财务状况、经营成果的水平及其变动情况，从而有助于使用者做出科学合理的决策，会计信息质量的可比性还要求对不同企业发生的相同或者相似的交易或者事项，应当采用规定的会计政策，确保会计信息口径一致、相互可比，即对于相同或相似的交易或者事项，不同企业应当采用一致的会计政策，以使不同企业按照一致的基础提供有关会计信息。

五、实质重于形式

实质重于形式要求企业应当按照交易或者事项的经济实质进行会计确认、计量和报告，不仅仅以交易或者事项的法律形式为依据。

企业发生的交易或事项在多数情况下，其经济实质和法律形式是一致的。但在有些情况下，会出现不一致。例如，以融资租赁方式租入的资产，虽然从法律形式来讲承租企业并不拥有所有权，但是由于租赁合同中规定的租赁期相当长，接近于该资产的使用寿命；租赁期结束时承租企业有优先购买该资产的选择权；在租赁期内承租企业有权支配资产并从中受益等，因此，从经济实质来看，与该项固定资产相关的收益和风险已经转移给承租企业，承租企业能够控制融资租入资产所创造的未来经济利益，承租企业在会计核算上就应当将以融资租赁方式租入的资产视为承租企业的资产，承担租赁资产的折旧、修理以及其他费用，并将其列入承租企业的资产负债表。这就是实质重于形式要求的具体体现。

遵循实质重于形式要求，体现了对经济实质的尊重，能保证会计信息与客观事实相符。

六、重要性

重要性要求企业提供的会计信息应当反映与企业财务状况、经营成果和现金流量有关的所有重要交易或者事项。

重要性要求每个企业确定自己的重要会计事项。会计事项是否重要应根据会计信息对信息使用者进行决策时的影响程度来确定，如果会计信息的省略或者错报会影响投资者等财务报告使用者据此做出决策，该信息就具有重要性。重要性的应用需要依赖职业判断，企业应当根据所处环境和实际情况，从项目的性质和金额大小两方面加以判断。遵循重要性要求，有利于降低信息成本，增强信息效用。

七、谨慎性

谨慎性要求企业对交易或者事项进行会计确认、计量和报告时应当保持应有的谨慎，不应高估资产或者收益、低估负债或者费用。

谨慎性又称稳健性，它是针对经济活动中的不确定性因素要求人们在会计处理上保持谨慎小心的态度，要充分估计到可能发生的风险和损失。从谨慎性的运用来看，会计在一定程度上核算经营风险，提供反映经营风险的信息，有利于保护债权人的利益，有利于提高企业在市场上的竞争能力。

谨慎性的应用不能过度，不允许企业设置秘密准备，如果企业故意低估资产或者收益，或者故意高估负债或者费用，将不符合会计信息的可靠性和相关性要求，会损害会计信息质量，扭曲企业实际的财务状况和经营成果，从而对使用者的决策产生误导，这是会计准则所不允许的。

八、及时性

及时性要求企业对于已经发生的交易或者事项，应当及时进行确认、计量和报告，不得提前或者延后。会计信息具有时效性。

会计信息的价值在于帮助使用者做出经济决策，因此要求具有时效性。即使是可靠、相关的会计信息，如果不及时提供，对使用者的效用也会大大降低，甚至不再具有任何意义。在会计确认、计量和报告过程中贯彻及时性，一是要求及时收集会计信息，即在经济交易或者事项发生后，及时收集整理各种原始单据或者凭证；二是要求及时处理会计信息，即按照《企业会计准则》的规定，及时对经济交易或者事项进行确认和计量，并编制出财务报告；三是要求及时传递会计信息，即按照国家规定的有关时限，及时地将编制的财务报告传递给财务报告使用者，便于及时使用和决策。

第五节　会计计量属性

一、会计计量属性

会计计量是为了将符合确认条件的会计要素登记入账并列报于财务报表而确定其金额的过程。企业应当按照规定的会计计量属性进行计量，确定相关金额。计量属性反映的是会计要素金额的确定基础，主要包括历史成本、重置成本、可变现净值、现值和公允价值等。

1. 历史成本

历史成本又称为实际成本，是指取得或制造某项财产物资时所实际支付的现金或者其他等价物。在历史成本计量下，资产按照其购置时支付的现金或者现金等价物的金额，或者按照购置资产时所付出的对价的公允价值计量。负债按照因承担现时义务而实际收到的款项或者资产的金额，或者承担现时义务的合同金额，或者按照日常活动中为偿还负债预期需要支付的现金或者现金等价物的金额计量。

2. 重置成本

重置成本又称为现行成本，是指按照当前市场条件，重新取得同样一项资产所需支付的现金或现金等价物金额。在重置成本计量下，资产按照现在购买相同或者相似资产所需支付的现金或者现金等价物的金额计量。负债按照现在偿付该项债务所需支付的现金或者现金等价物的金额计量。

3. 可变现净值

可变现净值是指在正常生产经营过程中，以预计售价减去进一步加工成本和销售所必需的预计税金、费用后的净值。在可变现净值计量下，资产按照正常对外销售所能收到现金或者现金等价物的金额扣减该资产至完工时估计将要发生的成本、估计的销售费用以及相关税金后的金额计量。

4. 现值

现值是指对未来现金流量以恰当的折现率进行折现后的价值，是考虑货币时间价值因素等的一种计量属性。在现值计量下，资产按照预计从其持续使用和最终处置中所产生的未来净现金流入量的折现金额计量。负债按照预计期限内需要偿还的未来净现金流出量的折现金额计量。

5. 公允价值

公允价值是市场参与者在计量日发生的有序交易中，出售一项资产所能收到或转移一项负债所需支付的价格，即脱手价格。其中要注意：①明确公允价值是脱手价格；②基于市场的计量，即从市场参与者的角度计量；③强调当前市场条件下的有序交易；④确定计量日(假定发生交易)。

二、计量属性的应用原则

企业在对会计要素计量时，一般应当采用历史成本。采用重置成本、可变现净值、现值和公允价值计量的，应当保证所确定的会计要素金额能够取得并可靠计量。

引入公允价值这一计量属性，是因为随着我国资本市场的发展，股票、债券、基金等金融产品的交易已经形成了较为活跃的市场，我国已经具备引入公允价值的条件，因此规定对交易性金融资产、可供出售金融资产等金融资产可用公允价值计量，引入公允价值，使企业提供的会计信息更能反映现实情况，对财务报告的使用者决策更加有用，才能实现我国会计准则与国际财务报告准则的趋同。

要注意的是，我国引入公允价值是适度、谨慎和有条件的。原因是考虑我国尚属新兴的市场经济国家，如果不加限制地引入公允价值，有可能出现公允价值计量不可靠，甚至借此人为操纵利润的现象。因此，在投资性房地产和生物资产等具体准则中规定，只有存在活跃市场、公允价值能够取得并可靠计量的情况下，才能采用公允价值计量。

思　考　题

1. 什么是财务会计？什么是管理会计？两者相互关系是什么？
2. 会计核算为什么需要一些基本前提？具体包括哪些内容？
3. 若没有持续经营前提，将会对会计核算产生什么影响？
4. 货币计价前提包括哪些内容？货币计价为什么以币值稳定为条件？
5. 会计信息质量包括哪些方面？
6. 会计要素包括哪几个？各会计要素包括哪些内容？
7. 各会计要素之间具有哪些数量关系？
8. 会计有哪些计量属性？这些计量属性在实际工作中如何应用？

第二章　会计核算方法

本章要点

(1) 会计科目与会计账户。

(2) 复式记账法的原理及应用。

(3) 会计凭证的填制和审核。

(4) 会计账簿的设置和登记。

(5) 会计循环的基本内容。

财务会计必须借助于一套专门的技术方法,以便能准确、及时地提供相关的信息。这些方法一般包括填制和审查凭证、设置和运用会计账户、复式记账、登记账簿、成本计算、财产清查和编制会计报表。本章主要介绍账户的设置和运用、复式记账的方法、会计凭证的填制与审查及会计账簿的登记方法。

第一节　会计账户

一、会计科目

(一) 会计科目的概念

会计要素是对会计对象即企业的资金运动所做的初步分类。为了反映经济业务发生后所引起的会计要素的各个具体项目在数量上的增减变化,需要进行进一步的分类。会计科目,简称科目,是对会计要素的具体内容进行分类核算的项目。会计要素包括的具体内容很多,为了分门别类地加以反映,就有必要对每一会计要素按构成项目的经济内容再做分类,例如,将企业的主要劳动资料如机器设备、房屋建筑物等归为一类,设置"固定资产"科目;将企业生产中的劳动对象如原料、辅助材料、燃料等归为一类,设置"原材料"会计科目;将企业的货币资金按其存放地点设置"库存现金"、"银行存款"科目。只有对会计要素的具体内容进行进一步分类,设置会计科目,会计才能对经济业务引起的会计要素具体内容的增减情况做出正确的记录。

(二)会计科目的内容和级次

会计科目作为一个体系,包括会计科目的内容和级次。科目的内容反映各科目之间的横向联系,科目的级次反映科目的纵向联系。会计科目的级次体现了会计信息的不同详细程度,一般情况下,可以将会计科目划分为总分类账科目(一级科目)、子目(二级科目)和明细分类科目(细目)三个层次。

总分类账科目,也称总账科目或一级科目,是对会计要素具体内容进行总括分类、提供总括信息的会计科目,如"固定资产"、"应收账款"、"库存商品"等,我国企业使用的一级会计科目由财政部统一颁布,为工业企业设置的基本会计科目如表2-1所示。

表2-1 会计科目

顺序号	编　号	名　　称	顺序号	编　号	名　　称
		一、资产类	25	1511	长期股权投资
1	1001	库存现金	26	1512	长期股权投资减值准备
2	1002	银行存款	27	1521	投资性房地产
3	1012	其他货币资金	28	1531	长期应收款
4	1101	交易性金融资产	29	1532	未实现融资收益
5	1121	应收票据	30	1601	固定资产
6	1122	应收账款	31	1602	累计折旧
7	1123	预付账款	32	1603	固定资产减值准备
8	1131	应收股利	33	1604	在建工程
9	1132	应收利息	34	1605	工程物资
10	1221	其他应收款	35	1606	固定资产清理
11	1231	坏账准备	36	1701	无形资产
12	1321	代理业务资产	37	1702	累计摊销
13	1401	材料采购	38	1703	无形资产减值准备
14	1402	在途物资	39	1711	商誉
15	1403	原材料	40	1801	长期待摊费用
16	1404	材料成本差异	41	1811	递延所得税资产
17	1405	库存商品	42	1901	待处理财产损益
18	1406	发出商品			二、负债类
19	1407	商品进销差价	43	2001	短期借款
20	1408	委托加工物资	44	2101	交易性金融负债
21	1471	存货跌价准备	45	2201	应付票据
22	1501	持有至到期投资	46	2202	应付账款
23	1502	持有至到期投资减值准备	47	2203	预收账款
24	1503	可供出售金融资产	48	2211	应付职工薪酬

续表

顺序号	编 号	名 称	顺序号	编 号	名 称
49	2221	应交税费	70	4201	库存股
50	2231	应付利息			五、成本类
51	2232	应付股利	71	5001	生产成本
52	2241	其他应付款	72	5101	制造费用
53	2314	代理业务负债	73	5201	劳务成本
54	2401	递延收益	74	5301	研发支出
55	2501	长期借款			六、损益类
56	2502	应付债券	75	6001	主营业务收入
57	2701	长期应付款	76	6051	其他业务收入
58	2702	未确认融资费用	77	6101	公允价值变动损益
59	2711	专项应付款	78	6111	投资收益
60	2801	预计负债	79	6301	营业外收入
61	2901	递延所得税负债	80	6401	主营业务成本
		三、共同类	81	6402	其他业务成本
62	3101	衍生工具	82	6403	营业税金及附加
63	3201	套期工具	83	6601	销售费用
64	3202	被套期项目	84	6602	管理费用
		四、所有者权益类	85	6603	财务费用
65	4001	实收资本	86	6701	资产减值损失
66	4002	资本公积	87	6711	营业外支出
67	4101	盈余公积	88	6801	所得税费用
68	4103	本年利润	89	6901	以前年度损益调整
69	4104	利润分配			

明细分类账科目，也称为明细科目，是对某一总分类账科目的内容所做的进一步分类，提供更详细、更具体的会计信息的科目。如在“原材料”总账科目下设置“甲材料”、“乙材料”、“丙材料”等明细科目；又如在“应收账款”总账科目下，按应收账款的具体对象即债务人名称或姓名设置明细分类账科目。

子目，也称为二级科目，是介于总分类账科目和明细分类账科目之间的会计科目，其提供的会计信息比总分类账科目详细，比明细分类账科目概括。总分类账科目、二级科目、明细分类账科目之间的关系如图 2-1 所示。

由于会计信息是国家进行宏观管理的重要依据，也是企业外部利害关系集团和个人了解企业财务状况和经营成果的重要依据，因此为了统一核算口径，保证核算指标在不同企业、不同部门的可比性，便于综合汇总和分析利用，按我国现行的会计制度规定，总分类账科目由财政部统一规定，明细分类账科目除会计制度规定设置的以外，企业可根据实际需要自行设置。

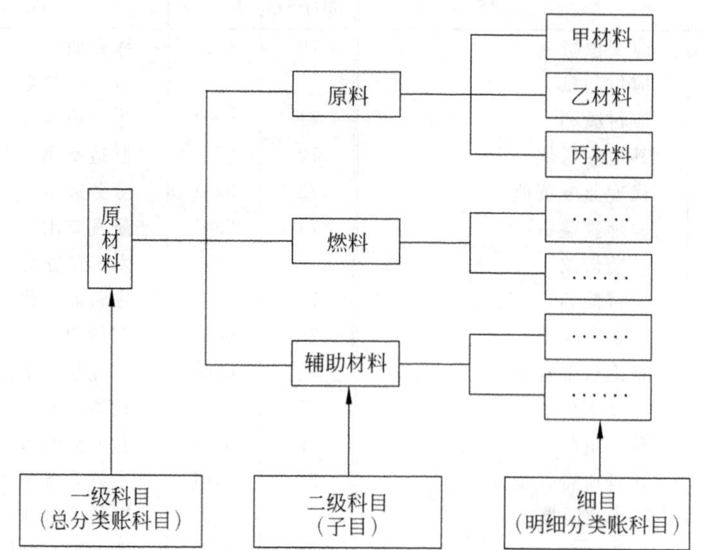

图 2-1　总分类账科目、二级科目、明细分类账科目之间的关系

二、账户

（一）账户的概念

账户是根据会计科目设置的，具有一定的格式和结构，用于分类反映会计要素增减变动情况及其结果的载体。设置账户是会计核算的重要方法之一。账户使原始数据转换为初始会计信息，通过账户可以对各种各样的大量经济业务进行分类核算，以便提供不同性质和内容的会计信息。

与会计科目的分类相对应，账户也分为总分类账户、二级账户、明细分类账户。根据总分类账科目设置的账户称为总分类账户，根据二级科目设置的账户称为二级账户，根据明细分类账科目设置的账户称为明细分类账户。根据会计科目的内容不同，账户可以分为资产类账户、负债类账户、所有者权益类账户、成本类账户、损益类账户。

（二）账户的结构

从数量上看，经济业务所引起的各项会计要素的变化，无外乎是增加和减少两种情况，账户的基本结构是由会计要素及其数量变化决定的。

1. 账户的“丁”字式结构

账户的基本结构分为左方和右方两部分，一方登记增加，另一方登记减少。至于哪一方登记增加，哪一方登记减少，在借贷记账法下，取决于所记录的经济业务的内容和账户的性质。账户的“丁”字式结构如图 2-2 所示。

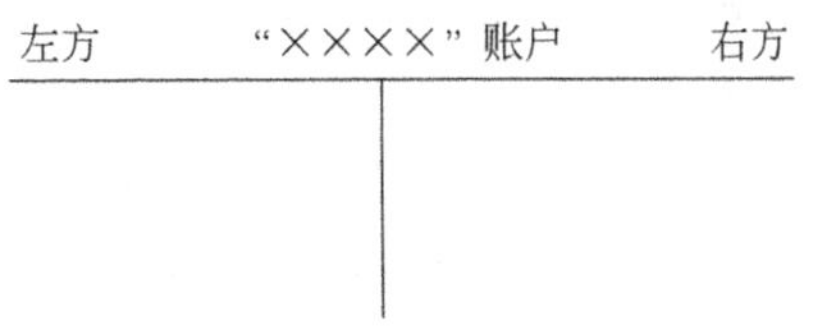

图 2-2　账户的“丁”字式结构

2. 账户的一般格式

在实际中，账户的一般格式主要包括以下内容：①账户名称（会计科目）；②日期；③经济业务摘要；④记账凭证编号；⑤增减金额、余额。

账户的一般格式如表 2-2 所示。

表 2-2　账户名称（会计科目）

左方　　　　　　　　　　　　　　　　　　　　　　　　　　右方

日　期	凭　证	摘　要	金　额	日　期	凭　证	摘　要	金　额

在上面格式的“金额”栏中，分别登记增加金额和减少金额，增减相抵以后的差额，称为余额。余额按其表示的时间不同，分为期初余额和期末余额。因此，在账户中所记录的金额有期初余额、本期增加发生额、本期减少发生额和期末余额，这四项金额的关系可以用下列等式表示：

期末余额＝期初余额＋本期增加发生额－本期减少发生额

（三）账户与会计科目的联系和区别

会计科目与账户是既有联系又有区别的两个概念，二者的联系在于：会计科目是账户的名称，也是设置账户的依据；会计科目与账户所反映的经济内容都是会计要素的具体内容；设置会计科目和账户的目的都是为了提供分类核算的会计信息。区别在于：会计科目仅仅是对会计要素分类的项目，本身没有具体格式，不能用来记录经济业务，只是分类的标志；而账户有专门的格式，是记录经济业务并进行分类核算的载体。

第二节　复式记账法

一、复式记账法介绍

设置账户，只是对会计要素做出进一步的分类，以便据以加工信息。但是，对经济业务加以记录和归类，不仅要科学地设置账户，还要运用科学的记账方法。这是因为，账户只能解决经济业务的分类问题，记账方法才能解决如何运用账户并按什么方法来记录经济业务的问题。

复式记账法是相对单式记账法而言的。单式记账法是一种比较简单的、不完整的记账方法。对每项经济业务只在一个账户中进行记录，有时即使登记在两个账户上，两个账户之间的记录也没有直接联系。这种记账方法既不能全面、系统地反映经济业务的来龙去脉，也不便于检查账户记录的正确与完整。复式记账法是指对任何一项经济业务，都以相等的金额，同时在相互联系的两个或两个以上账户中进行记录的方法。

企业任何一项经济业务的发生，都会引起会计要素中至少两个具体项目的变化。这两个项目可能是相同性质的要素项目，如从银行存款提取现金，同时引起资产要素中银行存款减少和库存现金的增加；也可能是不同性质的要素项目，如以银行存款归还应付账款，则同时引起资产要素中银行存款和负债要素中的应付账款的减少。由此可见，复式记账法的特点是对于每一项经济业务，都在两个或两个以上相关联的账户中进行记录，这样，通过账户记录不仅可以全面、清晰地反映出经济业务的来龙去脉，还能全面、系统地反映经济业务的过程和结果。同时，由于每项经济业务发生后，都是以相等的金额在有关的账户中进行记录，因而可据此进行试算平衡，以检查账户记录是否正确。

复式记账法的产生，在会计发展史上具有划时代的意义 。复式记账法的历史功绩，绝不仅限于记账方法本身，而在于推动了现代会计方法体系的形成。

二、借贷复式记账法

（一）借贷记账法的概念

借贷复式记账法简称借贷记账法，是复式记账法的一种，它产生于15世纪商品经济已经比较发达的意大利，1494年意大利的数学家卢卡、巴其阿勒在其著作中第一次系统地加以论述后，该方法首先在欧洲广泛加以传播和运用，继而流传到世界各地，20世纪初传入我国。借贷记账法以其科学性和广泛的适用性为世界各国所采用，以至成为会计的国际语言。

借贷记账法是以“资产＝负债＋所有者权益”为理论依据，以“借”、“贷”作为记账符号，按照“有借必有贷、借贷必相等”的记账规则，对发生的每一项经济业务在两个或两个以上账户中全面、相互联系地记录的一种复式记账方法。

（二）借贷记账法的内容

1. 记账符号

记账符号是指经济业务发生后记入账户方向的标记。在借贷记账法下，以“借”、“贷”作为记账符号，在这里“借”、“贷”二字已失去原有字面含义，只是作为纯粹的记账符号，已成为会计上的专门术语。“借”、“贷”是两个方向相反的符号，用以反映经济业务所引起的会计要素具体内容增加或减少的变动，“借”、“贷”代表增加或减少的含义是不固定的，由记录经济业务的账户的性质来决定。

2. **账户的设置和运用**

在借贷记账法下，将账户分为资产、负债、所有者权益、收入、费用、利润六大类，不同性质的账户使用方法不同。各类账户的使用方法如图 2-3 所示。

图 2-3 各账户的使用方法

3. **记账规则**

记账规则是指在账户记录中记录经济业务的规律。借贷记账法的记账规则是“有借必有贷、借贷必相等”。根据借贷复式记账的原理，任何一项经济业务都必须以相等的金额，借贷相反的方向，在两个或两个以上相互关联的账户中进行登记。以下列经济业务为例：

【例 2-1】 ① 用银行存款 30 000 元购买材料，这项经济业务的发生，使原材料和银行存款两个资产类账户一增一减。增加记借方，减少记贷方，借贷金额相等。

② 经国家有关部门批准，将企业从银行借入的长期借款 500 000 元转为对企业的投资。这项经济业务的发生，使长期借款这一负债类账户和实收资本这一所有者权益类账户一减一增。减少记借方，增加记贷方，借贷金额相等。

③ 接受投资者投入的新设备一台，价值 60 000 元。这项业务的发生，使固定资产这一资产类账户和实收资本这一所有者权益类账户同时增加。资产增加记借方，所有者权益增加记贷方，借贷金额相等。

④ 用银行存款 20 000 元归还短期借款。这项经济业务的发生，使银行存款这一资产类账户和短期借款这一负债类账户同时减少。资产减少记贷方，负债减少记借方，借贷金额相等。

在借贷记账法下，对任何类型的经济业务，都一律采用“有借必有贷、借贷必相等”的记账规则。这一记账规则如图 2-4 所示。

4. **试算平衡**

试算平衡是为了保证一定时期内所发生的经济业务在账户中登记的正确性，根据复式记账的原理，对账户记录进行检查和验证的方法。借贷记账法下可对发生额和余额进行试算平衡。

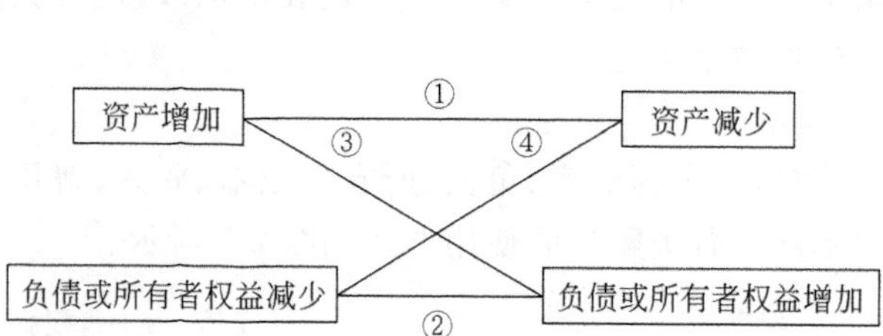

图 2-4 借贷记账法规则

发生额试算平衡是以全部账户借、贷方发生额为依据检查账户记录的正确性的方法。由于借贷记账法是将发生的每笔经济业务都以借贷相等的金额记入相应的账户，因此将全部经济业务登记入账后必然有

全部账户的借方发生额＝全部账户的贷方发生额

余额试算平衡是以账户余额为依据检查账户记录正确性的方法。按照会计等式的基本原理，在借贷记账法下期末各账户的余额必然是

全部账户的借方余额＝全部账户的贷方余额

在实际工作中，账户的试算平衡是通过编制试算平衡表的方式进行的，它是依据借贷记账法的借贷平衡关系编制的，用来检验全部账户记录的正确性。该表的格式如表 2-3 所示。

表 2-3 发生额及余额试算平衡表 单位：元

会计科目	期初余额		本期发生额		期末余额	
	借方	贷方	借方	贷方	借方	贷方
银行存款	25 400		68 000	10 400	83 000	
存货	74 200		15 400	10 000	79 600	
其中：原材料	60 000		5 400	10 000	55 400	
库存商品	8 200		—	—	8 200	
生产成本	6 000		10 000	—	16 000	
固定资产	150 000		—	—	150 000	
短期借款		10 000	5 000	2 600		7 600
应付账款		4 600	2 600	—		2 000
实收资本		205 000	—	60 000		265 000
资本公积		10 000	—	—		10 000
盈余公积		20 000	—	—		20 000
营业收入		—	—	8 000		8 000
合计	249 600	249 600	91 000	91 000	312 600	312 600

表内的数据，根据各有关总分类账科目的本期发生额和余额填列。表中的平衡关系为：期初余额的借方合计数与期初余额的贷方合计数相等、借方发生额合计数与贷方发生额合计数相等、期末的借方余额合计数与贷方余额合计数相等。

三、会计分录

为了保证账户记录的正确性，在登账前应先根据经济业务所涉及的账户及借贷方向和金额，编制会计分录。会计分录，就是表明某项经济业务应借、应贷账户及其金额的记录。仍以例 2-1 所举的经济业务为例，则编制会计分录如下。

① 借：原材料　　30 000
　　贷：银行存款　　30 000

② 借：长期借款　　500 000
　　贷：实收资本　　500 000

③ 借：固定资产　　60 000
　　贷：实收资本　　60 000

④ 借：短期借款　　20 000
　　贷：银行存款　　20 000

会计分录按照所涉及账户的多少，分为简单会计分录和复合会计分录。简单会计分录是指只涉及一个账户的借方和另一个账户的贷方的会计分录，即一借一贷的会计分录。上述所举四项会计分录均为简单会计分录。复合会计分录是指由两个以上账户组成的会计分录，它可以由一个账户的借方与多个账户的贷方组成，也可以由一个账户的贷方与多个账户的借方组成。由于多借多贷的会计分录不能清晰地反映账户的对应关系，不能一目了然地表明经济业务的内容，所以一般应尽量避免采用。现举例说明复合会计分录。

⑤ 购入原材料一批，价值 50 000 元(不考虑增值税)，其中 30 000 元以银行存款支付，其余 20 000 元暂欠。这项经济业务，使存货这一资产类账户增加、银行存款这一资产类账户减少，同时引起应付账款这一负债类账户增加。资产增加记借方，资产减少记贷方，负债增加记贷方，编制复合会计分录如下。

借：原材料　　50 000
　贷：银行存款　　30 000
　　　应付账款　　20 000

⑥ 企业收到客户所欠的购货款 7 000 元，其中 6 500 元为转账方式存入银行存款，其余 500 元收到现金。这项经济业务，使银行存款和库存现金这两个资产类账户增加，同时引起应收账款这一资产类账户减少。资产增加记借方，资产减少记贷方，编制复合会计分录如下。

借：银行存款　　6 500

库存现金　　500

贷：应收账款　　7 000

从以上的经济业务可以看出，运用借贷记账法记账时，在有关账户之间就会形成应借、应贷的相互关系，这种关系称为账户的对应关系，发生对应关系的账户称为对应账户。

第三节　会计凭证

一、会计凭证的意义

会计凭证是指记录经济业务，明确经济责任，具有法律效力，作为记账依据的书面证明。填制或取得会计凭证是会计工作的初始阶段。

合法地取得、正确地填制和审核会计凭证，是会计核算的基本方法之一，在会计核算中具有重要的意义。它可作为证实经济业务的真实、正确、合法、合规的方式，借以监督所发生经济业务的合法性和合理性，保护投资者、债权人财产的安全与合理使用，保证财务计划和财经纪律的贯彻执行；可作为正确、及时地反映所发生经济业务并据以记账的依据，有助于保证会计记录的真实性和正确性，防止会计信息源的污染；可作为明确经济责任，严格内部牵制制度和经济责任制度的手段。

二、会计凭证的种类

会计凭证按其填制程序和用途不同，可分为原始凭证和记账凭证两大类。

（一）原始凭证

原始凭证是指在经济业务发生时直接取得或填制的，用来载明经济业务实际执行和完成情况，明确经济责任，并具有法律效力的原始书面证明，是记账的原始依据。一切经济业务的发生，都应由有关部门或人员向会计部门提供原始凭证。

原始凭证按其来源不同，可分为外来原始凭证和自制原始凭证。外来原始凭证是指在经济业务完成时，从其他单位或个人直接取得的凭证。例如，企业购买材料时，从供货单位取得的发票。自制原始凭证是指在经济业务发生时或完成后，由本单位经办业务的部门和人员，根据经济业务的内容自行填制的凭证。例如，验收材料时填制的收料单，领用材料时填制的领料单，发放工资时填制的工资结算单，出差人员填制的差旅费报销单，出纳员开出的汇款单、支票等。

原始凭证按其填制手续和方法的不同，又可分为一次凭证和累计凭证。一次凭证是指凭证的手续是一次完成的，用以记录一项或若干项同类性质的经济业务的凭证。累计凭证是指在一定时期内连续记录不断重复的同类经济业务，期末按其累计数作为记账依据的一种原始凭证。它主要适用于某些经常重复发生的经济业务。例如，产品制造企业使用的限额领料单(表 2-4)。

表 2-4　限额领料单　　　　第　　号

用途：　　　　年　月　　　　发料仓库：

材料编号	材料名称及规格	计量单位	计划投产量	单位消耗定额	领用限额	实发		
						数量	实际(或计划)单价	金额

日期	领用			退料			限额结余
	数量	领料人	发料人	数量	退料人	收料人	
合计							

生产计划部门：　　　　供销部门：　　　　仓库：

原始凭证按其反映经济业务的数量的不同，分为单项原始凭证和汇总原始凭证。单项原始凭证是指按每项经济业务编制的凭证。汇总原始凭证是指按照同类原始凭证汇总编制的凭证。在实际工作中，对于业务相同而数量较多的原始凭证，可以按照一定要求进行汇总，编制原始凭证汇总表，也就是说，对于一些经常重复发生的同类经济业务的原始凭证定期加以整理、汇总而另行编制原始凭证汇总表(或称汇总原始凭证)，作为记账依据，以简化核算工作。如根据收料单编制的收料汇总表、工资汇总表等。

(二) 记账凭证

记账凭证是指会计人员根据审核无误的原始凭证或原始凭证汇总表编制的，并确定会计分录，作为记账依据的会计凭证。

会计部门接受原始凭证，只是把可能进入财务会计系统的经济数据搜集起来，至于哪些经济数据能够正式进入财务会计系统，哪些不能，则完全取决于会计确认的结果。实际上，按照复式记账法的要求，运用账户(会计科目)以会计分录的形式表现的记账凭证，是对原始凭证数据的重新描述。它起到了把数据变为会计信息的重要转换作用，准确地说，财务会计的正式记录，是从在记账凭证上用会计分录来描述经济业务开始的。

记账凭证按反映的经济业务内容的不同，可分为专用凭证和通用凭证。专用凭证是指专门用来反映某一类经济业务的记账凭证，一般包括收款凭证、付款凭证和转账凭证三种。收款凭证是指收入货币资金使用的凭证，适用于库存现金和银行存款收款业务(其格式见表 2-5)；付款凭证是指付出货币资金使用的凭证，适用于库存现金和银行存款付款业务(其格式见表 2-6)；转账凭证则是指用于反映不涉及货币资金的其他经济业务，即转账业务(其格式见表 2-7)。通用凭证是对于收款、付款和转款业务,都使用一种格式的记账凭证,又称为通用记账凭证。

对于经济业务较多的会计主体,为了简化登记总分类账的工作,还可以根据记账凭证按账户名称进行汇总,编制科目汇总表(其格式见表 2-8)或汇总记账凭证,据以登记总分类账。

三、会计凭证的填制

(一) 原始凭证的填制

1. 原始凭证的基本内容

由于原始凭证是经济业务发生或完成时的最初记录,所涉及的经济业务复杂多样,所反映的具体内容千差万别,来源渠道各不相同,但不管怎样,作为明确经济责任的最初书面证明,原始凭证都必须具备以下的基本内容。

(1) 原始凭证的名称;

(2) 填制凭证的日期和编号;

(3) 接受凭证的单位名称;

(4) 经济业务的内容摘要(经济业务的实物数量、单价和金额等);

(5) 填制凭证单位及经办人员签章。

2. 原始凭证的填制

原始凭证是具有法律效力的证明文件,是进行会计处理的依据。因此,为了保证整个会计核算资料的真实、正确和及时,原始凭证的填制必须符合以下基本要求。

(1) 填制及时。根据经济业务的发生或完成情况及时填制,并按照规定程序及时送交审核,以便据以编制记账凭证。

(2) 内容完整。凡凭证内所要求填写的项目,要逐项填写齐全,不可遗漏少填。

(3) 记录真实。凭证上填写的日期、经济业务内容必须与实际情况完全相符,绝不允许有任何歪曲和弄虚作假。

(4) 书写规范。凭证上填写的数字和文字,一定要字迹清晰、整洁,易于辨认,不得任意涂改、刮擦、挖补;规定大写的数字,必须用正楷或行书字体书写,大写数字中间的“0”,应写“零”字;小写金额前应填写人民币符号“¥”。

(二) 记账凭证的填制

1. 记账凭证的基本内容

记账凭证可以根据每一张原始凭证填制,也可以根据原始凭证汇总表填制。它的作用主要是:便于登记账簿,减少差错,保证账簿记录的质量。记账凭证的格式虽然多种多样,但都必须具备以下的基本内容。

(1) 记账凭证的名称；

(2) 记账凭证的填制日期和编号；

(3) 经济业务的内容摘要；

(4) 会计分录；

(5) 记账标记；

(6) 所附原始凭证的张数；

(7) 会计主管人员、记账、审核和填制人员的签章。

2. 记账凭证的填制

记账凭证是登记账簿的直接依据。为了保证账簿记录的正确性，记账凭证的填制除了应具备与原始凭证相同的基本要求外，还必须注意下列要求。

(1) 依据要正确。编制记账凭证时，要依据经过审核、记录真实、符合手续的原始凭证。原始凭证正确，编制的记账凭证才正确。经审核不符合手续、记录不真实的原始凭证，不能作为编制记账凭证的依据。

(2) 内容要全面。编制记账凭证填写的内容要全面，包括编制记账凭证的日期、摘要、会计科目(包括总账科目或明细项目)、金额、编号、附件和责任人员签字等，不得漏填或错填。

(3) 编写要规范。凭证内容的各要素要按规定填写，注意阿拉伯金额数字、汉字大写金额数字和货币符号要按规定填写正确。

(4) 编制要及时。会计人员对财务收支业务，根据盖有“收讫”和“付讫”印记的收付款原始凭证及时编制记账凭证；对其他经济业务，要定期根据原始凭证编制记账凭证。每日可以根据一张原始凭证或汇总多张原始凭证编制一张记账凭证，也可以根据原始凭证汇总表编制记账凭证。

(5) 字迹要清楚。填写记账凭证的字迹要清楚、工整，不得潦草、模糊。

下面列举三项经济业务，分别说明收款凭证、付款凭证和转账凭证的格式和填制方法。

【例 2-2】 2013 年 2 月 1 日，接到银行收账通知，收回复兴工厂前欠货款 30 000 元。这项经济业务一方面引起应收账款的减少，另一方面引起银行存款的增加。需填制的收款凭证如表 2-5 所示。

表 2-5 (企业名称)收款凭证　　银收字第 1 号

借方账户：银行存款　　2013 年 2 月 1 日　　附件 1 张

摘　要	贷方账户		记　账	金　额
	一级账户	明细账户		
收回欠款	应收账款	复兴工厂	√	30 000
合　计				30 000

从表 2-5 中可以看出，收款凭证的“摘要”栏应填列经济业务的简要说明。左上方“借方账户”位置应填列“库存现金”、“银行存款”账户。“贷方账户”栏应填列与上述“库存现金”、“银行存款”相对应的一级账户及其明细账户。各一级账户的应贷金额，应填入本账户同一行的“一级账户金额”栏中。所属明细账户应贷金额应填入各明细账户同一行的“明细账户金额”栏中，各一级账户应贷金额应等于所属各明细账户应贷金额之和。“借方账户”应借金额应为“合计”行的合计金额。“记账”栏注明“√”，表示已经登记入账。

【例 2-3】 2013 年 2 月 2 日，以库存现金 100 元购买零星办公用品。这项经济业务一方面引起库存现金的减少，另一方面引起管理费用的增加。支付企业办公费用 100 元。需填制的付款凭证如表 2-6 所示。

表 2-6 （企业名称）付款凭证 现付字第 1 号

贷方账户：库存现金 2013 年 2 月 2 日 附件 1 张

摘　要	借方账户		记　账	金　额
	一级账户	明细账户		
购买办公用品	管理费用	办公费用	√	100
合　计				100

从表 2-6 中可以看出，付款凭证的填制方法与收款凭证基本相同。左上方“贷方账户”应填列“库存现金”、“银行存款”账户，“借方账户”栏中填列与上述“库存现金”、“银行存款”账户相对应的账户。

在填制收、付款凭证时，对于库存现金、银行存款之间的划转业务，如将库存现金存入银行或从银行提取现金，同一笔经济业务既是收款业务，又是付款业务，在实际工作中为免重复过账，按规定只填制一张付款凭证，不填制收款凭证。

【例 2-4】 2013 年 2 月 3 日向复盛公司购入 C 材料 500 千克，单价 50 元，总价款 25 000 元(不考虑增值税)，货款尚未支付。这项经济业务一方面引起材料增加，另一方面引起应付账款的增加。需填制的转账凭证如表 2-7 所示。

表 2-7 （企业名称）转账凭证 转字第 1 号

2013 年 2 月 3 日 附件 1 张

摘　要	一级账户	明细账户	记账	借方金额	贷方金额
赊购 C 材料	原材料	C 材料	√	25 000.00	
	应付账款	复盛公司	√		25 000.00
合　计				25 000.00	25 000.00

会计主管： 记账： 制证： 复核： 出纳：

3. 科目汇总表的编制

为了简化登记总分类账的工作，可以对记账凭证进行汇总，编制科目汇总表，作为登记总分类账的依据。科目汇总表编制时间可视记账凭证数量多少来确定，可以定期如每5天或10天编制一张。编制方法是：以汇总期的记账凭证为依据，将相同的借方（贷方）账户的金额分别相加，得到每一会计账户汇总期的借方（贷方）发生额，然后填入科目汇总表内，最后分别加计科目汇总表内借方（贷方）的金额合计数，并通过试算轧平。科目汇总表的格式如表2-8所示。

表2-8　科目汇总表

年　月　日至　日　　　　　　科汇　　号

会计科目	记账√（总页）	发生额		备　注
		借方	贷方	
原材料				
库存现金				
⋮				
合　计				

财务主管：　　　　　　复核：　　　　　　制表：

四、会计凭证的审核

填制或取得会计凭证是整个会计工作的开始，如果凭证内容不真实或手续不完备，将影响整个会计工作的质量。因此，为了正确反映经济活动的执行和完成情况，充分发挥会计监督作用，遵守会计制度，保证核算资料真实、准确、完整，会计主管人员和会计人员以及指定的审核人员必须认真、严格地审核各种会计凭证。只有经过审核确认无误的会计凭证，才能作为记账的依据。

（一）原始凭证的审核

原始凭证是证明经济业务发生的最初记录，它既是填制记账凭证或直接进行记账的依据，又是检查经济合同、处理经济纠纷的依据，具有法律证明的效力。因此，一切原始凭证都应按规定程序及时送交会计部门进行审核。会计部门除应认真审核原始凭证是否已按规定的要求填制（如内容完整、业务真实、数字准确、手续完备）外，还要根据党和国家有关的方针、政策、法令、法规和制度,从既有利于搞好微观经济,又能加强宏观调控的原则出发,审核原始凭证所反映的经济业务的合法性、合理性,如审核原始凭证纪录的经济业务是否违反国家的法律法规,是否违反财务制度和会计制度,是否符合生产经营活动的需要,是否有利于改善经营管理和提高经济效益,等等。

在审核中,对所发现的不合法、不合理的收支应当拒绝收款或付款,并拒绝受理其凭证;对于手续不完备、数字计算不准确以及不符合实际情况的凭证,应当退回有关部门或人员,要求补办手续或予以更正。

(二)记账凭证的审核

为了正确登记账簿和监督经济业务,除了编制记账凭证的人员应当认真负责、正确填制、加强自审以外,同时还应建立专人审核制度。记账凭证是根据审核后的合法的原始凭证填制的。因此,记账凭证的审核,除了要对原始凭证进行复审外,还应注意以下内容。

(1) 记账凭证是否附有原始凭证,原始凭证是否齐全、内容是否合法,记账凭证所记录的经济业务与所附原始凭证反映的经济业务是否相符。

(2) 记账凭证的应借、应贷会计账户是否正确,账户对应关系是否清晰,所使用的会计账户及其核算内容是否符合会计制度的规定,金额计算是否准确。

(3) 摘要是否填写清楚,项目填写是否齐全,如日期、凭证编号、二级账户和明细分类账户、附件张数以及有关人员签章等。

在审核过程中,如果发现差错,应查明原因,按规定办法及时处理和更正。只有经过审核无误的记账凭证,才能据以登记账簿。

第四节　会计账簿

一、账簿的意义

在会计核算工作中,对每一项经济业务,都必须取得和填制会计凭证。由于会计凭证数量很多,又很分散,不能据以对企业的经济业务进行连续、系统、全面的反映和监督,这就需要运用登记账簿的方法,把分散在会计凭证上的大量的核算资料加以集中和归类整理,登记到账簿中去。

账簿,是按照会计科目开设账户、账页,用来序时、分类地记录和反映经济业务的簿籍。设置和登记账簿,是对经济信息进行加工整理的一种专门方法,是会计核算工作的一个重要环节。通过设置和登记账簿,可以对经济业务进行序时或分类的核算,将分散的核算资料加以系统化,为经营管理提供完整的会计信息;账簿还可以为定期编制会计报表提供数据。

二、账簿的种类

（一）按用途划分

账簿按其用途，可以分为序时账簿、分类账簿和备查账簿三类。

1. 序时账簿

序时账簿简称序时账，是按照经济业务发生的时间顺序登记的账簿。由于序时账要按照每一项经济业务逐日逐项登记，因而一般称为日记账。日记账又有专用日记账和通用日记账两类。

（1）专用日记账。专用日记账也称特种日记账，是专门用来登记某一类经济业务的日记账，如库存现金日记账、银行存款日记账等。

（2）通用日记账。通用日记账是用来登记企业单位全部经济业务的日记账。在这种日记账中，根据全部经济业务发生的顺序，逐日逐项编制会计分录，因而这种日记账也称分录日记账和分录簿。

2. 分类账簿

分类账簿简称分类账，是按经济业务的类别进行登记的账簿。分类账按其分类的总括或明细的程度，又分总分类账和明细分类账两类。

（1）总分类账。总分类账简称总账，是按照总分类账户或科目开设账页，对企业单位全部经济业务进行总括分类登记、进行总分类核算的分类账，也称一级账。

（2）明细分类账。明细分类账简称明细账，是按照明细分类账户或科目开设账页，对企业单位某一类经济业务进行明细分类登记、进行明细分类核算的分类账。

3. 备查账簿

备查账簿，也称备查簿、备查登记簿或辅助账簿，是指用来登记不属于以上各种账簿登记的业务，但必须进行补充登记的账簿。例如，企业单位经营租入的固定资产，不属于自有固定资产，不能在上述各种账簿中登记，但在租赁期内必须对其使用、保管、支付租金等情况进行登记，因而必须设置租入固定资产登记簿。

（二）按外表形式划分

账簿按其外表形式，可以分为订本式账簿、活页式账簿和卡片式账簿三类。

（1）订本式账簿。订本式账簿是指在启用前就编写账页号码，并固定装订成册的账簿。采用订本式账簿，可以避免账页丢失或被抽换，保证账簿记录的安全、完整。但这种账簿使用起来欠灵活，不便于分工记账。因此，这种账簿一般适用于比较重要的和带有统御性的账簿，如总分类账、库存现金日记账、银行存款日记账等。

（2）活页式账簿。活页式账簿是指在启用前没有编写账页号码，而是将各张账页存放在活页夹内而形成的账簿。这种账簿的优缺点与订本式账簿相反。因此，采用这种账簿时，空白账页一经使用就应连续编号，由有关人员在账页中盖章，使用完毕，不再登账时，将其装订成册。这种账簿一般适用于所需账页数量很难预先确定的明细账，如原材料明细账等。

(3) 卡片式账簿。卡片式账簿是指印有记账格式的卡片，登记各项经济业务的账簿。卡片不固定在一起，数量可根据经济业务增减，如固定资产明细账等。这种账簿使用完毕不再登账时，可将卡片穿孔，以便于保管。

三、日记账的设置和登记

(一) 专用日记账的设置和登记

为了加强对货币资金的反映和监督，企业单位一般均为库存现金和银行存款专门设置库存现金日记账和银行存款日记账，以便逐日逐项登记这些货币资金的收入、付出和结余的情况。这两种日记账账页的格式，可以采用三栏式，也可以采用多栏式。

1. 三栏式日记账的设置和登记

三栏式库存现金日记账。这是指按照库存现金的“收入”、“付出”和“结余”分设三个专栏而形成的日记账。为了反映库存现金收入的来源和库存现金付出的方向，一般还增设“对方科目”专栏。库存现金日记账的格式如表 2-9 所示。

表 2-9 库存现金日记账

第×页

201×年		凭证号数		摘　　要	对 方 科 目	收入	付出	余额
月	日	收款	付款					
2	1			月初余额				1 500
	1		银付 1	提取现金	银行存款	1 000		2 500
	1	现收 1		销售收入	主营业务收入	800		3 300
	1		现付 1	存入银行	银行存款		2 000	1 300
	1		现付 2	预支差旅费	其他应收款		800	500
	1			本日合计及余额		1 800	2 800	500

库存现金日记账应由出纳人员根据库存现金的收款凭证和付款凭证逐日逐笔地登记。

库存现金日记账的登记方法如下。

(1)“日期”栏。“日期”栏填写的是记账凭证的日期,应与库存现金实际收付日期一致。

(2)“凭证”栏。“凭证”栏填写的是登记入账的收付款凭证的种类和编号,如“库存现金收(付)款凭证”简写为“现收(付)”,“银行存款收(付)款凭证”简写为“银收(付)”。“凭证”栏还应登记凭证的编号数,以便于查账和核对。

(3)“摘要”栏。摘要说明登记入账的经济业务的内容,文字要简练,但要能说明问题。

(4)“对方科目”栏。“对方科目”填写的是库存现金收入的来源科目或支出用途的科目。如从银行提取现金,其来源科目(即对方科目)为“银行存款”,其作用在于了解经济业务的来龙去脉。

(5)“收入”、“付出”栏。“收入”、“付出”栏填写的是库存现金实际收、付的金额。每日终了,应分别计算库存现金收入和付出的合计数,结出余额,同时将余额与出纳员的库存现金核对,即通常说的“日清”。如果账款不符应查明原因,并记录备案。

2. 多栏式日记账的设置和登记

多栏式的库存现金日记账和银行存款日记账,是按照库存现金或银行存款收入和付出的对应科目分设若干专栏的日记账。多栏式银行存款日记账的格式如表2-10所示。

多栏式日记账的特点是在三栏式的基础上,按借方、贷方的对应账户设置专栏,以便汇总重复发生的同类经济业务。设置和登记多栏式日记账可以详细反映货币资金的增减变动情况,在汇总后作为一次过入总账的依据,从而减少过账工作量,适用于库存现金和银行存款收支业务较多的单位。

多栏式日记账按照收、付款凭证逐笔、顺序登记,登记时在确定应借、应贷方向后,按对应账户确定其专栏。由于多栏式日记账的金额栏较多,注意不要串行或串栏。如果对应账户较多,多栏式日记账的栏目过多,账页就会变得过于庞大,因此可以在多栏式日记账的基础上,分设多栏式的收入日记账和付出日记账。

(二)普通日记账的设置和登记

普通日记账是指按全部经济业务发生时间的先后顺序逐日逐笔进行登记的日记账。设置普通日记账可以全面、综合、及时地反映单位所发生的全部业务,便于按经济业务的发生时间对单位的经济活动进行检查和考核。

登记普通日记账要依据每张原始凭证或记账凭证逐日逐笔地进行登记。由于普遍日记账所记录的内容主要是经济业务的会计分录,故亦称会计分录登记簿,简称会计分录簿。因此不少企业不再单独设置普通日记账,以减少手工记账时的工作量。普通日记账

表 2-10 银行存款日记账(多栏式)

201×年		凭证号数	摘要	借方						贷方						余额
				对应贷方科目						对应借方科目						
				库存现金	主营业务收入	应收账款	应收票据	财务费用	合计	库存现金	材料采购	应付账款	营业外支出	财务费用	合计	
月	日															
5	1		期初余额													20 000
	1	①	出售产品		20 000				20 000							
		②	提现							1 000					1 000	
	2	④	购材料								8 000				8 000	
	4	⑥	还欠款									2 000			2 000	
			出售产品		18 000				18 000							
	4	⑨	还欠款									15 000			15 000	
	8	⒂	现金存入	2 000					2 000							
		⒄	收到欠款			4 000			4 000							
	9	19	兑现票据				6 000		6 000							
	10	22	出售产品		12 000				12 000							
		23	购材料								22 000				22 000	
	31		全月合计	2 100	85 000	3 000	18 000	100	108 200	12 000	18 000	29 900	12 400	150	87 150	41 050

的格式如表 2-11 所示。

表 2-11　普通日记账

201×年		摘　　要	会计科目	借方金额	贷方金额	凭证张数	总账页数
月	日						
2	1	从银行提取现金	库存现金	1 000		1	2
			银行存款		1 000		5
	1	采购材料，签发承兑汇票	材料采购	10 200		2	11
			应付票据		10 200		20
	1	零星销售，收到现金	库存现金	800		1	2
			营业收入		800		30
	1	将库存现金存入银行	银行存款	1 000		1	5
			库存现金		1 000		2
	1	用库存现金预支差旅费	其他应收款	500		1	9
			库存现金		500		2
	1	销售产品，收到对方签发承兑的汇票	应收票据	30 000		2	7
			主营业务收入		30 000		30
	2	开出支票，支付应付账款	应付账款	9 000		2	24
			银行存款		9 000		5

四、分类账的设置和登记

分类账是指对全部经济业务按总分类账户和明细分类账户进行分类登记，借以提供总括、全面的核算资料和详细、具体的核算资料。因此每个企业单位都要设置总账，并在此基础上设置明细账。

（一）总分类账的格式和登记方法

总分类账是按照一级会计科目开设账户，对经济业务进行分类登记的账簿。总分类账的格式一般采用借贷余三栏式，即每一总账都有借方金额、贷方金额、余额三个栏次，其格式如表 2-14 所示。在实际工作中根据需要还可以增设“对方科目”栏，由于各会计科目的余额可能在借方，也可能在贷方，为了反映余额的借贷方向，在“余额”栏旁边都应加设“借或贷”栏或“借/贷”栏。

总分类账登记的依据有记账凭证（包括收、付、转凭证或科目汇总表等）和多栏式日记账。由于登记的依据不同，其登记的方式可以逐笔或定期汇总登记。

（二）明细分类账的格式和登记

明细分类账应该根据经济业务的类别和经营管理的要求分别设置，其账页可以分别采用不同格式。基本的格式有三栏式明细分类账、数量金额式明细分类账和多栏式明细分类账三种。

1. 三栏式明细分类账的设置

三栏式明细分类账的格式与三栏式总分类账的格式基本相同。但是，三栏式明细分类账不需要设立反映对应科目的专栏。这种明细分类账适用于只需要提供金额资料，不需要提供数量资料的明细账核算。例如，“应收账款”明细账（其格式如表 2-12 所示）。

表 2-12　三栏式明细分类账

应收账款科目：W 公司

××××年		凭证		摘要	借方	贷方	借或贷	余额
月	日	字	号					
1	1			上年结转			借	15 000
1	10	银收	20	收到 W 公司付购货款		5 000	借	10 000

2. 数量金额式明细分类账的设置

数量金额式明细分类账一般设有收入、发出和结存的“数量”、“单价”和“金额”栏，用来登记财产物资收入、发出和结存的数量、单价和金额。这种明细分类账适用于既需要提供金额资料，又需要提供数量资料的明细分类账核算。例如，“原材料”明细账（其格式如表 2-15、2-16 所示）、“库存商品”明细账等。

3. 多栏式明细分类账的设置

多栏式明细分类账是指在账页中各明细科目或明细项目分设若干专栏，用以在一账页中集中登记这些明细科目或明细项目全部金额的账簿。这种账簿一般适用于成本类、费用类和损益类会计账户的明细核算。例如，“生产成本”明细账、“管理费用”明细账（其格式见表 2-13 所示）。多栏式明细分类账根据实际情况有借方多栏式、贷方多栏式和借贷双方均多栏式三种格式。

明细分类账的登记一般以记账凭证及其所附的原始凭证为依据，逐日逐笔登记。

表 2-13　管理费用明细分类账　　第×页

××××年		凭证		摘要	费用项目								转出	余额
月	日	字	号		工资	消耗材料	折旧费	修理费	差旅费	办公费	其他费	合计		
5	4		(略)	工资费用	5 500							5 500		5 500
	6			材料费用		3 000		800				3 800		9 300
	10			折旧费			1 000					1 000		10 300
	21			报差旅费					1 800			1 800		12 100
	29			其他支出						400	100	500		12 600
	31			转出									12 600	0
	31			本月合计及月末余额	5 500	3 000	1 000	800	1 800	400	100	12 600	12 600	0

（三）总分类账核算与明细分类账核算的平行登记

1. 总分类账核算与明细分类账核算的关系

总账是指按总账科目开设的账户，对总账科目的经济内容进行总括的核算，提供总括性指标。明细账是指按照明细科目开设的账户，对总分类账的经济内容进行明细分类核算，提供具体而详细的核算资料。这就表明，总分类账和明细分类账是既有内在联系又有区别的两类账户。

总分类账账户与明细分类账账户两者之间既有联系又有区别，其联系表现在：二者所反映的经济业务内容相同，如“原材料”总分类账账户与其所属的“原料”、“辅助材料”等明细分类账账户都是用以反映材料的收发及结存业务的；登记账簿的原始依据相同，登记总分类账账户与登记其所属明细分类账账户的记账凭证和原始凭证是相同的。其区别则表现在：反映经济内容的详细程度不同。总分类账反映资金增减变化的总括情况，提供总括资料；明细分类账反映资金运动的详细情况，提供某一方面的资料。有些明细分类账还可以提供实物数量指标和劳动量指标；作用不同，总分类账提供的经济指标，是明细分类账资料的综合，对所属明细分类账起着统御作用；明细分类账是对有关总分类账的补充，起着详细说明的作用。由此可见，二者关系密切。在设置明细分类账时，一定要考虑二者这种既有联系又有区别的特征。

2. 总分类账与明细分类账的平行登记

根据总分类账与明细分类账的上述关系，为了确保会计核算资料的正确性和完整性，必须采用平行登记的方法，在总分类账及其所属明细分类账中进行记录。

平行登记的方法可以概括为以下几个要点。

(1) 依据相同。登记总分类账账户和明细分类账账户的原始依据必须相同。登记明细分类账账户的原始依据是原始凭证或依据原始凭证编制的记账凭证，登记总分类账账户所依据的记账凭证或汇总记账凭证，其原始依据也应是相同的原始凭证和记账凭证。

(2) 金额相等。会计凭证计入有关总分类账账户和明细分类账账户的金额必须相等。如涉及多个明细分类账账户时，有关明细分类账账户金额的合计必须与相应的总分类账账户的金额相等。

(3) 方向一致。根据会计凭证计入有关总分类账账户和明细分类账账户的记账方向相同，总分类账账户计入借方，明细分类账账户也计入借方；总分类账账户计入贷方，明细分类账账户也计入贷方。

根据上述平行登记原理登记总账的所属明细账后，在两者之间必然出现下列相互核对的数量关系，以公式表示为

$$总账期初余额 = \sum(所属明细账期初余额)$$

$$总账借方发生额 = \sum(所属明细账借方发生额)$$

$$总账贷方发生额 = \sum(所属明细账贷方发生额)$$

$$总账期末余额 = \sum(所属明细账期末余额)$$

在会计核算工作中，可以利用上述关系检查账簿记录的正确性。检查时，根据总分类账与明细分类账之间的数量关系，编制明细分类账的本期发生额和余额明细表，同其相应的总分类账户本期发生额和余额相互核对，以检查总分类账与其所属明细分类账记录的正确性。明细分类账账户本期发生额和余额明细表根据不同的业务内容，可以分别采用不同的格式。

现以材料核算为例，对总分类账和明细分类账的平行登记加以说明。

【例 2-5】 ①某企业某年 5 月份"原材料"总分类账及所属明细分类账的月初余额如表 2-14、表 2-15、表 2-16 所示。

表 2-14 总分类账

会计科目：原材料　　　　单位：元　(第 15 页)

××××年		凭证		摘要	借方	贷方	借或贷	余额
月	日	字	号					
5	1			月初余额			借	8 545
	3	转账	1	购进	8 000			16 545
	5	转账	2	生产领用		5 480		11 065
	31			本月发生额及余额	8 000	5 480		11 065

表 2-15　原材料明细分类账

材料名称：甲材料　　　　单位：元

××××年		凭证号	摘　要	收　入			发　出			结　存		
月	日			数量（千克）	单价	金额	数量（千克）	单价	金额	数量（千克）	单价	金额
5	1		月初余额							25	97	2 425
	3	转账 1	购进	50	100	5 000				75	99	7 425
	5	转账 2	生产领用				40	99	3 960	35	99	3 465
5	31		本月发生额及余额	50	100	5 000	40	99	3 960	35	99	3 465

表 2-16　原材料明细分类账

材料名称：乙材料　　　　单位：元

××××年		凭证号	摘　要	收　入			发　出			结　存		
月	日			数量（千克）	单价	金额	数量（千克）	单价	金额	数量（千克）	单价	金额
5	1		月初余额							40	153	6 120
	3	转账 1	购进	20	150	3 000				60	152	9 120
	5	转账 2	生产领用				10	152	1 520	50	152	7 600
5	31		本月发生额及余额	20	150	3 000	10	152	1 520	50	152	7 600

② 本月购入甲材料 50 千克，每千克单价 100 元；购入乙材料 20 千克，每千克单价 150 元，货款已用银行存款支付，材料已验收入库，不考虑增值税。根据这一经济业务，编制会计分录如下。

借：原材料——甲　　　　5 000

　　　　　——乙　　　　3 000

　贷：银行存款　　　　　　8 000

③ 本月生产产品领用：甲材料 40 千克，每千克单价 99 元；乙材料 10 千克，单价 152 元。发出材料应编制会计分录如下。

借：生产成本　　　　5 480

　贷：原材料——甲　　　　3 960

　　　　　　——乙　　　　1 520

根据上述资料及会计分录对“原材料”总账及甲、乙材料明细账进行平行登记，如表 2-14、表 2-15、表 2-16 所示。

从表中可看出，明细账期初余额之和、本期发生额之和以及期末结存额之和与总账相

应的指标是相等的，即

期初余额：2 425 + 6 120 = 8 545(元)
本期购进：5 000 + 3 000 = 8 000(元)
本期发出：3 960 + 1 520 = 5 480(元)
期末结存：3 465 + 7 600 = 11 065(元)

由于总分类账和明细分类账是按平行登记的方法进行登记的，因此应将总分类账和明细分类账登记的结果相互核对，核对通常是通过编制“总分类账户与明细分类账户发生额及余额对照表”进行的，对照表的格式和内容如表 2-17 所示。

表 2-17　总分类账户与明细分类账户发生额及余额对照表　　单位：元

账户名称	月初余额		发生额		月末金额	
	借方	贷方	借方	贷方	借方	贷方
甲材料明细分类账户	2 425		5 000	3 960	3 465	
乙材料明细分类账户	6 120		3 000	1 520	7 600	
原材料总分类账户	8 545		8 000	5 480	11 065	

五、账簿的登记和使用规则

（一）启用账簿时的一般规则

账簿是储存数据资料的重要会计档案，登记账簿要有专人负责。为了保证账簿记录的严肃性和合法性，明确记账责任，保证资料完整，在账簿启用时，应在“账簿启用和经营人员一览表”中详细载明单位名称、账簿编号、账簿册数、账簿共计页数、启用日期，并加盖单位公章，经营人员(包括企业负责人、主管会计、复核和记账人员)均应载明姓名并加盖印章。

（二）账簿登记的规则

(1) 为了做到账簿记录真实、正确，记账必须有经过审核无误的会计凭证为依据。记账时，应将会计凭证的日期、种类和编号、业务内容摘要和金额等逐项记入账页中。

(2) 为了保持账簿记录清晰、耐久，防止涂改，必须用蓝、黑墨水记账，不能使用圆珠笔和铅笔记账；规定可以用复写纸套写的账簿，才可以用圆珠笔记账，红墨水只能在结转画线、改错和冲账时使用。记账的字迹必须工整，不能潦草；用字必须规范，不能使用自造的简体字。

(3) 在登记总账和明细账时，在每一账户或科目的第 1 页，必须记明账户名称或会计科目。各种账簿都必须逐页逐行循序连续登记，不能隔行、隔页登记。如果发生隔行、隔页登记，应将空行、空页用红墨水对角划线，加盖“作废”戳记，并由记账人员签名或盖章，不能在空行、空页中任意涂抹，也不能任意抽换账页。

(4) 账簿每记满一张账页，均在最后一行登记本页发生额合计和余额，并在“摘要”栏中写明“转下页”；然后将发生额合计和余额记入下一页的第1行，并在“摘要”栏中写明“承上页”。

(5) 如果发现账簿记录有差错，应该分别不同情况，采用规定的方法进行更正，不能涂改、刮擦、挖补或用褪色药水消除原有字迹。

(三) 更正错账方法

在记账过程中，如果账簿记录发生错误，不得任意涂改，必须根据错误的具体情况，采取相应正确的方法予以更正。更正错账方法一般有以下几种。

1. 画线更正法

在结账以前，如果发现记账凭证没有错误，而账簿记录有错误，即纯属登账时文字或数字上的错误，应该采用画线更正法更正。更正的程序是：先将错误的文字或数字画上一条线，表示注销，然后将正确的文字或数字用蓝字写在错误的文字或数字的上方，并由更正人员在更正处盖章。如果几位数字只错其中一个或几个数码，应将这几位数字全部用红线画去，而不能只画其中一个或几个错误数码。画线注销的文字或数字应该可以辨认，以备查考。

【例2-6】 某记账人员记账时将67 400元误记为76 400元，更正时，应用一条红线将“76 400”数字全部画去，然后在其上方用蓝字填写“67 400”，并由更正人员在更正处盖章。

2. 红字更正法

(1) 红字全部冲销法。记账以后如果发现账簿记录的错误是由于记账凭证所列应借、应贷会计科目有错误而引起的，可采用红字全部冲销法更正。更正的程序是：先用红字金额填制一张与原错误记账凭证相同内容的记账凭证，据以登记入账，用来冲销账中原来的错误记录；最后用蓝字填制一张正确的记账凭证，并据以登记入账。

【例2-7】 用企业的银行存款支付管理费用2 000元，编制记账凭证时，误编制会计分录如下，并已登记入账。

① 借：管理费用　　2 000

　　贷：库存现金　　2 000

更正时，应用红字填制与错误记账凭证相同内容的记账凭证。则编制会计分录如下(方框表示红字)。

② 借：管理费用　　[2 000]

　　贷：库存现金　　[2 000]

根据这一记账凭证，用红字记账以后，就冲销了原来的错误记录。同时，用蓝字填制一张正确的记账凭证。编制会计分录如下。

③ 借：管理费用　　2 000

　贷：银行存款　　2 000

以上有关账户更正记录如图 2-5 所示。

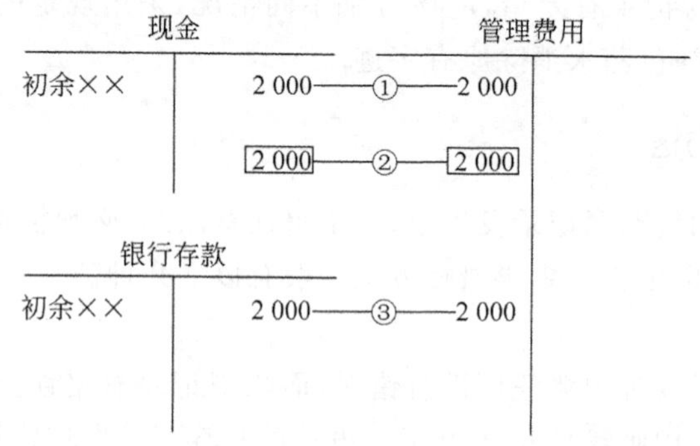

图 2-5　账户更正记录(1)

(2) 红字差额冲销法。在记账后，如果发现账簿记录的错误是由于记账凭证所列金额大于应记金额而引起的，而应借、应贷的会计科目没有错误，应该采用红字差额冲销法更正。这时将多记的金额用红字填写一张记账凭证，用以冲销多记金额。

【例 2-8】 生产产品领用原材料 45 000 元。编制记账凭证时，误编制下列会计分录，并已登记入账。

① 借：生产成本　　54 000

　贷：原材料　　54 000

发现错误后，应将多余的金额用红字编制会计分录如下。

② 借：生产成本　　9 000

　贷：原材料　　9 000

以上有关账户更正记录如图 2-6 所示。

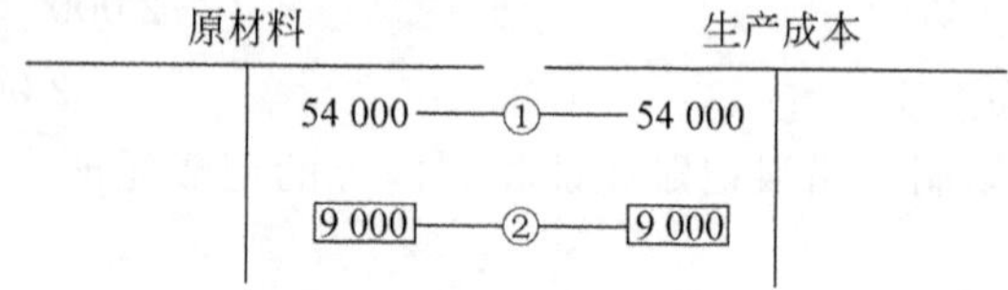

图 2-6　账户更正记录(2)

3. 补充登记法

记账以后，如果发现账簿记录的错误是由于记账凭证所列金额小于应记金额而引起的，应借、应贷会计科目没有错误，应该采用补充登记法更正。即再填一张补充少记金额的记账凭证，并将其补记入账的记账凭证登记入账。

【例 2-9】 企业购入原材料一批，计 30 000 元，款项尚未支付，不考虑增值税。在编制记账凭证时金额误记为 3 000 元，并已登记入账。当时编制会计分录如下。

① 借：原材料　　3 000
　　贷：应付账款　　3 000

发现错误后，将少记的金额 27 000 元再编制一张记账凭证如下。

② 借：原材料　　27 000
　　贷：应付账款　　27 000

以上账户更正记录如图 2-7 所示。

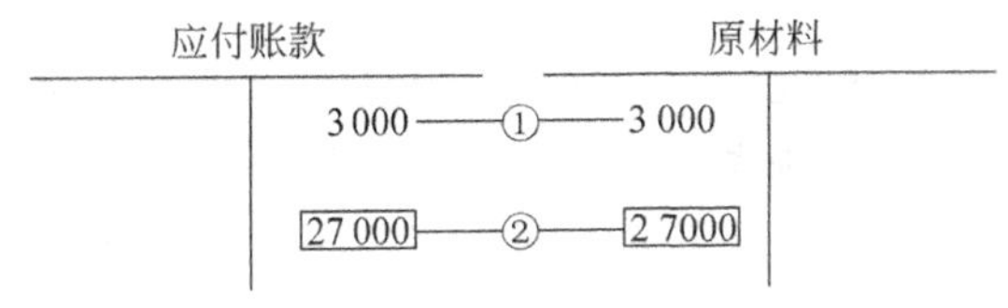

图 2-7　账户更正记录(3)

六、结账和对账

(一) 结账

结账是指按照规定将一定时期(月份、季度、年度)内所发生的经济业务登记入账，并将各种账簿结算清楚，以便进一步根据账簿记录编制会计报表。另外，企业因撤销、合并而办理账务交接时，也需要办理结账。结账工作主要包括以下内容。

(1) 将本期内所发生的经济业务全部计入有关账簿，既不能提前结账，也不能将本期发生的业务延至下期登账。

(2) 按照权责发生制原则调整和结转有关账项。本期内所有的转账业务，应编制成记账凭证计入有关账簿，以调整账簿记录。例如，对固定资产计提折旧；将以前预收而属于本期的收入，计入本期收益；将本期的费用和收益结转记入“本年利润”账户，以便计算出本期的财务成果；财产物资通过清查盘点而发现的盘盈盘亏，也应按有关规定登记入账；等等。

(3) 计算、登记本期发生额和期末余额。在本期全部经济业务登记入账的基础上，应当结算库存现金日记账、银行存款日记账，以及总分类账账户和各明细分类账账户的本期发生额和期末余额,并结转下期。

结账工作通常是为了总结一定时期经济活动的变化情况和结果。因此,月、季、年度终了,一般应结出月份、季度和年度发生额,在“摘要”栏注明“本月合计”或“本季合计”或“本年合计”字样;在月结、季结数字上端和下端均画单红线,以示区别。结总数字本身不得以红字书写,发生额只有一笔的账户,可以不予结总。年终结账时为了各账户借方、贷方平衡起见,应将各账户上年结转的借方(或贷方)金额,按照原来相同的方向,填列在全年发生额合计数下一行的借方(或贷方)栏内,并在“摘要”栏内注明“上年结转”字样;同时将本年余款按相反方向填列在全年发生额合计的再下一行(借方余额应填列贷方栏),并在“摘要”栏内注明“结转下年”字样,然后分别将借方和贷方加总填列在一行,并在“摘要”栏内注明“合计”字样(借方、贷方金额应相符),最后在合计数下端画两道红线,表示借方、贷方平衡和年度记录结束。

(二)对账

为了保证各种账簿记录的完整和正确,如实地反映和监督经济活动,为编制会计报表提供真实、可靠的数据资料,必须做好对账工作。对账,简单地说,就是对账簿记录进行的核对工作。对账工作一般应从以下几个方面进行。

1. 账证核对

账证核对是指将各种账簿记录与记账凭证及其所附的原始凭证进行核对。这种核对除在日常制证、记账过程中进行以外,每月终了,如果发现账证不符,就要进行账簿与会计凭证的检查核对,以确保账证相符。

2. 账账相对

账账相对是指将各种账簿之间的有关数字进行核对。主要内容包括:总分类账账户本月借方发生额合计数与贷方发生额合计数是否相等;总分类账各账户余额与其所属有关明细分类账各账户余额合计数是否相等;库存现金日记账和银行存款日记账的余额与总分类账各该账户余额是否相符;会计部门有关财产物资的明细分类账余额,应该同财产物资保管或使用部门的登记簿所记录的内容,按月或定期相互核对,保证相符。

3. 账实核对

账实核对是指将各种财产物资的账面余额与实存数额相核对。具体内容包括:库存现金日记账账面余额与库存现金实际库存数相核对;银行存款日记账账面余额与开户银行账目相核对;各种材料、物资明细分类账账面余额与材料、物资实存数相核对;各种应收、应付款明细分类账账面余额与有关债务、债权单位的账目相核对。

在实际会计核算工作中,账实核对一般是通过财产清查进行的。

第五节　会计循环

一、会计循环的概念和内容

在阐明复式记账原理时，已介绍了编制会计分录、过账（总分类账账户和明细分类账账户）和试算平衡等记账程序。通常，人们把财务会计数据处理程序中所包括的依次完成又周而复始的基本步骤称作会计循环。换句话说，会计循环是指以账户的设置和复式记账原理的运用为中心，把账户组织起来进行的确认、计量和记录，以及会计报表和其他财务报告的编报。这样，由财务会计数据处理程序中的基本步骤构成的会计循环，实质上也构成了财务会计信息系统。

从一个会计期间看，财务会计的数据处理必须以期初的会计恒等式即账户的期初余额和期初的资产负债表为起点，通过对所发生的经济业务的分析做成以会计分录为标志的序时记录，然后依据序时记录过账，并对一些特殊经济业务做调整分录，期间终了，还要进行结账（账户的结清）、对账（账户的核对）和试算平衡。最后以期末的会计恒等式即账户的期末余额和期末的资产负债表为终点。某一期间的会计循环如图 2-8 所示。

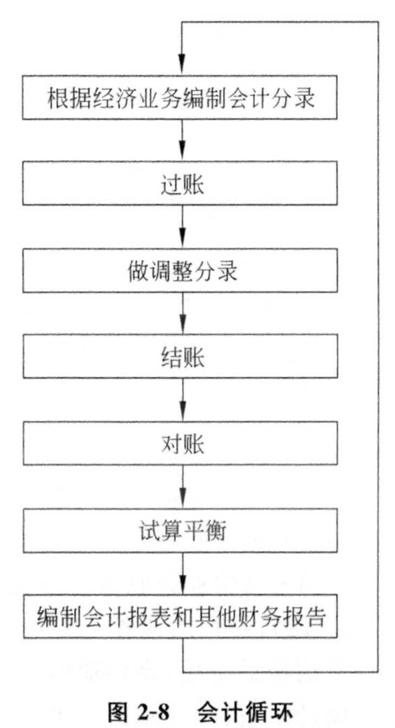

图 2-8　会计循环

根据图 2-8 可知，会计循环是由 7 个基本步骤构成的：①通过对所发生的经济业务进行分析做序时记录，主要工作是编制会计分录，发生于会计凭证环节；②过账；③做调整分录；④结账；⑤对账，涉及会计凭证、会计账簿与实物财产的核对；⑥试算平衡；⑦编制会计报表和其他财务报告。

二、关于调整分录

前面讲到，会计循环主要是由 7 个基本步骤构成的。在这些基本步骤中，除“做调整分录”外，其他基本步骤在本章前面的举例中都有所体现。这里，将专门讲述调整分录的问题。

企业某一会计期间反映在分录和账户中的许多经济业务，不只影响当期的经营成果，而且可能影响以后若干会计期间的经营成果，从而改变会计恒等式中原有的金额。但当时的分录和使用的账户可能未曾认真考虑权责发生制的要求。为了使各个账户能正确反映客观实际情况，在每一会计期间终了时，必须根据权责发生制，将本期获得的全部收入和发生的全部费用(成本)如实地加以揭示，否则，就很难正确地将同一会计期间的收入与费用相配比，从而确定利润。为严格地贯彻执行权责发生制，在会计期间终了时，往往需要对某些日常记录进行补充和调整，做调整分录。

(一) 应计项目的调整

应计是指不论其是否已收到或支付，但按照未来将会发生的现金流入或流出，只要其权责属于本期就对资产、负债、收入或费用予以确认的会计程序。

1. 应计收入的调整

在许多情况下，企业在某个时期赚得的收入或收益往往在日后才能得到对方付款。如果从收入赚取其款项这一段时间需要经过某个或几个会计期末，遵照权责发生制的原则，在期末必须对当期获取的收入进行确认，这种已经赚取而尚未收取到款项的收入，在会计上称为应计收入。如果到了会计期末它们仍未结算，则应当将之立即确认为收入，同时也将由此产生的一项资产即应收项目记录在账户中。

【例 2-10】 某企业 2 月 1 日出租一台仪器给某厂，双方协议租借 6 个月，租金 6 000 元，于租借期满日一次付清。这项经济业务发生后，未做任何会计记录。按照权责发生制原则，归属于 2 月份的租金收入为 1 000 元(6 000÷6)。月末，此项应收未收的收入与资产应予补充入账，需编制如下的调整会计分录：

借：其他应收款——××单位　　　　1 000

　贷：其他业务收入——租金收入　　　　1 000

2. 应计费用的调整

所谓应计费用，是指那些在本期已经发生而尚未支付的费用。比较典型的应计费用包括应计工资、应计利息等项目。应计费用通常是在一个会计期间内陆续发生而且呈累计趋势，但其款项的支付却在某个日期发生；常常是费用发生在前，款项支付在后。以债务的应计利息为例，应计利息费用是随着时间的推移而发生的。但是企业与债权方(如银行)结算并支付利息都有固定的日期，因此，在实际支付债务之前，利息费用的总量在逐渐增加，而且形成了一项流动负债，到了会计期末(一般在月底)，为了正确编制财务报表，必须对已发生的利息费用进行确认，同时将相应的负债也记录下来。

【例 2-11】 某企业 6 月 1 日向银行借款 60 000 元，期限 3 个月，借款年利率为 12%。这项经济业务发生以后，尚未就借款利息做任何会计记录。按照权责发生制原则，6 月份已发生 600 元(60 000×12%÷12×1)的未入账的利息费用与负债应予补充入账。这样，6 月份应编制调整分录如下。

借：财务费用——利息支出　　　　600

　贷：应付利息　　　　600

（二）预计项目调整

预收收入也称为未赚取收入，是指企业从事经营活动之前预先收取的款项，如预收商品销售的货款和定金、预收租金、预收利息等。根据权责发生制原则，收入应当在其实际发生时确认，据此，预收的收入不能作为当期收入处理，它代表着企业未来向预收方提交商品或劳务等的一种责任，所以，预收收入只能记列为负债。在大多数情况下，预收收入不超过一年或一个营业周期就实现，所以预收收入是流动负债项目。当企业正式发送商品或提供劳务即履行其责任时，在该期期末将以前时期记为流动负债的预收收入进行调整，按实际实现的收入正式地确认为当期收入。

【例 2-12】 5 月 1 日，W 企业按照合同规定向某购货单位预收产品销售货款 20 000 元，则编制会计分录如下。

借：银行存款　　　　　　　　　　　　20 000

　贷：预收账款——××单位　　　　　　　　20 000

企业在预收货款后，按照与该购货单位签订合同的规定于 6 月 10 日向购货方发出部分产品实现收入 12 000 元（不考虑增值税）。这样，在 5 月末已实现的收入就应予以确认。则编制调整会计分录如下。

借：预收账款　　　　　　　　　　　　12 000

　贷：主营业务收入　　　　　　　　　　　12 000

（三）估计项目的调整

1. 折旧费用的计提

折旧费用是指固定资产在使用过程中为本期收入所发生的内在能力损耗或所估计的已耗成本额。按照权责发生制和配比原则，企业应当将固定资产的历史成本在它使用的各个期间进行系统、合理的分配，计提折旧费用，以调整固定资产原始成本。然而，固定资产成本的调整与预付费用调整的不同之处在于，计提折旧费用并不直接冲减固定资产账户的余额，而是通过另一个账户即资产备抵账户“累计折旧”间接地反映固定资产成本的转销。

【例 2-13】 B 公司每月应计提其管理部门所拥有的各类设备、房屋建筑物等的折旧费用共计 30 000 元。每月月末应编制调整分录如下。

借：管理费用　　　　　　　　　　　　30 000

　贷：累计折旧　　　　　　　　　　　　　30 000

2. 坏账的估计

坏账是指企业已无法收回的应收账款。在权责发生制下，企业赊销商品或赊账提供劳务，营业收入确认的时间早于货款收回的时间，所以，将来能否全额回收货款、是否出现坏账，具有一定的不确定性。为了防止当期利润虚假和资产高估的现象出现，做到有备无患，会计上多采用预提坏账准备的方法，也就是根据客户的信用状况和历史经验以及本期应收账款余额等，对坏账损失做出充分的估计，将其作为费用处理。

应收账款的期末调整是在费用账户和资产账户之间进行的。但是，估计或预计的坏账损失，其本身意味着将来不一定就发生这项损失，即使发生了坏账，估计额与实际发生额也不一定相等。所以，在对应收账款进行期末调整时，应保留“应收账款”账户的余额，其调整数额则通过“坏账准备”这个资产备抵账户来反映。

企业在各个会计期末根据估计的坏账损失额编制下面的调整分录，并登记到有关账户。

借：资产减值损失

　贷：坏账准备

思考题

1. 简述财务会计核算的基本方法。
2. 什么是会计科目？什么是会计账户？会计科目与会计账户是什么关系？
3. 什么是复式记账法？它具有什么特点？
4. 试述借贷记账法的基本内容。
5. 会计凭证具有哪些作用？是怎样分类的？
6. 会计账簿具有哪些作用？是怎样分类的？
7. 简述会计循环的基本步骤。
8. 为什么要进行期末账项调整？通常应调整的会计事项有几个方面？如何进行调整？

练习题

练习1

一、目的

掌握会计要素间的平衡关系。

二、资料

某独资企业年初全部负债为250 000元，年末全部负债变为200 000元，年末的净资产为300 000元。资产总额年末比年初多100 000元。本年资本投入数超过提出数40 000元。

三、要求

计算该年净收益。

练习2

一、目的

掌握会计要素间的平衡关系。

二、资料

某服务行业2013年年初开业，到该年年末有关财务数据如下：应付账款8 645元，应付票据10 000元，库存现金12 861元，固定资产92 200元，累计折旧4 200元，实收资本100 000元，应收账款23 000元，全年实现收入26 120元，支出各种费用20 904元。

三、要求

根据会计要素之间的关系确定资产、负债及所有者权益的年末数额。

练习3

一、目的

掌握借贷记账法的应用。

二、资料

凯德公司某月份发生以下经济业务：

1. 收到投资者投入的货币资金300 000元，已存入银行存款。
2. 收到投资者投入的全新机器设备一台价值120 000元。
3. 从银行取得为期3个月的借款200 000元，已存入银行存款。
4. 收到投资者投入的专利权一项，经评估价值为250 000元。
5. 从大华公司购入原材料一批，价值50 000元，原材料验收入库，货款尚未支付。
6. 公司销售商品一批，收入45 000元，已存入银行存款。
7. 用银行存款归还前欠大华公司的货款50 000元。
8. 公司管理人员李维出差，预借差旅费1 000元，以库存现金支付。
9. 用银行存款支付公司办公费用2 000元，以银行存款支付。
10. 李维报销差旅费800元，余款现金退回。

三、要求

根据上述资料编制会计分录。

练习4

一、目的

掌握总分类账与明细分类账平行登记的方法。

二、资料

某企业6月30日有关总分类账户和明细分类账户的期初余额如下：

总分类账户："原材料"220 000元；"应付账款"80 000元。

明细分类账户："原材料——A 材料"400 千克，单价 300 元，总计 120 000 元。

"原材料——B 材料"500 千克，单价 200 元，总计 100 000 元。

"应付账款——凯利公司"30 000 元。

"应付账款——兴旺公司"50 000 元。

该企业 7 月份发生以下经济业务：

1. 以银行存款归还前欠凯利公司的货款 20 000 元，兴旺公司的货款 15 000 元。

2. 以银行存款购入 A 材料 200 千克，单价 300 元，共计 60 000 元；B 材料 100 千克，单价 200 元，计 20 000 元。材料已验收入库。

3. 生产部门领用 A 材料 350 千克，单价 300 元，共计 105 000 元；B 材料 200 千克，单价 200 元，计 40 000 元。

4. 从凯利公司购入 B 材料 150 千克，单价 200 元，共计 30 000 元，货款尚未支付。

5. 以银行存款归还兴旺公司的货款 20 000 元。

三、要求

1. 开设"原材料"、"应付账款"总分类账户和明细分类账户，根据上述资料登记期初余额。

2. 根据以上经济业务编制会计分录，并据以对"原材料"、"应付账款"的总分类账户和明细分类账户进行平行登记。

3. 结出"原材料"和"应付账款"总分类账和明细分类账的本期发生额和期末余额，并进行核对。

第三章 货币资金及应收项目

本章要点

(1) 现金的核算与内部控制制度。
(2) 银行存款的转账结算方式。
(3) 银行存款的结算与管理。
(4) 外币业务的会计处理。
(5) 应收票据及贴现的会计处理。
(6) 应收账款及坏账的会计处理。
(7) 预付账款的会计处理。

货币资金和应收项目是企业流动资产的组成部分。货币资金是企业作为支付手段、最具有流动性的资金,是公司偿债能力与支付能力的标志,因而货币资金的核算和监管就尤为重要。应收款项是企业在往来结算中形成的债权,应收款项能否及时收回,关系到企业流动资金的周转速度。货币资金部分主要介绍库存现金、银行存款和外币业务等内容,应收项目主要阐述应收账款、应收票据、预付账款和其他应收款的核算。

第一节 货币资金

货币资金是指企业在生产经营过程中处于货币形态的资产,是企业资产中流动性最强的资产,具有普遍的可接受性。按其存放地点和用途,货币资金可分为现金、银行存款和其他货币资金。拥有货币资金是企业进行生产经营活动的前提条件。货币资金的流量和存量是否合理恰当,关系到企业的资金周转乃至经营的成败,因此至关重要。

一、库存现金

现金是流动性最强的一种货币性资产,可以随时用其购买物资、支付费用和偿还债务。现金的概念有广义和狭义之分。狭义的现金是指企业的库存现金;广义的现金除了库存现金以外,还包括银行存款和其他符合现金定义的票证等。企业为了保证生产经营活动的正常进行，必须拥有一定数额的现金，用以购买材料、缴纳税金、发放工资、支付利息、支付股利或对外进行投资活动等。在我国会计实务中，通常所说的现金是指狭义的现金。

（一）库存现金的内部控制制度

由于库存现金的流动性最强、最容易被挪用或侵占，企业应加强对库存现金的管理，以确保其安全和完整。库存现金管理的关键是建立、健全内部控制制度。库存现金内部控制制度的基本内容包括以下要点：

(1) 库存现金的限额管理。库存现金限额是指为保证单位日常零星支出按规定允许留存的库存现金的最高数额。按照规定，企业库存现金限额由企业提出计划，报开户银行审批。经过开户银行核定的库存现金限额，各个企业单位必须严格遵照执行。企业单位由于业务范围、内容发生变化，需要增加或减少限额时，应向开户银行提出申请，经开户银行批准后方可调整库存现金限额。库存现金限额一经核定，企业必须严格遵守，当实际库存现金超过限额时，企业应及时将超过部分送存银行；当库存现金不足时，可以从银行存款中提取现金补足限额。

(2) 库存现金的支付范围。国家对库存现金的使用管理有着较为严格的规定，开户单位应严格按照国务院颁发的《现金管理暂行条例》规定的范围使用现金。开户单位与其他单位的经济往来，除规定的范围可以使用现金外，应当通过开户银行转账结算。

(3) 库存现金收支的管理。企业在生产经营活动中会收进一些现金，如零星的销货收入、向不能转账的单位和个人销售的货款等。企业在经营业务中收入的现金必须及时送存银行，不准直接用来支付企业的支出，即“不准坐支现金”。企业日常所需开支的现金则应按限额管理办法，以库存现金支付，这种做法叫“收支两条线”。除此之外，企业不准用不符合制度的凭证顶替库存现金，即不得“白条顶库”；不准谎报用途套取现金；不得用银行账户代替其他单位和个人存取现金；不得保留账外公款；不得设置“小金库”。

（二）库存现金的核算

企业每天都会发生现金的收付业务，为了及时了解和掌握现金的收付动态和库存额，应设置“库存现金日记账”，按照现金业务发生的先后顺序逐笔对库存现金进行序时登记。每日终了，应根据登记的“库存现金日记账”结余数与实际库存数进行核对，做到账实相符，如发现账实不符，应及时查明原因，进行处理。

库存现金清查中发现现金短缺或溢余时，应通过“待处理财产损溢”账户核算：属于现金短缺，应按实际短缺的金额，借记“待处理财产损溢——待处理流动资产损溢”账户，贷记“库存现金”账户；属于现金溢余，应按实际溢余的金额，借记“库存现金”账户，贷记“待处理财产损溢——待处理流动资产损溢”账户。待查明原因后分以下情况处理：

(1) 如为现金短缺，属于应由责任人赔偿的部分，借记“其他应收款——应收现金短缺款”或“库存现金”账户，贷记“待处理财产损溢——待处理流动资产损溢”账户；属于应由保险公司赔偿的部分，借记“其他应收款——应收保险赔款”账户，贷记“待处理财产损溢——待处理流动资产损溢”账户；属于无法查明的其他原因，根据管理权限，经批准后处理，借记“管理费用——现金短缺”账户，贷记“待处理财产损溢——待处理流动资产损溢”账户。

(2) 如为现金溢余，属于应支付给有关人员或单位的，应借记“待处理财产损溢——待处理流动资产损溢”账户，贷记“其他应付款——应付现金溢余”账户；属于无法查明原因的，经批准后，借记“待处理财产损溢——待处理流动资产损溢”账户，贷记“营业外收入——现金溢余”账户。

除进行库存现金的序时核算外，会计上还应设置资产类“库存现金”总分类账户，进行“库存现金”的总分类核算。当发生现金收入业务时，借记“库存现金”账户，贷记其他有关账户；当发生现金支出业务时，贷记“库存现金”账户，借记其他有关账户；账户的借方余额表示企业的库存现金。库存现金总分类账应由会计人员定期汇总登记，以贯彻内部牵制原则。

【例 3-1】 某公司用现金 200 元购买管理部门的办公用品。编制会计分录如下。

借：管理费用　　200

　贷：库存现金　　200

【例 3-2】 某公司在财产清查中发现库存现金短款 350 元，无法查明原因，编制会计分录如下。

批准前：

借：待处理财产损溢——待处理流动资产损溢　　350

　贷：库存现金　　350

批准后：

借：管理费用——现金短款　　350

　贷：待处理财产损溢——待处理流动资产损溢　　350

二、银行存款

银行存款是指按照规定存放在银行或其他金融机构的货币资金。根据国家的有关规定，凡是独立核算的企业都必须在银行开设账户，以办理存放在银行的货币资金的存取和转账业务。企业在银行开设账户之后，必须遵守银行存款管理制度，接受银行的监督。根据中国人民银行有关结算办法规定，企业发生的货币资金收支结算，除国家规定的库存现金使用范围内允许以现金结算的款项外，其他款项都必须通过银行办理转账结算。

（一）银行转账结算的方式

银行转账结算，又称非现金结算，是指企业的开户银行将款项从付款单位的结算账户划转到收款单位的结算存款户。目前银行转账结算的主要方式如下。

1. 银行汇票结算方式

银行汇票是汇款人将款项交存当地银行，由出票银行签发的，由其在见票时，按照实际结算金额无条件支付给收款人或持票人的票据。采用银行汇票结算方式应注意以下几个问题：①银行汇票的付款期为一个月；②接受银行汇票的企业应注意审查票据的有效性，主要包括票据是否逾期，是否具有压数机压印的金额等；③银行汇票和解讫通知必须由收款人或持票人同时提交银行，缺少任何一联均无效。

2. 商业汇票结算方式

商业汇票是由出票人签发的，委托付款人在指定日期无条件支付确定的金额给收款人或持票人的票据。商业汇票一律记名，允许背书转让，持票人如果急需资金，还可以到银行办理贴现、转贴现、再贴现，但持票人必须提供与其直接前手之间的增值税发票和商品发运单复印件方可向银行办理贴现。商业汇票分为商业承兑汇票和银行承兑汇票。商业承兑汇票是收款人签发，由银行以外的付款人承兑；银行承兑汇票由银行承兑，由在承兑银行开立存款账户的存款人签发。商业汇票对同城或异地结算均可采用，适用于先发货后收款或购销双方约定延期付款的商品交易。采用商业汇票结算方式时应注意以下问题：①只有合法的商品交易才可以签发商业汇票；②商业汇票承兑后，承兑人负有到期无条件支付票款的责任；③商业汇票承兑期限由交易双方商定，最长不超过 6 个月。

3. 银行本票结算方式

银行本票是银行签发的，承诺自己在见票时无条件支付确定的金额给收款人或持票人的票据。银行本票适用于同城的商品交易劳务供应和其他款项的结算。企业单位和个人在同一票据交换区域支付各种款项，都可以使用银行本票。在我国，银行本票采用记名式，见票即付，允许在票据交换区域内背书转让，便于融通资金。银行本票的付款期限最长不超过两个月，在付款期内见票即付，超过提示付款期限不获付款的，在票据权利时效内向出票银行做出说明，并提供本人身份证或单位证明，可持银行本票向银行请求付款。

银行本票结算有定额本票和不定额本票两种。不定额本票没有金额起点限制，在签发前的金额是不确定的，签发时由经办银行根据申请人的申请用压数机压印金额。定额本票的面额在本票签发前就已经确定，面额有 1 000 元、5 000 元、10 000 元和 50 000 元四种。在票面划去“转账”字样的，为现金本票。银行本票的申请人和收款人均为个人的，可以办理现金银行本票。注明“现金”字样的银行本票可以挂失止付；否则，不得挂失止付。

4. 支票结算方式

支票是出票人签发的，委托办理支票存款业务的银行或其他金融机构在见票时无条件支付确定金额给收款人或持票人的票据。支票的出票人，为在经中国人民银行当地分支行批准办理支票业务的银行机构开立可以使用支票的存款账户的单位和个人。支票分为现金支票、转账支票和普通支票。支票上印有“现金”字样的为现金支票，现金支票只能用于支取现金。支票上印有“转账”字样的为转账支票，转账支票只能用于转账。支票上未印有“现金”或“转账”字样的为普通支票，普通支票可以用于支取现金，也可以用于转账。支票结算方式是同城结算中应用范围最广的一种结算方式。

使用支票时需注意以下几点：①支票的出票人签发支票的金额不得超过付款时在付款人处实有的存款金额；禁止签发空头支票。②出票人不得签发与其预留银行签章不符的支票；使用支付密码的，出票人不得签发支付密码错误的支票。

持票人可以委托开户银行收款或直接向付款人提示付款。用于支取现金的支票仅限于收款人向付款人提示付款。支票的提示付款期限自出票日起 10 日内，但中国人民银行另有规定的除外。

5. 汇兑结算方式

汇兑结算方式是汇款人委托银行将款项汇给外地收款人的结算方式。企业单位、个体经济户和个人办理异地款项结算均可使用汇兑结算方式。这种结算方式应用范围广泛，没有金额起点限制，手续简便，划款及时。汇兑虽分为信汇和电汇两种，但目前主要是采用电汇结算 。

6. 委托收款结算方式

委托收款是收款人委托其开户银行向付款单位收取款项的一种结算方式。这种结算方式适用于单位和个人凭已承兑商业汇票、债券、存单等付款人债务证明办理款项的结算，特别是公用事业费的结算，同城异地均可使用。

7. 托收承付结算方式

托收承付是收款人根据购销合同发货后，委托银行向异地付款人收取款项，由付款人根据购销合同核对单证或验货后，向银行承认付款的结算方式。办理托收承付结算的款项，必须是商品交易以及因商品交易而产生的劳务供应的款项。代销、寄销和赊销商品的款项，不得办理托收承付结算。

8. 信用证结算方式

信用证结算方式是指购货单位开户银行应申请人的申请，开给销货单位的凭符合信用证条款的单据付款的承诺，是国际结算的一种主要的结算方式。经中国人民银行批准经营结算业务的商业银行总行以及经商业银行总行批准开办信用证结算业务的分支机构，也可以办理国内企业之间商品交易的信用证结算业务。

我国目前国内信用证采用不可撤销、不可转让的跟单信用证。信用证结算方式适用于国内企业订有购销合同的商品交易，同城异地均可使用，但只限于转账结算。

（二）银行存款管理制度

企业应按照国家《支付结算办法》的规定在银行开立账户，办理存款、取款和转账等结算业务。企业在银行开立人民币存款账户时，要遵守中国人民银行《银行账户管理办法》的各项规定。

1. 银行存款开户的有关规定

银行存款账户分为基本存款账户、一般存款账户、临时存款账户和专用存款账户。

基本存款账户是企业办理日常结算和现金收付的账户。企业的工资、奖金等现金的支取，只能通过基本存款账户办理。一般存款账户是企业在基本存款账户以外的账户，不能办理现金支取，但可以通过该账户办理转账结算和现金缴存。临时存款账户是企业因临时经营活动需要开立的账户，可以办理转账结算和根据国家现金管理的规定办理现金收付。专用存款账户是企业因特定用途需要开立的账户。一个企业只能选择一家银行的一个营业机构开立一个基本存款账户，不得在多家银行机构开立基本存款账户；不得在同一家银行的几个分支机构开立一般存款账户。

企业在银行开立账户后，可到开户银行购买各种银行往来使用的凭证（如送款簿、进账单、现金支票、转账支票等），用以办理银行存款的收付款项。企业除了按规定留存的库存现金以外，其他货币资金都必须存入银行，企业与其他单位之间的一切收付款项，除制度规定可用现金支付的部分以外，其他都必须通过银行办理转账结算，也就是由银行按照事先规定的结算方式，将款项从付款单位的账户划出，转入收款单位的账户。因此，企业不仅要在银行开立账户，而且账户内必须要有可供支付的存款。

2. 银行结算纪律

企业通过银行办理支付结算时，应当认真执行国家各项管理办法和结算制度。中国人民银行颁布的《支付结算办法》规定：单位和个人办理支付结算，不准签发没有资金保证的票据或远期支票，套取银行信用；不准签发、取得和转让没有真实交易和债权债务的票据，套取银行和他人资金；不准无理拒绝付款，任意占用他人资金；不准违反规定开立和使用账户。

（三）银行存款的核算

为了随时掌握银行存款的收支结存情况，企业应按开户银行、存款户种类设置银行存款日记账进行序时核算。银行存款日记账应根据银行存款收、付凭证逐日逐笔序时登记，每日终了应结出余额。企业的银行存款日记账应定期与银行对账单余额进行核对，如有不符，应首先查找未达账项，按余额调节法编制“银行存款余额调节表”，调节至相符。

为了总括地反映企业银行存款的收支和结存情况，会计上还应设置“银行存款”总分类账进行总分类核算。存入该账户的款项，记入该账户的借方；从银行支取或转账付出的款项，记入该账户的贷方；余额在借方，表示存放在银行的存款余额。

三、其他货币资金

其他货币资金是指除库存现金和银行存款之外的货币资金，主要包括外埠存款、银行本票存款、银行汇票存款、信用证保证金存款、在途资金和存出投资款等。外埠存款是指企业到外地进行临时和零星采购时，汇往采购地银行开立采购专户的款项。银行本票存款是指企业为取得银行本票按照规定存入银行的款项。银行汇票存款是指企业为取得银行汇票按照规定存入银行的款项。信用证保证金存款是指采用信用证结算方式的企业为开具信用证而存入银行信用保证金专户的款项。在途资金是指企业同所属单位之间和上下级之间的汇、解款项业务中，到月终尚未到达的汇入款项。存出投资款是指企业已存入证券公司但尚未进行短期投资的现金。

为了核算其他货币资金的收支和结存情况，会计上应设置“其他货币资金”账户，借方登记其他货币资金的增加数，贷方登记其他货币资金的减少数，借方余额表示其他货币资金的结存数。为了分别核算其他货币资金的收支情况，应在“其他货币资金”总分类账账户下按类别设置明细账户。

【例 3-3】 某公司委托当地开户银行汇款 500 000 元给采购地银行开立采购专户，汇出款项后，编制会计分录如下。

借：其他货币资金——外埠存款　　500 000
　贷：银行存款　　500 000

【例 3-4】 承接例 3-3，收到采购员交来的购货发票等，购货金额为 300 000 元，增值税为 51 000 元，编制会计分录如下。

借：原材料　　300 000
　　应交税费——应交增值税(进项税额)　　51 000
　贷：其他货币资金——外埠存款　　351 000

【例 3-5】 承接例 3-4、例 3-5，采购员完成了采购任务，将剩余的外埠存款转回当地银行，企业根据收款通知，转销其他货币资金账户。编制会计分录如下。

借：银行存款　　149 000
　贷：其他货币资金——外埠存款　　149 000

四、外币业务

在生产经营活动中，企业可能发生引进设备、引进技术、进口原材料、出口商品或对外提供劳务、国际信贷、境外投资等外币业务活动。因此在会计计量中必然涉及多种货币，会计核算中也必然涉及外币业务。

（一）外币业务概述

(1) 外币业务是指企业以记账本位币以外的其他货币进行款项收付、往来结算和计价的经济业务。记账本位币是指一个企业在会计核算时统一使用的记账货币。我国规定,会计核算以人民币作为记账本位币,而业务收支以外币为主的企业,也可选定某种外币为记账本位币,但编制的会计报表应折算为人民币。

(2) 外汇汇率也称为汇价,是指两种货币之间的比价,即以一种货币单位表示另一种货币单位的价格。外汇汇价有外汇买入价、外汇卖出价和外汇中间价。外汇买入价是指银行向客户买入外币时所使用的价格;外汇卖出价是指银行向客户卖出外币时所使用的价格;外汇中间价是指银行外汇买入价与外汇卖出价的平均价。

(3) 汇率的标价方法有两种:直接标价法和间接标价法。直接标价法是用一定单位的外国货币为标准来折合若干单位的本国货币,其特点是外国货币的数额固定不变,本国货币数额随外国货币与本国货币之间比值的变动而变动。目前世界上大多数国家,包括我国在内,采用的都是直接标价法,如 100 美元兑换 613 元人民币。间接标价法是以一定单位的本国货币来折合若干单位的外国货币,其特点是本国货币的金额固定不变,所折合的外国货币金额随本国货币与外国货币之间比值的变动而变动。美国、英国采用间接标价法,如 1 美元兑换 107.83 日元。

（二）外币业务核算的有关规定

企业在核算外币业务时,应设置相应的外币账户。外币账户应包括外币现金、外币银行存款以及外币结算的债权债务账户。目前我国关于外汇业务核算的有关规定如下。

(1) 企业发生外币业务时,在按原币登记有关外币账户的同时,必须将外币金额折算为记账本位币金额记账。将外币金额折算为记账本位币金额时,应采用外币业务发生时的市场汇率作为折算汇率,也可以采用外币业务即期汇率的近似汇率折算为记账本位币金额。

(2) 在会计期末(月末、季末、年末),应将各种外币账户的外币余额按照期末市场汇率折算为记账本位币的金额。按照期末市场汇率折合的记账本位币金额与原记账本位币的差额作为本期汇兑损益处理。

（三）外币业务的日常账务处理

外币业务的日常账务处理包括外币兑换业务的账务处理、外币购销业务的账务处理、外币借贷业务的账务处理、接受外币投资的账务处理等。

【例 3-6】 外币兑换业务的账务处理。

某企业将 20 000 美元到银行兑换为人民币,当日的银行美元的买入价为 1 美元=

6.13元人民币，该日的市场汇率为1美元=6.20元人民币，该企业采用外汇业务发生时的市场汇率作为折合汇率。

对该项业务，企业应对银行存款美元账户做减少记录，同时按照当日的市场汇率将售出的美元折算成人民币加以记录；以实际收到的人民币金额，对银行存款人民币账户做增加记录；两者之间的差额作为当期财务费用。编制会计分录如下。

借：银行存款——人民币账户(20 000×6.13)　　122 600
　　财务费用　　1 400
　贷：银行存款——美元账户(20 000×6.20)　　124 000

【例3-7】 外币购销业务的账务处理。

某企业2012年11月5日从境外购入不需要安装的设备一台，设备价款为100 000美元，该企业以外汇业务发生时的市场汇率作为折合汇率，购入该设备时市场汇率为1美元=6.13元人民币，款项尚未支付。对该项业务，企业应将支付的外汇或应支付的外汇折算为人民币记账，以确定购入货物的入账价值和发生债务的入账价值，同时还应按照外币的金额登记有关外币账户。编制会计分录如下。

借：固定资产　　613 000
　贷：应付账款——美元账户(100 000×6.13)　　613 000

【例3-8】 外币借贷业务的账务处理。

某企业从中国银行借入800 000欧元，借入时的市场汇率为1欧元=8.4元人民币，该企业以外汇业务发生时的市场汇率作为折合汇率。对该项业务，企业除应将借入欧元在有关账户进行记录外，同时还要按照借入时的市场汇率将外币折算为记账本位币加以记录。编制会计分录如下。

借：银行存款——欧元账户(800 000×8.4)　　6 720 000
　贷：短期借款 ——欧元账户(800 000×8.4)　　6 720 000

【例3-9】 接受外币投资业务的账务处理。

某外商投资企业，收到外商投入的资本50 000美元，收到款项时的市场汇率为1美元=6.13元人民币，投资合同中规定的汇率为1美元=6.2元人民币。对于投资业务，企业收到投资者以外币投入的资本，无论是否有合同约定汇率，均不采用合同的约定汇率和即期汇率的近似汇率折算，而是采用交易日即期汇率折算。这样，外币投入资本与相应的货币性项目的记账本位币金额相等，不产生外币资本折算差额。编制会计分录如下。

借：银行存款——美元账户(50 000×6.13)　　306 500
　贷：实收资本(50 000×6.13)　　306 500

(四) 期末汇兑损益的账务处理

汇兑损益是指企业在持有外币货币性资产和负债期间，由于外币汇率变动而引起的外币货币性资产或负债的价值发生变动所产生的损益。外币货币性资产，如外币银行存款、外币应收账款等在持有期间外币汇率上升，会产生汇兑收益；反之，则产生汇兑损失。外币货币性负债，如外币应付账款、外币短期借款等在持有期间外币汇率上升，会导致汇兑损失；反之，则产生汇兑收益。

在会计期间(月份、季度、年度)终了时，企业应计算和反映当期产生的汇兑损益，并进行相应的账务处理，计入企业当期损益。具体做法是：对企业各外币账户的外币期末余额，按照期末市场汇率折算为记账本位币的金额，并将其与原账面记录的记账本位币期末余额进行比较，差额则为本期发生的汇兑损益。

【例 3-10】 沿用例 3-7 数据，若 2012 年 12 月 31 日，该企业尚未支付购买设备款。当日即期汇率为 1 美元＝6.12 元人民币。应付设备款按期末即期汇率折算为 612 000 元人民币(100 000×6.12)，与该设备款原记账本位币之差 1 000 元人民币冲减当期损益。编制会计分录如下。

借：应付账款——美元账户　　1 000
　贷：财务费用——汇兑差额　　1 000

第二节　应收票据

在商业信用高度发达的市场经济条件下，企业之间的商品交易大多建立在信用基础之上，很难想象在没有赊销的情况下，货物和服务每天大量的销售量是如何进行的。企业在日常生产经营过程中发生的各项债权，构成企业的应收及预付款项，包括应收票据、应收账款、其他应收款和预付账款等。

一、应收票据概述

应收票据是指企业持有的、尚未到期的商业票据。商业票据是一种载有一定付款日期、付款地点、付款金额和付款人的无条件支付的流通证券，也是一种由持票人自由转让给他人的债权凭证。会计上作为应收票据处理的是指企业采用商业汇票结算方式销售商品、产品而收到的商业汇票。

按是否计息，应收票据分为带息应收票据和不带息应收票据。带息应收票据又称附息票据，是指票据上注有利率，票据到期除按票据面额收款外，还要收取利息的票据。不带息应收票据是指票据上没有标明利率，票据到期只能按票据面额收到款项的票据。按承兑人的不同，应收票据分为商业承兑汇票和银行承兑汇票。另外，按期限的不同，应收票据还可以分为短期应收票据和长期应收票据，期限在一年以内的称为短期应收票据，期限在一年以上的称为长期应收票据。

理论上，应收票据的计价应以现值为基础，但在会计实务中，应收票据一般为短期应收票据，而短期应收票据利息不大，现值和面值的差异较小，因此可采用按面值计价入账。

二、应收票据日常的会计处理

企业应设置“应收票据”资产类账户，对应收票据的增减变化进行总分类核算。该账户核算企业因销售产品、提供劳务等而收到的商业汇票，包括银行承兑汇票和商业承兑汇票。

（一）收到票据

【例 3-11】 企业因赊销产品而收到客户 A 签发的面额为 23 400 元、期限为 3 个月期的银行承兑汇票，其中货款为 20 000 元，适用的增值税税率 17%，增值税税额为 3 400 元。编制会计分录如下。

借：应收票据　　23 400
　贷：主营业务收入　　20 000
　　　应交税费——应交增值税（销项税额）　　3 400

【例 3-12】 企业收到客户 B 签发的面额为 70 200 元、利率为 10%、期限为 6 个月的银行承兑汇票，其中货款为 60 000 元，适用的增值税税率为 17%，增值税税额为 10 200 元。编制会计分录如下。

借：应收票据　　70 200
　贷：主营业务收入　　60 000
　　　应交税费——应交增值税（销项税额）　　10 200

（二）票据到期，收到票款

【例 3-13】 企业收到客户 A 所签发的票据款项 23 400 元，编制会计分录如下。

借：银行存款　　23 400
　贷：应收票据　　23 400

【例 3-14】 企业收到客户 B 所签发的票据款项 73 710 元，编制会计分录如下。

借：银行存款　　73 710
　贷：应收票据　　70 200
　　　财务费用　　3 510

对于带息应收票据，应计算票据利息，计算公式如下。

$$票据利息=票据面值\times利率\times期限$$

公式中的利率一般采用年利率，应注意利率和期限保持一致。如果期限以月、日表示，应将其调整一致，期限以月表示的要将年利率除以 12，期限以日表示的要将年利率除以 360。以例 3-14 中的数据为例，应收票据利息的计算方法如下。

票据利息＝70 200×10％×6÷12＝3 510(元)

（三）票据到期，客户拒付

假如客户B签发的票据为商业承兑汇票到期，并且无力偿付票款，企业应将到期票据的金额转入“应收账款”账户。编制会计分录如下。

借：应收账款　　　　73 710

　贷：应收票据　　　　70 200

　　　财务费用　　　　3 510

三、应收票据贴现的会计处理

（一）应收票据贴现的性质

企业持有的应收票据在到期前，如出现资金短缺，可以持未到期的票据向银行申请贴现，以便获得所需资金。“贴现”是指票据持有人将未到期的票据背书后送交银行，银行受理后从票据到期值中扣除按银行贴现率计算的贴现息，然后将余额付给持票人。

（二）应收票据贴现的计算及会计处理

应收票据贴现要计算贴现息和贴现净额，计算公式如下：

贴现息 ＝ 票据到期值 × 贴现息 × 贴现期

贴现净额 ＝ 票据到期值 － 贴现息

仍以例3-14中客户B签发的应收票据为例。若企业在持有客户签发的票据2个月时，由于资金短缺，将未到期的票据向银行申请贴现，银行的贴现率为12％。则该票据的到期值、贴现息和贴现净额计算如下。

票据到期值 ＝ 70 200 ＋ 70 200 × 10％ × 6 ÷ 12 ＝ 73 710(元)

票据贴现期 ＝ 6 － 2 ＝ 4

票据贴现息 ＝ 73 710 × 12％ × 4 ÷ 12 ＝ 2 948.4(元)

票据贴现净额 ＝ 73 710 － 2 948.4 ＝ 7 0761.6(元)

根据上述计算结果，编制会计分录如下。

借：银行存款　　　　70 761.6

　贷：应收票据　　　　70 200

　　　财务费用　　　　561.6

应收票据贴现，一般有两种情况，一种带追索权，另一种不带追索权。用带追索权的票据贴现，贴现企业因背书在法律上负连带责任；用不带追索权的票据贴现，贴现企业将应收票据上的风险和未来经济利益全部转让给银行。在会计处理上，不带追索权的票据一经贴现，直接贷记“应收票据”账户。对于带追索权的票据，当出票人不按期付款时，银行可以向背书企业追索，背书企业将承担债务责任。在这种情况下，应收票据的所有权实际上并未发生转移，企业在贴现时不宜直接贷记“应收票据”账户，而应借记“银行存款”账户，贷记“短期借款”账户，发生贴现利息计入“财务费用”。

第三节　应收账款

一、应收账款概述

应收账款是指企业因赊销商品、产品或提供劳务而形成的债权。企业应在产品已经发出、劳务已经提供、销售手续已经完备时，作为应收账款的入账时间，并按交易双方成交时的实际金额作为应收账款的入账金额。在计算应收账款入账金额时，还要考虑折扣因素，包括商业折扣和现金折扣。

（一）商业折扣

商业折扣是指对商品价目单中所列示的商品价格，根据批发、零售、特约经销等不同销售对象或根据市场供需情况给予买方一定的折扣优惠。它通常由百分数来表示，如5%、10%等。扣除商业折扣后的价格才是商品的实际销售价格，是确定应收账款入账金额的依据。销货企业提供商业折扣的目的是增加销货量，折扣是促销的一种手段。商业折扣是确定商品价格的一种手段，不在交易双方的任何一方账面上进行反映。例如，A公司出售某产品，价目单所示金额为800元，购买100件以上，按规定给予10%的商业折扣，某客户购买了100件，其发票金额计算如下：

商品价目单的销售价格（100×800）	80 000
扣减商业折扣10%	8 000
发票金额	72 000

（二）现金折扣

现金折扣是指销货企业为了鼓励客户在一定时期内早日偿还货款而给予的一种折扣优惠。现金折扣对于销货企业来讲，称为销货折扣；对于购货企业来讲，称为购货折扣。现金折扣通常表达为2/10、1/20、n/30，其含义是，客户在10天内付款给予2%的折扣，20天内付款给予1%的折扣，30天内付款无折扣。现金折扣使销货企业应收账款的实际金额随着客户付款时间而有所差异。对于现金折扣，在会计上有两种可供选择的方法。

1. 总价法

总价法是指将未扣减现金折扣前的实际售价计价入账，并以此作为应收账款的入账金额。这种方法是把现金折扣作为鼓励客户提早付款的手段。销售方给予客户的现金折扣,从融资角度出发,属于一种理财费用,会计上应当作为财务费用处理。总价法可以较好地反映销售的全过程,但在客户享受折扣的情况下,会高估应收账款和产品销售收入,使报表分析产生一定的偏差。我国采用的是总价法。下面举例说明总价法的账务处理。

【例 3-15】 某企业销售一批产品,价值 30 000 元,适用的增值税税率为 17%,规定的折扣条件为“2/10、n/30”,产品已经发出。编制会计分录如下。

借:应收账款	35 100	
贷:主营业务收入		30 000
应交税费——应交增值税(销项税额)		5 100

收到货款时,根据购货企业是否得到现金折扣的情况入账。如果上述货款在 10 天内收到,编制会计分录如下。

借:银行存款	34 398	
财务费用	702	
贷:应收账款		35 100

如果购货企业在 10 天之后才付款,则编制会计分录如下。

借:银行存款	35 100	
贷:应收账款		35 100

2. 净价法

净价法是将扣减现金折扣后的金额作为应收账款的入账金额。这种方法是把客户所获得的现金折扣视为正常现象,认为客户总会尽一切努力提前付款,而将客户超过折扣期付款多收入的金额,视为提供信贷获得的收入。净价法弥补了总价法的不足,但在客户没有享受现金折扣的情况下,由于应收账款是按净价入账,为了真实反映应收账款的金额,须按照其原销售价格进行调整,操作起来比较麻烦。

二、坏账损失的核算

赊销这种商业信用的广泛使用导致坏账的产生不可避免。坏账是指企业无法收回的应收账款。由于发生坏账而产生的损失称为坏账损失。在实际工作中,如何判定一笔账款是不是属于坏账,我国现行的做法是,只要符合以下条件之一就可确认为坏账:①债务人破产,债务人按照破产清算程序进行清偿后仍然确认无法偿还所欠的账款;②债务人死亡,债务人死亡后没有财产可供清偿,也没有义务承担人代为清偿,债权人确实无法收回账款;③债务人较长时间(如三年)未履行清偿义务,并且债权人有足够的依据表明账款无法收回或收回的可能性极小。企业一旦确认一笔应收账款是一笔无法收回的坏账,就应该把这笔应收账款注销。坏账损失的核算方法一般有两种,即直接转销法和备抵法。

（一）直接转销法

直接转销法是指企业实际发生坏账时，一方面确认为坏账损失，计入当期费用；另一方面注销该笔应收账款。

【例 3-16】 企业有一客户 D 所欠账款 50 000 元，长期催收无效，确认为坏账。编制会计分录如下。

借：资产减值损失　　　　50 000

　贷：应收账款——客户 D　　　　50 000

直接转销法账务处理简单，但是这种方法确认坏账没有与企业的赊销业务联系，显然不符合权责发生制和配比原则，转销坏账前，虚增了企业的利润，夸大了应收账款的可实现价值。

（二）备抵法

备抵法是指按期计提坏账损失，形成坏账准备，当确认某一应收账款为坏账时，应以其金额冲减坏账准备，同时转销应收账款金额。采用这种方法时，一方面按估计的坏账损失计入"资产减值损失"；另一方面设置"坏账准备"账户，待实际发生坏账时冲销坏账准备和应收账款金额，使资产负债表上的应收账款反映扣减估计坏账后的余额。估计坏账损失的方法主要有三种，即应收账款余额百分比法、账龄分析法和销货百分比法。

1. 应收账款余额百分比法

应收账款余额百分比法是指根据应收账款的期末余额乘以估计坏账率作为当期应估计的坏账损失，据此提取坏账准备。坏账率估计可以按照以往的数据确定，但坏账率估计通常要求企业的会计师具备相当的经验与判断力。会计期末，企业应提取的坏账准备大于其账面余额的，按其差额提取；应提取的坏账准备小于其账面余额的，按其差额冲回坏账准备。

【例 3-17】 某企业某年应收账款余额为 1 000 000 元，提取坏账准备的比例为 5‰，第二年发生了坏账损失 8 000 元，其中客户 A 2 000 元，客户 B 6 000 元，年末应收账款余额为 1 500 000 元；第三年年末，已冲销的上年客户 A 的应收账款 2 000 元又收回，同时又发生客户 B 的坏账损失 4 500 元，期末应收账款余额为 1 200 000 元。编制会计分录如下。

第一年提取坏账准备：

借：资产减值损失　　　　5 000

　贷：坏账准备　　　　5 000

第二年冲销坏账：

借：坏账准备　　　　8 000

贷：应收账款——A　　2 000

　　应收账款——B　　6 000

第二年年末，按应收账款余额应计提坏账准备 7 500 元（1 500 000×5‰），计提坏账准备前，“坏账准备”账户实际余额为借方 3 000 元（8 000－5 000），所以本年末应计提坏账准备 10 500 元（3 000＋7 500）。编制会计分录如下。

借：资产减值损失　　10 500

　贷：坏账准备　　10 500

第三年年末，上年已冲销的客户 A 的坏账 2 000 元又收回入账，存入银行。编制会计分录如下。

借：应收账款——A　　2 000

　贷：坏账准备　　2 000

借：银行存款　　2 000

　贷：应收账款　　2 000

借：坏账准备　　4 500

　贷：应收账款　　4 500

第三年年末，按应收账款余额计提坏账准备 6 000 元（1 200 000×5‰），计提坏账准备前，“坏账准备”账户的实际余额为贷方 5 000 元（7 500＋2 000－4 500），所以本年末应计提坏账准备 1 000 元。编制会计分录如下。

借：资产减值损失　　1 000

　贷：坏账准备　　1 000

2. 账龄分析法

账龄分析法是一种按应收账款的入账时间长短来估计坏账损失的方法。一般而言，账款拖欠的时间越长，发生坏账的可能性越大。采用账龄分析法，企业应将应收账款按账龄长短分段，按段估计坏账损失率分别计算坏账损失。

某公司 2012 年应收账款账龄及坏账损失估计如表 3-1 所示。

表 3-1　应收账款账龄及坏账损失估计

应收账款账龄	应收账款金额/万元	估计损失/%	估计损失金额/万元
1 年以内	1 200	5	60
1～2 年	2 000	20	400
2～3 年	1 200	50	600
3 年以上	800	80	640
合　计	5 200		1 700

3. 销货百分比法

销货百分比法是按当期赊销额的一定比例来计算坏账损失的一种方法。这种方法将当期估计的坏账损失数与当期利润表上的赊销收入直接相连。企业可根据过去实际发生的坏账占赊销净额的比例，并参考本年度的经济环境和信用政策，估计出本年度的坏账率，再与本年度的赊销净额相乘得出本年度应确认的坏账费用和应提列的坏账准备。

【例 3-18】 某公司 2013 年度销售收入共 2 000 000 元，其中现金销售额为 600 000 元，根据以往经验及本年度状况，该公司估计本年度坏账率为 0.5%，公司根据销货百分比法来估计坏账损失，则 2013 年该公司应计提的坏账准备金额为(2 000 000－600 000)×0.5%＝6 000(元)。

我国现行的会计制度要求企业采用备抵法来进行坏账的会计处理。企业计提坏账准备的方法由企业自行确定。企业应当制定计提坏账准备的政策，明确计提坏账准备的范围、提取方法、账龄的划分和提取比例，按照法律、行政法规的规定报有关各方备案，并备置于企业所在地。

第四节 预付账款和其他应收款

一、预付账款

预付账款是企业按照合同规定，预付给供应单位的货款。预付账款与应收账款都属于企业的债权，但两者有着明显的区别，应收账款是企业的销货款，预付账款是企业的购货款。为了核算预付货款业务，应设置“预付账款”账户。下面举例说明预付账款的核算。

【例 3-19】 某企业以银行存款预付给某一供货方材料价款 40 000 元，编制会计分录如下。

借：预付账款	40 000	
贷：银行存款		40 000

企业收到供货方发来的原材料，增值税专用发票记载的货款为 60 000 元，增值税税额为 10 200 元，同时以银行存款补付供货方不足款项 30 200 元。编制会计分录如下。

借：原材料	60 000	
应交税金——应交增值税(进项税额)	10 200	
贷：预付账款		70 200
借：预付账款	30 200	
贷：银行存款		30 200

二、其他应收款

其他应收款是指除应收账款、应收票据和预付账款以外，应收、暂付给其他单位和个人的各种款项。它是企业发生的非购销活动而取得的债权，在核算上应与购销活动引起的债权区分开。其他应收款主要包括企业发生的各种赔款、存出保证金、备用金以及应向职工收取的各种垫付款项。

以备用金为例说明其他应收款的核算。备用金是企业财务部门拨付给有关业务部门的零用现金,备用金的管理有非定额备用金和定额备用金两种方式,为使核算简化,对于零星采购、零星费用支出的现金,可建立定额备用金制度。

1. 非定额备用金

非定额备用金是指为满足临时性需要而暂付给企业内部有关部门和个人的现金,使用后凭据报销,如有余款退回。下面举例说明该方式的核算方法。

【例 3-20】 企业管理人员李辉外出预借差旅费 3 000 元,以库存现金支付。编制会计分录如下。

借:其他应收款——李辉　　3 000
　贷:库存现金　　3 000

李辉出差归来,报销差旅费 2 800 元,余款交回。编制会计分录如下。

借:管理费用　　2 800
　　库存现金　　200
　贷:其他应收款——李辉　　3 000

2. 定额备用金

定额备用金是指根据使用部门和人员的实际需要,先核定备用金定额并依此拨付备用金,使用后再拨付现金补足其定额。

【例 3-21】 企业为销售部门核定 5 000 元定额备用金,以现金拨付。编制会计分录如下。

借:其他应收款——备用金　　5 000
　贷:库存现金　　5 000

【例 3-22】 销售部门报销日常开支 2 500 元,以现金补足。编制会计分录如下。

借:销售费用　　2 500
　贷:库存现金　　2 500

思 考 题

1. 货币资金包括哪些内容?应如何加强管理?
2. 银行结算方式包括哪几种?它们各自的内容是什么?
3. 什么是汇率?汇率有哪几种标价方法?
4. 外币业务的核算包括哪些内容?
5. 商业折扣和现金折扣的区别是什么?

6. 坏账确认的条件是什么？坏账处理的两种方法中哪种更符合配比原则？

7. 什么是应收票据？商业承兑汇票和银行承兑汇票的区别是什么？

8. 应收票据贴现业务应如何进行会计处理？

练　习　题

练习1

一、目的

掌握货币资金收付业务的核算方法。

二、资料

某公司4月份库存现金账户期初余额为800元，银行存款账户期初余额为115 000元，本月发生如下经济业务：

1. 4日，开出现金支票，从银行提取现金1 500元。
2. 7日，采购员李斌去北京出差采购材料，预借差旅费1 000元，用现金支付。
3. 9日，厂部管理人员参加市内业务会议，报销交通费80元，以库存现金支付。
4. 12日，开出转账支票支付先达公司材料款及代垫运费12 000元。
5. 14日，销售零星产品，收到现金40元，当日存入银行。
6. 17日，公司管理部门报销办公费120元，以库存现金支付。
7. 20日，接开户银行通知，转入公司银行存款利息2 500元。
8. 20日，以银行存款归还银行短期借款50 000元。
9. 22日，填写汇款委托书交银行汇交天利公司，偿还上月购货款2 000元。
10. 23日，收到大通公司购本企业产品价款60 000元，款项已存入银行。
11. 24日，采购员李斌报销差旅费700元，余款退回现金。
12. 30日，公司以银行存款支付电话费500元。

三、要求

根据上述业务编制会计分录，并登记库存现金日记账和银行存款日记账。

练习2

一、目的

掌握外币业务的核算方法。

二、资料

某企业采用当月1日中国银行外汇交易中心的汇率作为外汇业务折合率，当月1日的汇率是1美元兑换6.13元人民币。上月末该企业外币银行存款余额为35 000美元；

应收账款包括：A 公司 2 500 美元，B 公司 1 800 美元；应付账款 W 公司 3 000 美元；短期借款 20 000 美元，各外汇账户原来账面汇率假设都为 1 美元折合 6.3 元人民币。该企业当月外币收支业务如下。

1. 收回 A 公司上月所欠货款 2 500 美元。
2. 支付 W 公司货款 1 500 美元。
3. 归还短期借款 10 000 美元。
4. 出售给 A 公司产品一批，价款 1 500 美元，货已发出，货款尚未收到。

月终，调整各外汇账户，当月月末市场汇率为 1 美元兑换 6.15 元人民币。

三、要求

根据以上资料，编制有关的会计分录。

练习 3

一、目的

掌握应收账款及坏账的会计处理方法。

二、资料

某企业 2012 年年末资产负债表上有关应收账款数额列示如下(单位：元)：

应收账款	2 000 000
减：坏账准备	100 000
应收账款净额	1 900 000

2013 年度共发生了下列经济业务：

1. 全年赊销产品总额 6 000 000 元。
2. 收回客户赊销账款 5 500 000 元。
3. 按规定转销坏账损失 150 000 元。
4. 收到以前年度列为坏账的应收账款 8 000 元，款项已存入银行。
5. 本年年末应按应收账款余额的 5%调整坏账准备。

三、要求

根据以上资料按应收账款余额百分比法编制会计分录。

练习 4

一、目的

掌握应收票据的会计处理方法。

二、资料

某企业 2013 年 2 月发生如下经济业务：

1. 企业销售产品一批，贷款 50 000 元，增值税税额 8 500 元，收到由付款单位签发并承兑的3个月到期的商业汇票一张。

2. 企业由于资金紧张,将一张面额为400 000元的商业承兑汇票提前两个月贴现,年贴现率为9.6%。

3. 企业已贴现的商业承兑汇票到期,因付款单位无力承付,银行退回应收票据。又因企业户头资金不足,银行将其承兑金额400 000元转为短期贷款。

三、要求

根据以上资料编制会计分录。

练习5

一、目的

掌握应收票据的会计处理。

二、资料

某企业2013年发生如下经济业务:

1. 2013年6月4日,企业销售产品一批,货款35 000元,增值税税额5 950元。当日收到该客户签发并承兑的60天到期、年利率为10%的商业汇票一张。

2. 7月4日,企业因急需资金需要,持该票据到银行办理贴现手续,年贴现率为12%。

三、要求

根据以上资料,计算票据到期值、贴现息、贴现净额,并编制相关会计分录。

第四章　存　货

本章要点

(1) 存货的范围及特点。
(2) 存货的分类。
(3) 存货入账价值的确定。
(4) 存货发出的计价方法。
(5) 存货的核算方法。
(6) 存货期末的计价原则和方法。

存货是企业一项重要的流动资产，一般情况下，存货的金额占流动资产的比重较大，存货的核算直接关系到资产负债表中资产价值的确定以及损益表中收益的确定，会影响会计报表使用者对企业财务状况和经营成果的分析。由于存货是实物资产，它就有实效性和发生损失的可能性。本章主要介绍与存货相关的知识，以及存货收入、发出及期末计价的核算方法。

第一节　存货概述

存货是指企业在生产经营过程中持有以备出售的产成品或商品，处在生产过程中的在产品，在生产过程或提供劳务过程中耗用的材料、物料等。

一、存货的范围和特点

存货范围的确定应以法定所有权为依据。按照规定，存货只有在同时满足以下两个条件时，才可以在资产负债表上作为存货项目加以列示：

1. 该存货包含的经济利益很可能流入企业

资产最重要的特征就是预期会给企业带来未来的经济利益，而存货作为企业的一项重要的流动资产，其确认的关键就是要判断存货是否很可能给企业带来经济利益或所包含的经济利益是否很可能流入企业。通常，存货的所有权是存货包含的经济利益很可能流入企业的一个重要标志，应结合考虑该存货所有权的归属，而不应当仅仅看其存放的地点等。因此，确定企业存货所应包括的范围依据的一条基本原则就是：凡是在盘存日期，法定所有权属于企业的一切存货，不管其存放地点如何均属于企业的存货；反之，凡法定所有权不属于企业的物品，即使存放在本企业，也不应包括在本企业存货范围之内。

2. 成本或者价值能够可靠地计量

存货作为企业资产的组成部分，要予以确认也必须能够对其成本进行可靠的计量。存货的成本能够可靠地计量必须以取得的确凿证据为依据，并且具有可验证性。

存货经常处于不断销售、重置或耗用、重置之中，具有较快的变现力和明显的流动性，属于企业的流动资产。存货与其他资产相比具有如下的特点。

(1) 是有形资产。

(2) 具有较强的流动性。

(3) 具有实效性和发生损失的可能性。

正常条件下，存货能够规律地转换为货币资产和其他资产，但长期不能耗用或销售的存货则可能变为积压物资或需要降价销售，从而造成企业的损失。

二、存货的分类

（一）按企业的性质、经营范围和用途划分

1. 制造业存货

制造业存货一般要经过生产加工改变其实物形态再出售。根据不同的生产经营阶段，制造业存货可以分为以下几类：

(1) 为生产耗用而储存的存货。例如，用于构成产品主体的可供生产使用但尚未投入生产的原材料和各种生产产品必需的辅助材料、燃料、外购半成品、修理用备件、包装物、燃料和低值易耗品等。

(2) 为了最后出售而正处于生产中的存货。为了最后出售而正处于生产中的存货包括企业的在产品和自制半成品。其中，在产品是企业已投入原料加工但尚未加工完成不能对外销售的中间产品；自制半成品是企业已完成一定的加工过程并已检验合格交付半成品仓库，仍需要进一步加工或装配再出售或可以直接对外出售的中间产品。

(3) 储备待售的存货。储备待售的存货是指已经完成全部的加工或装配过程，并已验收入库合乎标准规格和技术条件，可以按照合同规定的条件送交订货单位，或可以作为商品对外销售的产成品。

2. 商品流通企业存货

商品流通企业存货是指商品流通企业采购的用以待售的存货，通常不改变其实物形态而直接销售给顾客。一般包括各种商品存货、非商品材料物资存货、低值易耗品存货和

包装物存货等，其中商品存货是主要部分，是企业为销售而购入的货物。

3. 其他行业存货

服务性企业既不生产产品也不经销产品，但也有少量供业务活动使用的用具、办公用品、物料用品等。这些用品也作为存货处理。

（二）按企业存货保管责任和存放地点划分

(1) 库存存货。库存存货是指已验收入库，储存保管在企业仓库内的各种存货。

(2) 在途存货。在途存货是指已支付货款，按合同规定存货所有权属于企业，但尚在运输途中或虽已运到但未验收入库的各种材料。

(3) 委托加工存货。委托加工存货是指企业委托外部单位加工的各种材料和商品。

（三）企业存货按其储存目的划分

(1) 为生产或耗用而储存的存货。包括工业企业的各种材料、在产品，各类企业的办公用品、包装物、低值易耗品等。

(2) 为销售而储存的存货。包括工业企业的库存产成品和商业企业的库存商品。

第二节　存货取得及发出的计价

一、存货入账价值的确定

确定存货入账价值也就是对取得存货进行计价，确定取得存货的金额。企业取得存货的方式有购入、自制、投资转入、接受捐赠等，根据我国存货准则所要求遵循的历史成本计量要求，不论存货取得方式有何不同，都应按取得时的成本进行初始计量。存货取得时的成本是指实际成本或者称历史成本，是为使该存货达到可耗用或可销售状态或地点所发生的所有的必要支出，包括采购成本、加工成本和其他成本。存货的采购成本除了存货的购货价款外，还包括相关税费、运输费、装卸费、保险费以及其他可归属于存货采购成本的费用；存货的加工成本是指直接人工和按照一定方法分配的制造费用；存货的其他成本则是指除采购成本、加工成本以外使存货达到目前场所和状态所发生的其他支出。

对于生产周期较长的行业，如造船和某些机械制造业等，按规定允许将用于存货生产的借款费用予以资本化，这些存货是指需要经过相当长时间的建造或者生产活动，才能达到预定可使用或者可销售状态的存货。“相当长时间”是指为资产的购建或者生产所需要的时间，通常在一年以上。

不同方式形成的存货，其入账价值包括的内容不同。

（一）外购存货入账价值的确定

外购存货的实际成本是指存货的采购成本，主要包括购货价款、相关税费、运输费、装卸费、保险费以及其他可归属于存货采购成本的费用。

(1) 购货价款。一般而言，企业购入的存货均应根据发票金额确认购货价款，在发生折扣因素的情况下，购货价款指已扣除商业折扣但包括现金折扣的金额。

(2) 可归属于存货采购成本的费用。这是指企业在采购商品过程中所发生的运输费、装卸费、保险费以及其他可归属于存货采购成本的费用。在实务中，企业也可以将这些进货费用先进行归集，期末按照所购商品的存销情况进行分摊。对于已售商品的进货费用，计入主营业务成本；对于未售商品的进货费用，计入期末存货成本。商品流通企业采购商品的进货费用金额较小的，可以在发生时直接计入当期销售费用，而不计入存货的成本。

(3) 相关税费。货物价格中包括的消费税、资源税、城市维护建设税等计入存货成本。价外征收的增值税，如果是小规模纳税企业，应计入存货成本；如果是一般纳税企业并取得增值税专用发票，不计入存货成本。进口货物缴纳的关税，一律计入进口货物的成本。

（二）自制存货入账价值的确定

自制存货的实际成本包括在制造过程中所发生的直接材料费用、直接人工费用和应分摊的制造费用。

（三）委托加工存货入账价值的确定

委托加工存货的实际成本主要包括加工过程中耗用的材料或半成品的实际成本、加工费用、往返运输费用和应负担的税金。这里的税费包括增值税和消费税。

（四）投资者投入存货入账价值的确定

投资者投入存货的实际成本按合同、协议确认的价值确定，但合同或协议约定价值不公允的除外。在投资合同或协议约定价值不公允的情况下，按照该项存货的公允价值作为其入账价值。

（五）接受捐赠存货入账价值的确定

如果有发货票、报关单、运输费、保险费、缴纳的税金等有关凭证，接受捐赠的存货可凭以入账；如果没有原始凭证，企业一般应在实际接受资产时，按有关协议或者同类物资的市价确定的价值作为实际成本。

（六）盘盈存货入账价值的确定

盘盈存货应按同类或类似存货的市场价格作为实际成本，即按照其重置成本作为入账价值，并通过“待处理资产损溢”账户进行会计处理，按管理权限报经批准后，冲减当期管理费用。

二、存货发出的计价方法

在生产经营过程中，企业不断地购进存货，耗用或出售存货，形成了存货的流转。存货流转包括成本流转和实物流转两方面。从理论上讲，存货的成本流转应当与其实物流转一致，即存货入账时确定的成本应当随着该项存货的耗用或出售而结转。但在实际工作中，由于存货的数量繁多、价格有异，这种一致的情况是很难做到的。因此，产生了存货的流转假设，即存货的成本流转和实物流转可以相分离，只要按照不同的成本流转顺序确定发出存货成本和期末存货即可。存货成本流转假设不同，就会产生不同的存货发出的计价方法。常见的存货发出的计价方法有先进先出法、一次加权平均法、移动加权平均法、个别计价法等。存货发出的计价方法不同，对企业的财务状况、盈利情况会产生不同的影响。

（一）先进先出法

先进先出法是指以先购进的存货先发出这样一种实物流转假设为前提，对发出存货进行计价的一种方法。

采用先进先出法，对会计信息的影响是：期末存货成本是按最近购入的存货价值确定的，比较接近现行的市场价值，较为真实地揭示了企业财务状况，但在物价上涨的情况下，会使销货成本偏低，高估企业当期损益。

下面举例说明先进先出法的计算。

【例 4-1】 企业 2013 年 6 月 1 日某种存货的库存为 1 000 件，单位成本 80 元；6 月 6 日购入存货 1 500 件，单位成本 85 元；6 月 10 发出存货 1 200 件，6 月 16 日购进存货 2 500 件，单位成本 90 元；6 月 24 日发出存货 2 000 件，期末存货 1 800 件。其计算如表 4-1 所示。

表 4-1 先进先出法 单位：元

日期	摘要	收入			发出			结存		
		数量	单价	金额	数量	单价	金额	数量	单价	金额
2013-06-01	期初库存							1 000	80	80 000
2013-06-06	购货	1 500	85	127 500						

续表

日期	摘要	收入			发出			结存		
		数量	单价	金额	数量	单价	金额	数量	单价	金额
2013-06-10	发出				1 000	80	80 000			
					200	85	17 000	1 300	85	110 500
2013-06-16	购货	2 500	90	225 000				1 300	85	110 500
								2 500	90	225 000
2013-06-24	发出				1 300	85	110 500			
					700	90	63 000	1 800	90	162 000

（二）一次加权平均法

一次加权平均法是指以当月全部进货数量加上月初存货数量作为权数，去除当月全部进货成本加上月初存货成本，计算出存货的加权平均单位成本，以此计算当月发出存货的成本和期末存货成本的一种方法。计算公式如下：

$$存货单位成本=\frac{月初库存存货的实际成本+\sum(本月某批进货的实际单位成本\times本月某批进货的数量)}{月初库存存货数量+本月各批进货数量之和}$$

本月发出的存货成本＝本月发出存货的数量×存货单位成本

本月月末库存存货成本＝月末库存存货的数量×存货单位成本

一次加权平均法计算比较简单，在市场价格上涨或下跌时所计算出来的单位成本平均化，对于存货成本的分摊较为折中。但是，该方法不能随时提供发出和结存存货的账面记录，不利于加强对存货的管理。

（三）移动加权平均法

移动加权平均法是指以每次进货的成本加上原有库存存货的成本，除以每次进货数量加上原有库存存货的数量之和，据以计算出加权平均单位成本，作为在下次进货前计算各次发出存货成本的依据。计算公式如下：

$$存货单位成本=\frac{原有库存存货的实际成本+本次进货的实际成本}{原有库存存货数量+本次进货数量}$$

本次发出存货的成本＝本次发出存货数量×本次发货前的存货单位成本

本月月末库存存货成本＝月末库存存货的数量×本月月末存货单位成本

采用移动加权平均法进行存货的核算较为客观，而且能及时了解存货的收、发、存情况，满足管理需要。但是，该方法每收入一次存货要计算平均单位成本，核算工作量较大。

（四）个别计价法

个别计价法，亦称个别认定法、具体辨认法、分批实际法，其特征是注重所发出存货具体项目的实物流转与成本流转之间的联系，逐一辨认各批发出存货和期末存货所属的购进批别或生产批别，分别按其购入或生产时所确定的单位成本作为计算各批发出存货和期末存货的成本。即把每一种存货的实际成本作为计算发出的存货和期末存货成本的基础。对于不能替代使用的存货、为特定项目专门购入或制造的存货以及提供的劳务，通常采用个别计价法确定发出存货的成本。

第三节　存货的核算

一、原材料的核算

原材料是指工业企业库存的各种材料，包括原材料及主要材料、辅助材料、外购半成品、修理用备件、包装材料和燃料等。原材料的核算有按实际成本核算和按计划成本核算两种方式。

（一）原材料按实际成本核算

1. 材料收入时的总分类核算

原材料按实际成本计价进行的总分类核算，需设置“原材料”和“在途物资”两个总账账户。“原材料”账户用于核算以实际成本计价的原材料收入、发出及结存情况。“在途物资”账户用于核算企业已经付款但尚未运达或尚未验收入库的原材料。

材料的取得方式有购入、自制、投入等，在此只介绍购入材料。由于购入材料采用的结算方式不同，材料收入的总分类核算也不同。一般有三种情况：①材料与结算凭证同时到达，借记“原材料”账户，贷记“银行存款”或“应付账款”账户；②结算单证已经到达，材料尚未验收入库，应先借记“在途物资”账户，贷记“银行存款”或“应付账款”账户，待材料验收入库后，借记“原材料”账户，贷记“在途物资”账户；③原材料已验收入库，结算凭证尚未到达。对于这种业务，发生时不做任何处理，但在期末，为了揭示实存原材料的情况，应按暂估价入账，下一会计期初做冲销分录，以便当结算凭证到达时按正常的方式进行核算。

【例 4-2】 货款已付，材料验收入库。企业从 W 公司购入材料，取得增值税专用发票所列价为 30 000 元，增值税为 5 100 元，材料验收入库，货款以银行存款支付。编制会计分录如下。

借：原材料　　30 000

　　应交税费——应交增值税(进项税额)　　5 100

　贷：银行存款　　35 100

【例 4-3】 货款已付，材料尚未运达或尚未验收入库。企业收到 F 公司的托收凭证及增值税专用发票，所列材料价为 12 000 元，增值税为 2 040 元，审核无误，承付全部款项，但材料尚未收到。编制会计分录如下。

借：在途物资　　12 000

　　应交税费——应交增值税(进项税额)　　2 040

　贷：银行存款　　14 040

【例 4-4】 承接例 4-3，上述材料已收到，且验收入库。编制会计分录如下。

借：原材料　　12 000

　贷：在途物资　　12 000

【例 4-5】 企业 5 月 25 日向 B 公司购入原材料，材料已验收入库，结算凭证未收到。6 月 10 日结算凭证到达，增值税专用发票所列价为 10 000 元，增值税为 1 700 元，运杂费为 500 元，全部款项用银行存款支付。编制会计分录如下。

① 月末按暂估价 10 000 元入账

借：原材料　　10 000

　贷：应付账款　　10 000

② 下月初用红字冲回上述分录

借：原材料　　[10 000]

　贷：应付账款　　[10 000]

③ 收到结算凭证时

借：原材料　　10 500

　　应交税费——应交增值税(进项税额)　　1 700

　贷：银行存款　　12 200

2. 材料发出时的总分类核算

由于材料的日常收发业务频繁，为简化日常核算，平时只登记材料分类明细账，反映各种材料的收发结存金额，月末按领料部门和用途归类汇总编制发出材料汇总表，据以进行材料的总分类核算。

借：生产成本

　　制造费用

　　管理费用

　　销售费用

　贷：原材料

（二）原材料按计划成本核算

1. 材料收入时的总分类核算

计划成本是指企业存货的收入、发出和结存均按事先制定的计划成本计价。采用计划成本核算首先必须制定每一种材料的计划成本。计划成本的组成内容与实际成本的内容一样，包括买价、运杂费和有关税金等。存货的计划成本一般由采购部门会同财会等有关部门共同制定，应尽量接近实际成本。原材料按计划成本的核算涉及的账户有"原材料"、"物资采购"、"材料成本差异"账户。"原材料"账户的特点是该账户的借方、贷方和余额均按计划成本核算；"物资采购"账户是一个计价对比账户，借方登记的是材料的实际采购成本，贷方登记验收入库材料的计划成本，两者的差异为材料成本差异，结转到"材料成本差异"账户；"材料成本差异"账户核算的内容主要是差异的形成和差异的分配。形成差异时，实际成本小于计划成本的节约额记入该账户的贷方，实际成本大于计划成本的超支额记入该账户的借方；分配差异时均从该账户的贷方结转，节约用红字，超支用蓝字。期末要根据"材料成本差异"账户，将发出材料和库存材料调整为实际成本。计算公式如下：

$$实际成本=计划成本\pm材料成本差异$$

【例 4-6】 企业 4 月 5 日购入原材料，以银行存款支付材料货款 12 000 元，运杂费 600 元，货款进项税额 2 040 元（增值税税率为 17%），运杂费的增值税进项税额为 60 元（运杂费增值税税率为 10%，即 600×10%=60）。编制会计分录如下。

	借方	贷方
借：物资采购	12 540	
应交税费——应交增值税（进项税额）	2 100	
贷：银行存款		14 640

【例 4-7】 4 月 15 日该批材料验收入库，计划成本为 13 000 元。编制会计分录如下。

	借方	贷方
借：原材料	13 000	
贷：物资采购		13 000
借：物资采购	460	
贷：材料成本差异		460

2. 材料发出时的总分类核算

材料按计划成本核算，材料发出时的总分类核算程序与按实际成本核算的不同之处在于：到会计期末应计算材料的成本差异，将发出材料的计划成本调整为实际成本，企业通常是根据材料成本差异率进行调整。材料成本差异率的计算公式如下：

$$材料成本差异率=\frac{月初材料成本差异+本月购入材料成本差异}{月初材料计划成本+本月购入材料计划成本}$$

【例 4-8】 企业本月发出材料情况为：生产产品 200 000 元，车间一般性消耗 6 000 元，企业管理部门耗用 4 000 元，本月材料成本差异率为 3%。编制会计分录如下。

① 结转发出原材料的计划成本

借：生产成本　　　　200 000
　　制造费用　　　　6 000
　　管理费用　　　　4 000
　贷：原材料　　　　　210 000

② 结转材料成本差异

借：生产成本　　　　6 000
　　制造费用　　　　180
　　管理费用　　　　120
　贷：材料成本差异　　　6 300

二、低值易耗品的核算

（一）低值易耗品的特点

低值易耗品是指不能作为固定资产核算的各种用具和物品，如工具、管理用具、玻璃器皿以及在经营过程中周转使用的包装容器等。低值易耗品可以多次参加周转而不改变原有的实物形态，属于劳动资料，但由于其价格低廉、易于损坏，为了简化核算和便于管理，将其归入存货。

（二）低值易耗品的核算方法

低值易耗品领用后，应根据其用途、去向，将其价值摊销记入有关成本、费用账户。

低值易耗品的核算方法因其摊销方法不同而存在差异，其摊销方法通常有一次摊销法和五五摊销法。

(1) 一次摊销法。一次摊销法是指在领用低值易耗品时，将其价值一次转入有关成本、费用账户。使用此方法时，领用的低值易耗品报废时，其收回的残料、出租或出借的包装物不能使用而作报废处理的残料，应作为当月低值易耗品或包装物摊销额的减少，冲减有关资产成本或当期损益。该方法适用于价值低、使用期限不长的低值易耗品。

(2) 五五摊销法。五五摊销法是指将低值易耗品的价值在领用和报废时各摊销50%记入有关成本、费用账户。使用此方法时，为了核算低值易耗品在库和在用两方面的内容，应在“低值易耗品”账户下设置“在库低值易耗品”、“在用低值易耗品”和“低值易耗品摊销”三个二级账户。“低值易耗品摊销”实际上是“在用低值易耗品”的备抵账户，两个二级账户相抵后的余额为低值易耗品的摊余价值。该方法适用于各月领用价值较大但比较均衡，使用期限较长的低值易耗品。

【例 4-9】 企业某车间 2 月份领用工具一批，实际成本 3 000 元；报废低值易耗品一批，实际成本 2 400 元，变现残料收回现金 200 元。编制会计分录如下。

① 领用并摊销 50%

借：低值易耗品——在用低值易耗品　　3 000
　贷：低值易耗品——在库低值易耗品　　3 000
借：制造费用　　1 500
　贷：低值易耗品——低值易耗品摊销　　1 500

② 报废、摊销 50%

借：制造费用　　1 000
　贷：低值易耗品——低值易耗品摊销　　1 000
借：现金　　200
　低值易耗品——低值易耗品摊销　　2 200
　贷：低值易耗品——在用低值易耗品　　2 400

第四节　存货期末的计价

会计期末，为了真实地反映存货的实际价值，企业在编制资产负债表时，要确定“存货”项目的金额。能否正确地反映期末存货的价值，取决于存货数量的确定和期末存货计量方法的选择。

一、存货数量的盘存方法

（一）实地盘存制

实地盘存制也称定期盘存制，是指会计期末通过对全部存货进行实地盘点，以确定期末存货的结存数量，然后分别乘以各项存货的盘存单价，计算出期末存货的总金额，记入各有关存货账户，倒轧本期发出存货成本。采用这种方法时，平时对有关存货账户只记借方，不记贷方。期末时，通过实地盘点确定存货数量，据以计算期末存货成本，然后计算出本期发出存货成本，记入有关存货账户的贷方。基本公式如下：

期末存货成本 = 期末实际盘点存货数量 × 单价

本期发出存货成本 = 期初存货成本 + 本期收入存货成本 − 期末存货成本

实地盘存制方法的优点是简化存货的日常核算，但同时加大了期末工作量。除此之外，这种方法不能随时反映存货的收入、发出和结存的动态，不利于管理；而且容易掩盖存货管理中自然的或人为的损失，有可能使非正常的销售或耗用存货的损失、差错、偷盗等原因导致的存货短缺，全部挤入耗用或销货成本中，削弱了对存货的控制。另外，采用此方法不能随时结转耗用或销货成本。因而，该方法只适用于那些价值低、收发频繁的存货。

（二）永续盘存制

永续盘存制也称账面盘存制，是指对存货项目设置经常性的库存记录，即分别按品名规格设置存货明细账，逐笔或逐日地登记收入发出的存货，并随时记列结存数。通过会计账簿资料，就可以完整地反映存货的收入、发出和结存情况。在没有发生丢失和被盗的情况下，存货账户的余额应当与实际库存相符。采用永续盘存制，并不排除对存货的实物盘点，为了核对存货账面记录，加强对存货的管理，每年至少应对存货进行一次全面盘点。具体盘点次数视企业内部控制要求而定。基本公式如下：

期末结存存货数量＝期初结存存货数量＋本期收入存货数量－本期发出存货数量

永续盘存制这种方法的优点是有利于加强对存货的管理。在各种存货明细记录中，可随时反映每一存货的收入、发出和结存的状态。通过账面结存数，采用不定期的实地盘点，核对实际数与账面结存数，查出短缺或溢余的原因；还可以随时了解存货是否过大或不足，以便合理地组织货源，加速资金周转。永续盘存制的缺点就是存货明细记录工作量较大。然而，随着计算机在财务管理中的广泛应用，越来越多的企业将计算机用于存货管理和核算，同时结合定期或不定期的存货实地盘点，可确保存货的安全和账簿记录的准确，永续盘存制的工作量大的问题也就不复存在了。

二、存货清查结果的处理

存货清查是指通过对存货的实物盘点，确定存货的实存数量并与账面记录核对，视其是否相符的一种专门方法。进行存货清查时，一般应编制“存货盘存报告表”，作为存货清查的原始凭证，据以进行存货的核算。

（一）存货盘盈的核算

企业发生存货盘盈时，应借记存货中的“原材料”、“低值易耗品”等账户，贷记“待处理财产损溢”账户；经有关部门批准后，再冲减管理费用。

【例 4-10】 企业在财产清查中盘盈甲材料 100 千克，实际单位成本 60 元，经查，属于材料收发计量方面的错误。编制会计分录如下。

① 批准处理前

借：原材料——甲材料　　6 000

　贷：待处理财产损溢——待处理流动资产损溢　　6 000

② 批准处理后

借：待处理财产损溢——待处理流动资产损溢　　6 000

　贷：管理费用　　6 000

（二）存货盘亏的核算

企业存货盘亏造成的损失，应当计入当期损益，根据发生原因的不同分别加以处理：①属于定额内损耗或日常收发计量上的差错造成的，转作管理费用；②应由过失人员赔偿的，记入“其他应收款”账户；③由自然灾害等不可抗因素造成的非常损失，应记入“营业外支出”账户。

【例 4-11】 某公司在财产清查中发现盘亏乙材料 200 千克，实际单位成本 60 元，应转出的增值税税额为 2 040 元。经查，属于一般经营损失 50 千克，属于过失人责任损失 50 千克，自然灾害造成的损失 100 千克。应做如下会计处理。

① 批准处理前

借：待处理财产损溢——待处理流动资产损溢　　14 040

　贷：原材料——乙材料　　12 000

　　　应交税费——应交增值税（进项税额转出）　　2 040

② 批准处理后

借：管理费用　　3 510

　　其他应收款——×××　　3 510

　　营业外支出　　7 020

　贷：待处理财产损溢——待处理流动资产损溢　　14 040

三、存货期末计量

（一）存货期末计量原则

资产负债表日，存货应当按照成本与可变现净值孰低计量。当存货成本低于可变现净值时，存货按成本计量；当存货成本高于可变现净值时，存货按可变现净值计量，同时按照成本高于可变现净值的差额计提存货跌价准备，计入当期损益。可变现净值是指在日常活动中，存货的估计售价减去至完工时估计将要发生的成本、估计的销售费用以及相关税费后的金额。

（二）存货期末计量的会计处理

1. 计提存货跌价准备的方法

（1）企业通常应当按照单个存货项目计提存货跌价准备。企业在计提存货跌价准备时通常应当以单个存货项目为基础。企业应当将每个存货项目的成本与其可变现净值逐一进行比较，按较低者计量存货，并且按成本高于可变现净值的差额，计提存货跌价准备。

（2）按照存货类别计提存货跌价准备。如果某一类存货的数量繁多并且单价较低，企业可以按存货类别计量成本与可变现净值，即将存货类别的成本的总额与可变现净值的总额进行比较，每个存货类别均取较低者确定存货期末价值。

(3) 合并计提存货跌价准备。与在同一地区生产和销售的产品系列相关、具有相同或类似最终用途或目的且难以与其他项目分开计量的存货，意味着存货所处的经济环境、法律环境、市场环境等相同，具有相同的风险和报酬。可以合并计提存货跌价准备。

(4) 存货存在下列情形之一的，通常表明存货的可变现净值低于成本：

① 存货的市场价格持续下跌，并且在可预见的未来无回升的希望；

② 企业使用该项原材料生产的产品的成本大于产品的销售价格；

③ 企业因产品更新换代，原有库存原材料已不适应新产品的需要，而该原材料的市场价格又低于其账面成本；

④ 因企业所提供的商品或劳务过时或消费者偏好改变而使市场的需求发生变化，导致市场价格逐渐下跌；

⑤ 其他足以证明存货实质上已经发生减值的情形。

(5) 存货存在下列情形之一的，通常表明存货的可变现净值为零：

① 已霉烂变质的存货；

② 已过期且无转让价值的存货；

③ 生产中已不再需要，并且已无使用价值和转让价值的存货；

④ 其他足以证明已无使用价值和转让价值的存货。

2. 存货跌价准备转回的处理

资产负债表日，企业应当确定存货的可变现净值。以前减记存货价值的影响因素已经消失的，减记的金额应当予以恢复，并在原已计提的存货跌价准备的金额内转回，转回的金额计入当期损益。需要注意的是：

(1) 存货跌价准备转回的条件是以前减记存货价值的影响因素已经消失，而不是在当期造成存货可变现净值高于成本的其他影响因素。

(2) 当符合存货跌价准备转回的条件时，应在原已计提的存货跌价准备的金额内转回。即转回的存货跌价准备与计提该准备的存货项目或类别应当存在直接对应关系，且转回的金额以将存货跌价准备余额冲减至零为限。

【例 4-12】 2012 年 12 月 31 日甲公司 G 型机器的账面成本为 750 万元，但由于 G 型机器的市场价格下跌，预计可变现净值为 600 万元，由此计提存货跌价准备 150 万元。2013 年 6 月 30 日 G 型机器的账面成本仍为 750 万元，但由于 G 型机器市场价格上升，使得 G 型机器的预计可变现净值变为 700 万元。2013 年 12 月 31 日 G 型机器的账面成本仍为 750 万元，由于 G 型机器的市场价格进一步上升，预计 G 型机器的可变现净值变为 820 万元。

① 2013年6月30日，由于G型机器市场价格上升，G型机器的可变现净值有所恢复，应计提的存货跌价准备为50万元(750万－700万)。则当期应冲减已计提的存货跌价准备100万元(150万－50万)，且小于已计提的存货跌价准备(150万元)，因此应转回的存货跌价准备为100万元。编制会计分录如下。

借：存货跌价准备　　1 000 000

　贷：资产减值损失——存货减值损失　　1 000 000

② 2013年12月31日，G型机器的可变现净值又有所恢复。应冲减存货跌价准备70万元(820万－750万)，但是对G型机器已计提的存货跌价准备的余额为50万元，因此，当期应转回的存货跌价准备为50万元，而不是70万元(即以将对G型机器已计提的"存货跌价准备"余额冲减至零为限)。编制会计分录如下。

借：存货跌价准备　　500 000

　贷：资产减值损失——存货减值损失　　500 000

思考题

1. 什么是存货？存货包括哪些内容？
2. 如何确定各种存货的入账价值？
3. 发出存货按实际成本核算的方法有哪几种？各种核算方法的优缺点是什么？对企业损益的影响如何？
4. 存货按计划成本核算应设置哪些账户？为什么要按计划成本核算？
5. 低值易耗品具有什么特点？其摊销方法有哪几种？各种方法的适用条件如何？
6. 存货数量的盘存方法有哪几种？它们各有什么优缺点？
7. 存货期末计价方法有哪几种？它们各自的优缺点是什么？

练习题

练习1

一、目的

掌握存货发出的计价方法。

二、资料

某企业4月份甲存货资料如下：

日期	摘　要	数量/件	单位成本/元
1日	期初余额	1 500	40
4日	购入	500	42
10日	发出	1 200	
20日	购入	2 000	43
25日	发出	1 000	

三、要求

1. 分别采用月末一次加权平均法、先进先出法确定永续盘存制下本期发出存货成本和期末结存存货成本。

2. 分析说明采用不同计价方法对企业资产、费用、收益的影响。

练习2

一、目的

掌握存货收发的核算。

二、资料

某公司2013年8月发生下列经济业务。

1. 从大华公司购进甲商品300千克,单价34元。商品已经验收入库,货款用银行存款支付。

2. 从新丰公司购进甲商品200千克,单价32元;乙商品200千克,单价40元;货款连同对方垫付的运杂费500元均未支付,材料已经验收入库。

3. 以银行存款偿还新丰公司货款和运杂费。

4. 销售给南方公司甲商品150千克,单价42元,货款已经存入银行。

5. 销售给立达商店甲商品250千克,单价42元;乙商品50千克,单价52元,货款尚未收到。

6. 收到南方公司汇来的货款。

7. 期末公司采用先进先出法结转两种商品的销售成本。

三、要求

根据上述资料,编制有关的会计分录。

练习3

一、目的

掌握存货跌价准备的计提方法。

二、资料

甲公司期末存货采用成本与可变现净值孰低法计价。2012年8月该公司与乙公司签订合同,定于2013年3月向乙公司销售设备1 000台,每台1.5万元。2012年12月31日甲公司库存设备1 300台,单位成本1.4万元;该日市场销售价格为每台1.4万元,预计销售税费为每台0.1万元。

三、要求

编制计提存货跌价准备的会计分录。

第五章　投　资

本章要点

(1) 投资的含义及分类。

(2) 交易性金融资产的取得、持有和处置。

(3) 持有至到期投资的取得、利息收入的确认和处置。

(4) 可供出售金融资产的取得、持有及出售。

(5) 长期股权投资的取得、成本法、权益法及处置。

(6) 投资减值损失的确认与计量。

企业在从事主要的生产经营活动的同时，还可以根据国家法律、法规等规定从事投资活动。投资可分为两类：一是对内投资，就是企业将资金投资于企业内部的生产经营活动，如购建固定资产、无形资产等；二是对外投资，如股权投资、债权投资等。本章所涉及的投资仅指对企业以外的投资，对外投资又可以分为交易性金融资产、持有至到期投资、可供出售金融资产和长期股权投资等。本章将讨论各类投资的取得、持有和处置的会计处理。

第一节　投资概述

广义而言，投资分为对外投资和对内投资两大类。对外投资是指企业将资金投入到其他单位，具体分为直接投资和间接投资。直接投资是指直接将资金投入到其他单位，从而取得该单位的股权或债权。间接投资是指通过购买其他单位发行的股票、债券等有价证券而形成的投资。所谓对内投资，就是将资金投入到企业内部的生产经营活动中，如添置生产设备等固定资产投资、购买专利技术等无形资产投资等。本书所讨论的投资，是指狭义的投资，即对外投资。有关固定资产、无形资产等对内投资另有专门讨论。

投资的目的在很大程度上决定了投资的期限。投资目的与投资期限相结合决定着投资业务的会计处理方法的选择。从会计学的角度来说，投资的分类有以下几种。

(1) 按所投资的有价证券的性质分类

① 股权性投资,是指为获取另一个企业的权益或净资产所进行的投资。这种投资行为使得投资方成为被投资企业的所有者。如果投资方通过股权性投资持有被投资企业较大比例的股本,就可以获得被投资企业的控制权,或对被投资企业实施重大影响。例如,对某企业的普通股股票投资。

② 债权性投资,是指为取得债权所进行的投资。这种投资的目的是获取高于银行存款利率的利息,并保证按期收回本息。例如,购买国家发行的国债、企业发行的公司债券等。

③ 混合性投资,是指通过购买混合性证券的方式进行的对外投资。混合性证券是指兼有债务性质和权益性质的证券,如优先股股票、可转换债券等。

(2) 按新的《企业会计准则》中对投资的规定分类

① 交易性金融资产,是指企业为赚取市场价差而持有的债权投资、股票投资、基金投资等。其主要特征是以公允价值计量且其变动计入当期损益,即交易性金融资产在投资期间要承担当期利率变动、市价变动风险对该资产价格的影响。

② 持有至到期投资,是指到期日固定、回收金额固定或可确定,且企业有明确意图和能力将其持有至到期日的非衍生金融资产。因而在投资期间无须考虑利率变动或市价变动风险对回收金额的影响。

③ 可供出售金融资产,是指贷款和应收款项、持有至到期投资、以公允价值计量且其变动计入当期损益的金融资产以外的金融资产。可供出售金融资产的特征是以公允价值计量且其变动计入所有者权益,因此在该投资项目持有期间的企业利润不会受到利率变动和物价变动风险的影响,但是在该资产出售时企业需要承担整个持有期间利率变动和物价变动风险。

④ 长期股权投资,是指企业投出的期限在一年以上(不含一年)的各种股权性质的投资,包括购入的股票和其他股权投资等。因为持有期间比较长,在确认和计量中应该充分考虑被投资企业取得日的公允价值及以后形成的经营成果和利润分配情况对投资项目价值的影响。

第二节　交易性金融资产

企业拥有的资金除了用于投资正常的生产经营所必需的货币性资产、生产性有形资产和无形资产之外,往往还会出于某种目的将暂时闲置的资金用于购买其他企业或证券机构的股权、债券或基金等,形成对外投资。本节将阐述交易性金融资产的有关内容。

一、交易性金融资产概述

交易性金融资产主要是指企业为了近期出售而持有的金融资产。比如，企业以赚取差价为目的从二级市场购入的股票、债券、基金等。

交易性金融资产是以进行交易为目的而持有的，在交易前发生的公允价值变动直接影响交易性金融资产的价值。为了集中反映企业各种交易性金融资产的现有价值，以便了解和掌握企业交易性金融资产的情形，在会计核算中，按照交易性金融资产的类别和品种，分别以“成本”、“公允价值变动”进行明细核算。

交易性金融资产属于流动资产，在资产负债表上，一般以“交易性金融资产”项目列示在流动资产项目内。

二、交易性金融资产的核算

以“交易性金融资产”账户核算的企业持有的以公允价值计量且其变动计入当期损益的金融资产，包括以交易为目的而持有的债券投资、股票投资、基金投资、权证投资等和直接指定为以公允价值计量且其变动计入当期损益的金融资产。

企业取得交易性金融资产时，按交易性金融资产的公允价值，借记“交易性金融资产”账户(成本)，按发生的交易费用，借记“投资收益”账户，支付的价款中包含以宣告但尚未发放的现金股利或已到付息期但尚未领取的债券利息，借记“应收股利”或“应收利息”，按实际支付的金额，贷记“银行存款”等账户。

交易性金融资产持有期间被投资单位宣告发放的现金股利，或在资产负债表日按分期付息、一次还本债券投资的票面利率计算的利息，借记“应收股利”或“应收利息”账户，贷记“投资收益”账户。

资产负债表日，交易性金融资产的公允价值高于其账面余额的差额，借记“交易性金融资产”账户(公允价值变动)，贷记“公允价值变动损益”账户；公允价值低于其账面余额的差额，做相反的会计分录。

出售交易性金融资产时，应按实际收到的金额，借记“银行存款”等账户，按该项交易性金融资产的成本，贷记“交易性金融资产”账户(成本)，按该项交易性金融资产的公允价值变动，贷记或借记“交易性金融资产”账户(公允价值变动)，按其差额，贷记或借记“投资收益”账户。同时，按该项交易性金融资产的公允价值变动，借记或贷记“公允价值变动损益”账户，贷记或借记 “投资收益”账户。

“交易性金融资产”账户期末借方余额，反映企业交易性金融资产的公允价值。

【例 5-1】 某企业 2×13 年 1 月 1 日，购入债券：面值 100 000 元，半年利率 3%，企业不准备长期持有，将其划分为交易性金融资产。取得时，支付价款 103 000 元(含已宣告发放的利息 3 000 元)，另支付交易费用 2 000 元。

① 购入时

借：交易性金融资产——成本　　100 000

　应收利息　　3 000

　投资收益　　2 000

　贷：银行存款　　105 000

② 2×13 年 1 月 5 日，收到最初支付价款中所含利息 3 000 元

借：银行存款　　3 000

　贷：应收利息　　3 000

③ 2×13 年 6 月 30 日，应计 2×13 年上半年利息收入 100 000×3%=3 000(元)

借：应收利息　　3 000

　贷：投资收益　　3 000

④ 2×13 年 6 月 30 日债券公允价值为 11 万元

借：交易性金融资产——公允价值变动　　10 000

　贷：公允价值变动损益　　10 000

⑤ 2×13 年 7 月 10 日，收到 2×13 年上半年利息 3 000 元

借：银行存款　　3 000

　贷：应收利息　　3 000

⑥ 2×13 年 11 月 6 日，将该债券处置(售价 120 000 元)

借：银行存款　　120 000

　贷：交易性金融资产——成本　　100 000

　　交易性金融资产——公允价值变动　　10 000

　　投资收益　　10 000

借：公允价值变动损益　　10 000

　贷：投资收益　　10 000

总收益=(−2 000)+3 000+10 000+10 000=21 000(元)

【例 5-2】 2×13 年 3 月 25 日，某公司支付价款 530 000 元从二级市场购入 A 公司的股票 50 000 股，每股 10.60 元(含已宣告尚未发放的现金股利 0.60 元)，另支付交易费用 1 000 元。该现金股利于 2×13 年 4 月 20 日发放。该公司将持有 A 公司的股票划分为交易性金融资产，会计处理如下。

① 2×13 年 3 月 25 日，购入 A 公司股票

初始投资成本 = 50 000 × (10.60 − 0.60) = 250 000(元)

应收现金股利 = 50 000 × 0.60 = 30 000(元)

借：交易性金融资产——成本　　500 000

　应收股利　　30 000

投资收益 1 000

贷：银行存款 531 000

② 2×13 年 4 月 20 日，收到发放的现金股利

借：银行存款 30 000

贷：应收股利 30 000

③ 2×13 年 6 月 30 日公司的股票价格涨到每股 13 元

借：交易性金融资产——公允价值变动 150 000

贷：公允价值变动损益 150 000

④ 2×13 年 8 月 20 日，将持有 A 公司的股票全部售出，每股售价 14 元，支付交易费用 1 400 元

借：银行存款 698 600

公允价值变动损益 150 000

贷：交易性金融资产——成本 500 000

交易性金融资产——公允价值变动 150 000

投资收益 198 600

第三节 持有至到期投资

一、持有至到期投资概述

持有至到期投资是指到期日固定、回收金额固定或可确定，且企业有明确意图和能力持有至到期的非衍生金融资产。例如，企业从二级市场上购入的固定利率国债、浮动利率金融债券等，符合持有至到期投资条件的，可以划分为持有至到期投资；购入的股权投资因没有固定的到期日，不符合持有至到期投资的条件，不能划分为持有至到期投资。持有至到期投资通常具有长期性质，但期限较短(一年以内)的债券投资，符合持有至到期投资条件的，也可将其划分为持有至到期投资。

持有至到期投资的特征有：①到期日固定、回收金额固定或者可以确定。到期日固定、回收金额固定或者可以确定，是指相关合同明确了投资者在确定的期间内获得或应收取现金流量的金额和时间。②企业有明确意图将该金融资产持有至到期。有明确意图持有至到期，是指投资者在取得投资时意图明确，准备将投资持有至到期，除非遇到一些企业不能控制、预期不会重复发生且难以合理预计的独立事件，否则将持有至到期。③企业有能力将该金融资产持有至到期。有能力持有至到期，是指企业有足够的财务资源，并不受外部因素影响将投资持有至到期。

二、持有至到期投资的核算

持有至到期投资的会计处理，着重于该金融资产的持有者打算“持有至到期”，未到期之前通常不会出售或重分类。因此，持有至到期投资的会计处理主要应解决该金融资产的实际利率的计算、摊余成本的确定、持有期间的收益确认及将其处置时损益的处理。

企业应当设置“持有至到期投资”账户，核算持有至到期投资的摊余成本，并按照持有至到期投资的类别和品种，分别按照“成本”、“利息调整”和“应计利息”等进行明细核算。

（一）持有至到期投资的取得

持有至到期投资应当按取得时的公允价值与相关交易费用之和作为初始确认金额。如果实际支付的价款中包含已到付息期但尚未领取的利息，应单独确认为应收项目。

企业取得持有至到期投资，应按该投资的面值，借记“持有至到期投资——成本”账户，按支付的价款中包含的已到付息期但尚未领取的利息，借记“应收利息”账户，按实际支付的金额，贷记“银行存款”等账户，按其差额，借记或贷记“持有至到期投资——利息调整”账户。收到支付的价款中包含已到付息期但尚未领取的利息，借记“银行存款”账户，贷记“应收利息”账户。

【例 5-3】 20×9 年 1 月 1 日，A 公司购入 B 公司当日发行的债券，面值 1 000 000 元、期限 5 年、票面利率 8%、每年 12 月 31 日付息、到期还本的债券作为持有至到期投资，实际支付的全部价款（包括相关交易费用）为 1 050 000 元。其账务处理为：

借：持有至到期投资——B 公司债券（成本）　　1 000 000
　　持有至到期投资——B 公司债券（利息调整）　　50 000
　贷：银行存款　　1 050 000

（二）持有至到期投资利息收入的确认

持有至到期投资在持有期间应当按照摊余成本和实际利率计算确认利息收入，计入投资收益。其中，实际利率是将金融资产或金融负债在预期存续期间或适用的更短期间的未来现金流量折现为该金融资产或金融负债当前账面价值所使用的利率，即使持有至到期投资未来收回的利息和本金的现值恰好等于持有至到期投资取得成本的折现率。实际利率应当在取得持有至到期投资时确定，在该持有至到期投资预期存续期间或适用的更短期间保持不变。

持有至到期投资如为分期付息、一次还本债券投资，应于资产负债表日按票面利率计算确定的应收未收利息，借记“应收利息”账户，按持有至到期投资摊余成本和实际利率计算确定的利息收入，贷记"投资收益"账户，按其差额，借记或贷记"持有至到期投资——利息调整"账户。收到分期付息、一次还本持有至到期投资持有期间支付的利息，借记"银行存款"账户，贷记"应收利息"账户。

持有至到期投资如为一次还本付息债券投资，应于资产负债表日按票面利率计算确定的应收未收利息，借记"持有至到期投资——应计利息"账户，按持有至到期投资摊余成本和实际利率计算确定的利息收入，贷记"投资收益"账户，按其差额，借记或贷记"持有至到期投资——利息调整"账户。

【例 5-4】 承接例 5-3 资料，A 公司对持有至到期投资于每年年末采用实际利率法确认利息收入。A 公司 20×9 年 1 月 1 日购入 B 乙公司债券，面值 1 000 000 元，期限 5 年，票面利率 8%，每年 12 月 31 日付息。

1. 计算实际利率

A 公司取得 B 公司债券的成本高于 B 公司债券的面值，因此，该项持有至到期投资的实际利率低于票面利率。采用插值法计算实际利率：

先按 7%作为折现率进行测算。通过查年金现值系数表和复利现值系数表可知，5 年期、7%的年金现值系数和复利现值系数分别为 4.100 197 43 和 0.712 986 18。B 公司债券利息和本金按 7%作为折现率计算的现值如下：

$$\text{债券年利息额} = 1\,000\,000 \times 8\% = 80\,000(\text{元})$$

$$80\,000 \times 4.100\,197\,43 + 1\,000\,000 \times 0.712\,986\,18 = 1\,041\,001.97(\text{元}) < 1\,050\,000(\text{元})$$

上式计算结果小于取得 B 公司债券的成本，说明实际利率小于 7%。

再按 6%作为折现率进行测算。通过查年金现值系数表和复利现值系数表可知，5 年期、6%的年金现值系数和复利现值系数分别为 4.212 363 78 和 0.747 258 17。B 公司债券利息和本金按 6%作为折现率计算的现值如下：

$$80\,000 \times 4.212\,363\,78 + 1\,000\,000 \times 0.747\,258\,17 = 1\,084\,247.27(\text{元}) > 1\,050\,000(\text{元})$$

上式计算结果大于取得 B 公司债券的成本，说明实际利率(r)大于 6%。采用插值法计算公式估计实际利率：

$$r = r_1 + (r_2 - r_1)\frac{y - y_1}{y_2 - y_1} = 6\% + (7\% - 6\%) \times \frac{1\,050\,000.00 - 1\,084\,247.27}{1\,041\,001.97 - 1\,084\,247.27}$$
$$= 6.79\%$$

2. 采用实际利率法确认利息收入

A 公司采用实际利率法确认的利息收入如表 5-1 所示。

表 5-1 利息收入确认情况(实际利率法) 单位：元

日　期	实际利率	实际利息收入	应计利息	利息调整	摊余成本
20×9-01-01					1 050 000
20×9-12-31	6.79%	71 295	80 000	8 705	1 041 295
2×10-12-31	6.79%	70 704	80 000	9 296	1 031 999
2×11-12-31	6.79%	70 073	80 000	9 927	1 022 072
2×12-12-31	6.79%	69 399	80 000	10 601	1 011 471
2×13-12-31	6.79%	68 529	80 000	11 471	1 000 000

3. 编制会计分录

根据表 5-1 中数据，A 公司有关账务处理如下。

① 20×9 年 12 月 31 日，确认利息收入

借：应收利息　　80 000

　贷：投资收益　　71 295

　　　持有至到期投资——B 公司债券(利息调整)　　8 705

② 2×10 年 12 月 31 日，确认利息收入

借：应收利息　　80 000

　贷：投资收益　　70 704

　　　持有至到期投资——B 公司债券(利息调整)　　9 296

以后各年度会计处理方法相似。

(三) 持有至到期投资转换

企业因持有至到期投资部分出售或重分类的金额较大，且不属于《企业会计准则》所允许的例外情况，使该投资的剩余部分不再适合划分为持有至到期投资的，企业应当将该投资的剩余部分重分类为可供出售金融资产，并以公允价值进行后续计量。重分类日，该投资剩余部分的账面价值与公允价值之间的差额计入所有者权益，记入"资本公积——其他资本公积"账户，在该可供出售金融资产发生减值或终止确认时转出，计入当期损益。

(四) 持有至到期投资的处置

企业处置持有至到期投资时，应将所取得的价款与该投资账面价值之间的差额计入投资收益。处置持有至到期投资，按实际收到的金额，借记"银行存款"账户，按持有至到期投资账面余额，贷记"持有至到期投资——成本"、"持有至到期投资——应计利息"账户，贷记或借记"持有至到期投资——利息调整"账户，按其差额，贷记或借记"投资收益"账户。

【例 5-5】 承接例 5-3、例 5-4 的资料，2×13 年 5 月，A 公司将持有的 B 公司债券提

前出售，取得转让收入 1 020 000 元，其中成本 1 000 000 元，利息调整 11 471 元。有关会计处理如下。

债券处置损益 = 1 020 000 − 1 000 000 − 11 471 = 8 529(元)

借：银行存款　　1 020 000

　贷：持有至到期投资——B 公司债券(成本)　　1 000 000

　　持有至到期投资——B 公司债券(利息调整)　　11 471

　　投资收益　　8 529

第四节　可供出售金融资产

一、可供出售金融资产概述

可供出售金融资产是指初始确认时即被指定为可供出售的非衍生金融资产，以及除下列各类资产以外的金融资产：①贷款和应收款项；②持有至到期投资；③以公允价值计量且其变动计入当期损益的金融资产。例如，企业购入的在活跃市场上有报价的股票、债券和基金等，没有划分为以公允价值计量且其变动计入当期损益的金融资产或持有至到期投资等金融资产的，可划分为可供出售金融资产。

二、可供出售金融资产的会计处理

为了核算可供出售金融资产的取得、持有期间的利得或损失、处置等业务，企业应当设置"可供出售金融资产"账户。"可供出售金融资产"账户核算企业持有的可供出售金融资产的公允价值，并按照可供出售金融资产的类别和品种，分别以"成本"、"利息调整"、"应计利息"、"公允价值变动"等进行明细核算。

可供出售金融资产的会计处理，与以公允价值计量且其价值变动计入当期损益的金融资产的会计处理有类似之处，也有区别之处：①初始确认时，都按公允价值计量，但对于可供出售金融资产，相关交易费用应计入初始入账成本；②资产负债表日，都应按公允价值计量，但对于可供出售金融资产，公允价值变动不是计入当期损益，而是计入所有者权益。

(一) 可供出售金融资产的取得

企业取得可供出售金融资产时，应将其公允价值与交易费用之和作为初始确认金额，借记"可供出售金融资产——成本"账户，按支付价款中包含的已宣告但尚未发放的现金股利，借记"应收股利"账户，按实际支付的金额，贷记"银行存款"等账户。

企业取得可供出售金融资产为债券投资时，应按其债券面值，借记"可供出售金融资产——成本”账户，按支付价款中包含的已到付息期但尚未领取的债券利息借记“应收利息”账户，按实际支付的金额，贷记“银行存款”等账户，按其差额，借记或贷记“可供出售金融资产——利息调整”账户。按收到支付的价款中包含的已宣告但尚未发放的现金股利或已到付息期但尚未领取的利息，借记“银行存款”账户，贷记“应收利息”或“应收股利”账户。

【例 5-6】 2×13 年 2 月 20 日，A 公司从二级市场上购入 B 公司普通股股票 100 000 股，每股 10.60 元，其中包括已宣告但尚未支付的现金股利，每股 0.60 元，支付交易费用 3 000 元，A 企业将其划分为可供出售金融资产。有关会计处理如下。

① 2×13 年 2 月 20 日购入 B 公司股票

借：可供出售金融资产——B 公司股票(成本)　　1 003 000
　　应收股利　　60 000
　贷：银行存款　　1 063 000

② 收到 B 公司支付的现金股利时

借：银行存款　　60 000
　贷：应收股利　　60 000

（二）可供出售金融资产在持有期间损益的确认

可供出售金融资产在持有期间取得的利息或现金股利，应当计入投资收益。资产负债表日，可供出售金融资产应当以公允价值计量，且公允价值变动计入资本公积(其他资本公积)。

【例 5-7】 承接例 5-6 的有关资料，2×13 年 12 月 31 日，B 公司股票上涨为每股 16 元，公允价值变动为 100 000×16－1 003 000＝597 000(元)。有关账务处理如下。

借：可供出售金融资产——B 公司股票(公允价值变动)
　　597 000
　贷：资本公积——其他资本公积　　597 000

可供出售金融资产持有期间取得的利息或现金股利，应当计入投资收益。可供出售权益工具投资持有期间被投资单位宣告发放现金股利，按应享有的份额，借记“应收股利”账户，贷记“投资收益”账户；按收到可供出售权益工具投资发放的现金股利，借记“银行存款”账户，贷记“应收股利”账户。可供出售金融资产如为债券投资，且为分期付息、一次还本债券投资的，应按票面利率计算确定的应收未收利息，借记“应收利息”账户，按可供出售债券摊余成本和实际利率计算确定的利息收入，贷记“投资收益”账户，按其差额，借记或贷记“可供出售金融资产——利息调整”账户。可供出售债券如为一次还本付息债券投资，应于资产负债表日按票面利率计算确定的应收未收利息，借记“可供出售金融资产——应计利息”账户，按可供出售债券摊余成本和实际利率计算确定的利息收入，贷记

“投资收益”账户，按其差额，借记或贷记“可供出售金融资产——利息调整”账户。按收到可供出售债券投资持有期间支付的利息，借记“银行存款”账户，贷记“应收利息”账户。

【例 5-8】 承接例 5-6 的资料，2×14 年 3 月 10 日，B 公司宣告每股派送现金股利 0.3 元，同年 4 月 10 日，A 公司收到股利现金 30 000 元。有关会计处理如下。

① 2×14 年 3 月 10 日，B 公司宣告分派股利

借：应收股利　　30 000

　贷：投资收益　　30 000

② 2×14 年 4 月 10 日收到 B 公司现金股利

借：银行存款　　30 000

　贷：应收股利　　30 000

（三）可供出售金融资产的处置

处置可供出售金融资产时，应将取得的价款与该金融资产账面价值之间的差额计入投资收益；同时，将原直接计入所有者权益的公允价值变动累计额对应处置部分的金额转出，计入投资收益。

处置可供出售金融资产时，应按实际收到的金额，借记“银行存款”账户，按该金融资产账面余额，贷记“可供出售金融资产（成本、公允价值变动、利息调整、应计利息）”账户，按应从所有者权益中转出的公允价值累计变动额，借记或贷记“资本公积——其他资本公积”账户，按其差额，贷记或借记“投资收益”账户。

【例 5-9】 承接例 5-6，例 5-7 的资料，2×14 年 5 月 10 日，A 公司将持有的 B 公司股票 100 000 股全部卖出，实际收到价款 1 680 000 元。售出时，该笔资产的账面价值为 1 600 000 元，其中成本 1 003 000 元，公允价值变动 597 000 元。有关账务处理如下。

① 确认转让收入 1 680 000 元

借：银行存款　　1 680 000

　贷：可供出售金融资产——B 公司股票（成本）　　1 003 000

　　可供出售金融资产——B 公司股票（公允价值变动）

　　　　597 000

　　投资收益　　80 000

② 将原计入所有者权益部分转为投资收益

借：资本公积——其他资本公积　　597 000

　贷：投资收益　　597 000

第五节 长期股权投资

一、长期股权投资概述

长期股权投资是指企业准备长期持有的权益性投资,包括:①企业持有的能够对被投资单位实施控制的权益性投资,即对子公司投资;②企业持有的能够与其他合营方一同对被投资单位实施共同控制的权益性投资,即对合营企业投资;③企业持有的能够对被投资单位施加重大影响的权益性投资,即对联营企业投资;④企业持有的对被投资单位不具有控制、共同控制或重大影响,且在活跃市场中没有报价、公允价值不能可靠计量的权益性投资。

除上述情况外,企业持有的其他权益性投资,应当按照金融工具确认和计量准则的规定,划分为以公允价值计量且其变动计入当期损益的金融资产或可供出售金融资产。

二、长期股权投资的取得

企业对长期股权投资的核算,应设置"长期股权投资"账户,反映企业长期股权投资增减变动和结存情况。该账户属于资产类账户,其借方登记长期股权投资的增加额,贷方登记长期股权投资的减少额,期末余额在借方,表示企业期末长期股权投资的持有额。

长期股权投资可以通过企业合并取得,也可以通过企业合并以外的其他方式取得。在不同的取得方式下,长期股权投资初始成本的确定方法有所不同。但是,无论企业以何种方式取得长期股权投资,实际支付的价款或对价中包含的已宣告但尚未领取的现金股利或利润,应作为应收项目单独入账,不构成取得长期股权投资的成本。

(一)企业合并形成的长期股权投资

企业合并形成的长期股权投资,应当区分同一控制下的企业合并和非同一控制下的企业合并分别确定初始成本。

1. 同一控制下的企业合并形成的长期股权投资

参与合并的企业在合并前后均受同一方或相同的多方最终控制且该控制并非暂时性的,为同一控制下的企业合并。同一控制下的企业合并,在合并日取得对其他参与合并企业控制权的一方为合并方,参与合并的其他企业为被合并方。

同一控制下的企业合并形成的长期股权投资,应当在合并日按照取得被合并方所有者权益账面价值的份额作为长期股权投资的初始投资成本。长期股权投资初始投资成本与支付的现金、转让的非现金资产等合并对价的账面价值之间的差额,应当调整资本公积(资本溢价或股本溢价);资本公积(资本溢价或股本溢价)不足以冲减的,调整留存收益。

合并方为进行企业合并发生的各项直接相关费用，包括为进行企业合并而支付的审计费用、评估费用、法律服务费用等，应当于发生时计入当期损益(管理费用)。

合并方应在合并日按取得被合并方所有者权益账面价值的份额，借记“长期股权投资——成本”账户，按享有被投资单位已宣告但尚未发放的现金股利或利润，借记“应收股利”账户，按支付的合并对价的账面价值，贷记有关资产或借记有关负债等账户，按其贷方差额，贷记“资本公积——资本溢价或股本溢价”账户。如为借方差额，应借记“资本公积——资本溢价或股本溢价”账户，资本公积(资本溢价或股本溢价)不足以冲减的，应依次借记“盈余公积”、“利润分配——未分配利润”账户。

【例 5-10】 A 公司和 B 公司为同一母公司所控制的两个子公司。2×12 年 2 月 10 日，A 公司以银行存款和一项无形资产作为合并对价取得 B 公司 70%的股权。合并对价中银行存款为 1 600 万元，无形资产账面价值为 200 万元。2×12 年 2 月 21 日，A 公司实际取得对 B 公司的控制权，当日，B 公司所有者权益总额账面价值为 2 800 万元。有关会计处理如下。

初始投资成本 = 2 600 × 70% = 1 820(万元)

合并对价的账面价值 = 1 600 + 200 = 1 800(万元)

资本公积 = 1 820 − 1 800 = 20(万元)

借：长期股权投资——B 公司(成本)	18 200 000	
贷：银行存款		16 000 000
无形资产		2 000 000
资本公积——股本溢价		200 000

2. 非同一控制下的企业合并形成的长期股权投资

参与合并的各方在合并前后不受同一方或相同的多方最终控制的，为非同一控制下的企业合并。非同一控制下的企业合并，在购买日取得对其他参与合并企业控制权的一方为购买方，参与合并的其他企业为被购买方。

非同一控制下的企业合并形成的长期股权投资，应当以确定的合并成本作为长期股权投资的初始投资成本。合并成本是指购买方付出的资产、发生或承担的负债、发行的权益性证券的公允价值之和。发生的直接相关费用，计入当期损益(管理费用)。

非同一控制下的企业合并形成的长期股权投资，应在购买日按企业合并成本，借记“长期股权投资——××公司(成本)”账户，按支付合并对价的账面价值，贷记或借记有关资产、负债账户，按发生的直接相关费用，借记“管理费用”，贷记“银行存款”等账户，按其差额，贷记“营业外收入”或借记“营业外支出”等账户。企业合并成本中包含的应自被投资单位收取的已宣告但尚未发放的现金股利或利润，应作为应收股利进行核算。非同一控制下的企业合并涉及以库存商品等作为合并对价的，应按库存商品的公允价值，贷记“主营业务收入”或“其他业务收入”账户，并同时结转相关成本。涉及增值税的，还应进行相应的处理。

【例 5-11】 A 公司和 B 公司为两个互不关联的独立企业。2×12 年 3 月 1 日，A 公司以一台固定资产和银行存款 2 000 万元向 B 公司投资，占 B 公司注册资本的 60%。该固定资产的账面原值为 1 000 万元，已计提累计折旧 300 万元，已计提固定资产减值准备 100 万元，公允价值为 800 万元，发生固定资产清理费用 10 万元。不考虑其他相关税费。A 公司的有关账务处理如下。

① 转销参与合并的固定资产账面价值

借：固定资产清理　　6 000 000
　　累计折旧　　3 000 000
　　固定资产减值准备　　1 000 000
　贷：固定资产　　10 000 000

② 支付清理费用

借：固定资产清理　　100 000
　贷：银行存款　　100 000

③ 确认长期股权投资初始成本

长期股权投资初始成本 ＝ 2 000 ＋ 800 ＝ 2 800(万元)

资产增值收益 ＝ 800 － 600 － 10 ＝ 190(万元)

借：长期股权投资——B 公司(成本)　　28 000 000
　贷：固定资产清理　　6 100 000
　　　银行存款　　20 000 000
　　　营业外收入　　1 900 000

（二）企业合并以外形成的长期股权投资

1. 以支付现金取得的长期股权投资的初始计量及取得的核算

以支付现金取得的长期股权投资，应当按照实际支付的购买价款作为初始投资成本。初始投资成本包括与取得长期股权投资直接相关的费用、税费及其他必要支出。其支付的价款中所包含的被投资单位已宣告但尚未发放的现金股利或利润，应作为应收项目单独核算，不构成长期股权投资的成本。

【例 5-12】 A 公司于 2×12 年 3 月 1 日，自公开股票市场买入 B 公司 10% 的股份，实际支付价款 1 000 万元。另外，在购买过程中支付手续费等相关费用 30 万元。该业务的账务处理如下。

借：长期股权投资——乙公司　　10 300 000
　贷：银行存款　　10 300 000

2. 以发行权益性证券方式取得的长期股权投资的初始计量及取得的核算

以发行权益性证券方式取得的长期股权投资，应当按照发行权益性证券的公允价值作为初始投资成本，但不包括应自被投资单位收取的已宣告但尚未发放的现金股利或利润。为发行权益性证券支付的手续费、佣金等应自权益性证券的溢价发行收入中扣除，溢价收入不足的，应冲减盈余公积和未分配利润。

【例 5-13】 A 公司通过增发 2 000 万股(每股面值 1 元)自身的股份取得 B 公司 15% 的股权，按照增发前后的平均股价计算，该 2 000 万股股份的公允价值为 6 000 万元。为增发该部分股份，A 公司支付了 150 万元的佣金和手续费。该业务的账务处理如下。

借：长期股权投资——B 公司(成本)	60 000 000	
贷：股本		20 000 000
资本公积——股本溢价		40 000 000
借：资本公积——股本溢价	1 500 000	
贷：银行存款		1 500 000

三、长期股权投资的后续计量

企业取得的长期股权投资在持有期间，要根据投资企业对被投资单位的影响程度及是否存在活跃市场、公允价值能否可靠计量等进行划分，分别采用成本法或权益法进行会计处理。

(一) 长期股权投资的成本法

成本法是指长期股权投资的价值通常按初始投资成本计量，除追加或收回投资外，一般不对长期股权投资的账面价值进行调整的一种会计处理方法。

成本法适用于以下情况：①投资企业能够对被投资单位实施控制的长期股权投资。由于投资企业能够对被投资单位实施控制，需要编制合并财务报表，因此长期股权投资可以在平时按成本法核算，会计期末编制合并报表时再调整为权益法。②投资企业对被投资单位不具有共同控制或重大影响，且在活跃市场中没有报价、公允价值不能可靠计量的长期股权投资，应当采用成本法核算。

企业应当设置"长期股权投资——成本"账户，反映长期股权投资的初始投资成本。除取得投资时实际支付的价款或对价中包含的已宣告但尚未发放的现金股利或利润外，投资企业应当按照享有被投资单位宣告发放的现金股利或利润确认投资收益，不管有关利润分配是属于对取得投资前还是取得投资后被投资单位实现净利润的分配。被投资单位未分派股利，投资企业不做任何会计处理。

【例 5-14】 A 公司 2×12 年 6 月 20 日以 1 500 万元购入 B 公司 8%的股权。A 公司取得该部分股权后，未派出人员参与 B 公司的财务和生产经营决策，同时未以任何其他方式对B公司施加控制、共同控制或重大影响。同时,该股权不存在活跃市场,其公允价值不能可靠计量。2×12年9月30日,B公司宣告分派现金股利,A公司按其比例确定可分回20万元。按成本法编制有关会计分录如下。

借:长期股权投资——B公司　　15 000 000

　贷:银行存款　　15 000 000

借:应收股利　　200 000

　贷:投资收益　　200 000

(二)长期股权投资的权益法

权益法是指长期股权投资最初以投资成本计量后,在持有期间根据应享有被投资单位所有者权益份额的变动,对长期股权投资的账面价值进行相应调整的一种会计处理方法。投资企业对被投资单位具有共同控制或重大影响的长期股权投资,应当采用权益法核算。

在"长期股权投资"账户下,应当设置"成本"、"损益调整"、"其他权益变动"明细账户,分别反映长期股权投资的初始投资成本以及因被投资单位所有者权益发生增减变动而对长期股权投资账面价值进行调整的金额。

1. 取得长期股权投资的会计处理

企业在取得长期股权投资时,按照确定的初始投资成本入账。如果长期股权投资的初始投资成本大于投资时应享有被投资单位可辨认净资产公允价值的份额,不调整长期股权投资的初始投资成本;如果长期股权投资的初始投资成本小于投资时应享有被投资单位可辨认净资产公允价值的份额,则其差额应当计入营业外收入,同时调整长期股权投资的初始投资成本。投资企业应享有被投资单位可辨认净资产公允价值的份额,可用下列公式计算:

$$\frac{\text{应享有被投资单位}}{\text{可辨认公允价值的份额}} = \frac{\text{投资时被投资单位}}{\text{可辨认净资产公允价值总额}} \times \text{持股比例}$$

【例5-15】 20×9年2月10日,A公司以每股3.50元的价格购入B公司股票600万股作为长期股权投资,并支付交易税费60万元。该股份占B公司普通股股份的25%,A公司采用权益法核算。有关会计处理如下。

① 假定投资当时,B公司可辨认净资产公允价值为8 000万元

初始投资成本 = 600 × 3.50 + 60 = 2 160(万元)

应享有B公司可辨认净资产公允价值的份额 = 8 000 × 25% = 2 000(万元)

由于长期股权投资的初始投资成本大于投资时应享有B公司可辨认净资产公允价值的份额,因此,不调整长期股权投资的初始投资成本。A公司应做如下会计处理。

借：长期股权投资——B公司股票(成本)　　21 600 000

　贷：银行存款　　21 600 000

② 假定投资当时,B公司可辨认净资产公允价值为10 000万元

应享有B公司可辨认净资产公允价值的份额 = 10 000 × 25% = 2 500(万元)

由于长期股权投资的初始投资成本小于投资时应享有B公司可辨认净资产公允价值的份额,因此,应将其差额计入当期营业外收入,同时调整长期股权投资的初始投资成本。应做如下会计处理。

借：长期股权投资——B公司股票(成本)　　25 000 000

　贷：银行存款　　21 600 000

　　营业外收入　　3 400 000

调整后的投资成本 = 2 160 + 340 = 2 500(万元)

2. 持有长期股权投资期间投资损益的确认

投资企业取得长期股权投资后,应当按照被投资单位实现的净利润或发生的净亏损中投资企业应享有或应分担的份额确认投资损益,同时相应调整长期股权投资的账面价值;被投资单位宣告分派现金股利或利润时,投资企业按应分得的部分,相应减少长期股权投资的账面价值;被投资单位分派股票股利时,投资企业不进行账务处理,于除权日注明所增加的股数,以反映股份的变化情况。

【例5-16】 承接例5-15的资料,A公司购入B公司股票600万股,占B公司普通股股份的25%。投资以后,根据B公司各年的损益及利润分配情况,A公司做如下会计处理。

(1) 20×9年,B公司报告净收益1 800万元;2×10年3月5日,B公司宣告20×9年度利润分配方案,每股分派现金股利0.15元。

① 确认投资收益

应确认投资收益 = 1 800 × 25% = 450(万元)

借：长期股权投资——B公司股票(损益调整)　　4 500 000

　贷：投资收益　　4 500 000

② 确认应收股利

应收现金股利 = 600 × 0.15 = 90(万元)

借：应收股利　　900 000

　贷：长期股权投资——B公司股票(损益调整)　　900 000

(2) 2×10年度,B公司报告净收益1 200万元;2×11年3月5日,B公司宣告2×10年度利润分配方案,每股派送股票股利0.2股。

① 确认投资收益

应确认投资收益 = 1 200 × 25% = 300(万元)

借：长期股权投资——B公司股票(损益调整)　　3 000 000

　贷：投资收益　　3 000 000

② 在备查簿中登记增加的股份

股票股利 = 600 × 0.2 = 120(万股)

持有股票总数 = 600 + 120 = 720(万股)

(3) 2×11年，B公司报告净收益1 000万元，未进行利润分配。

应确认投资收益 = 1 000 × 25% = 250(万元)

借：长期股权投资——B公司股票(损益调整)　　2 500 000

　贷：投资收益　　2 500 000

(4) 2×12年，B公司报告净亏损600万元，用以前年度留存收益弥补亏损后，于2×13年3月5日，宣告每股分派现金股利0.10元。

① 确认投资损失

应确认投资损失 = 600 × 25% = 150(万元)

借：投资收益　　1 500 000

　贷：长期股权投资——B公司股票(损益调整)　　1 500 000

② 确认应收股利

应收现金股利 = 720 × 0.10 = 72(万元)

借：应收股利　　720 000

　贷：长期股权投资——B公司股票(损益调整)　　720 000

(5) 2×13年度，B公司继续发生亏损400万元，未进行利润分配。

应确认投资损失 = 400 × 25% = 100(万元)

借：投资收益　　1 000 000

　贷：长期股权投资——B公司股票(损益调整)　　1 000 000

3. 被投资单位所有者权益其他变动的会计处理

投资企业对于被投资单位除净损益以外所有者权益的其他变动，在持股比例不变的情况下，应按照持股比例与被投资单位除净损益以外所有者权益的其他变动中归属于本企业的部分，相应调整长期股权投资的账面价值，同时增加或减少资本公积(其他资本公积)。

【例5-17】 A公司持有B公司25%的股份，采用权益法核算。2×13年12月31日，B公司持有的一项可供出售金融资产，公允价值从1 000万元升至1 600万元。B公司将差额600万元调增该项可供出售金融资产的账面价值，并同时计入资本公积。A公司相关会计处理如下。

应享有资本公积份额 = 600 × 25% = 150(万元)

借：长期股权投资——B公司股票(其他权益变动)　　1 500 000

　贷：资本公积——其他资本公积　　1 500 000

四、长期股权投资的处置

处置长期股权投资发生的损益应当在符合股权转让条件时予以确认，计入处置当期投资损益。长期股权投资的处置损益是指取得的处置收入与长期股权投资的账面价值和已确认但尚未收到的现金股利之间的差额。采用权益法核算的长期股权投资，处置时还应将原计入资本公积的相关金额转为处置当期投资收益。

【例 5-18】 A 公司对持有的 B 公司股份采用权益法核算。2×13 年 3 月 10 日，A 公司将持有的 B 公司股份全部转让，收到转让价款 4 000 万元，其中包括应收 B 公司已宣告但尚未发放的现金股利 200 万元。转让时，该项股权投资的账面价值为 3 750 万元，其中，成本 2 500 万元，损益调整（借方）1 000 万元，其他权益变动（借方）250 万元。有关会计处理如下。

股票处置损益 = 4 000 − 3 750 − 200 = 50（万元）

① 借：银行存款　　40 000 000
　贷：长期股权投资——B 公司股票（成本）　　25 000 000
　　长期股权投资——B 公司股票（损益调整）　　10 000 000
　　长期股权投资——B 公司股票（其他权益变动）　　2 500 000
　　应收股利　　2 000 000
　　投资收益　　500 000

② 借：资本公积——其他资本公积　　2 500 000
　贷：投资收益　　2 500 000

第六节　投资减值损失的确认与计量

企业应当在资产负债表日，对持有至到期投资、可供出售金融资产的账面价值进行检查，有客观证据表明该投资发生减值的，应当确认减值损失，计提减值准备。

表明投资发生减值的客观证据，是指投资初始确认后实际发生的、对该投资的预计未来现金流量有影响，且企业能够对该影响进行可靠计量的事项。投资发生减值的客观证据，包括下列各项。

（1）发行方或债务人发生严重财务困难；

（2）债务人违反了合同条款，如偿付利息或本金发生违约或逾期等；

（3）债权人出于经济或法律等方面因素的考虑，对发生财务困难的债务人作出让步；

（4）债务人很可能倒闭或进行其他债务重组；

（5）因发行方发生重大财务困难，该投资无法在活跃市场继续交易；

（6）无法辨认一组投资中的某项投资的现金流量是否已经减少，但根据公开的数据对其进行总体评价后发现，该组投资自初始确认以来的预计未来现金流量确已减少且可计量，如该组投资的债务人支付能力逐步恶化，或债务人所在国家或地区失业率提高，担保物在其所在地区的价格明显下降，所处行业不景气等；

(7)债务人经营所处的技术、市场、经济或法律环境等发生重大不利变化，使投资人可能无法收回投资成本；

(8)权益投资的公允价值发生严重或非暂时性下跌；

(9)其他表明投资发生减值的客观证据。

一、持有至到期投资减值

持有至到期投资发生减值时，应当将该金融资产的账面价值与预计未来现金流量现值之间的差额确认为减值损失，计入当期损益。

预计未来现金流量现值，应当按照该持有至到期投资的原实际利率折现确定，并考虑相关担保物的价值(取得和出售该担保物发生的费用应当予以扣除)。原实际利率是初始确认该持有至到期投资时计算确定的实际利率。对于浮动利率的持有至到期投资，在计算未来现金流量现值时可采用合同规定的现行实际利率作为折现率。

对持有至到期投资确认减值损失后，如有客观证据表明其价值已恢复，且客观上与确认该损失后发生的事项有关(如债务人的信用评级已提高等)，原确认的减值损失应当予以转回，计入当期损益。但是，该转回后的账面价值不应当超过假定不计提减值准备情况下该持有至到期投资在转回日的摊余成本。

资产负债表日，持有至到期投资发生减值的，按应减记的金额，借记"资产减值损失"账户，贷记"持有至到期投资减值准备"账户。持有至到期投资在计提减值准备后价值又得以恢复的，应在原已计提的减值准备金额内，按恢复的金额，借记"持有至到期投资减值准备"账户，贷记"资产减值损失"账户。

二、可供出售金融资产减值

分析判断可供出售金融资产是否发生减值，应当注重该金融资产公允价值是否持续下降。通常情况下，如果可供出售金融资产的公允价值发生较大幅度下降，或在综合考虑各种相关因素后，预期这种下降趋势属于非暂时性的，可以认定该可供出售金融资产已发生减值。

可供出售金融资产发生减值时，即使该金融资产没有终止确认，原直接计入所有者权益的因公允价值下降而形成的累计损失，也应当予以转出，计入当期损益。该转出的累计损失，为可供出售金融资产的初始取得成本扣除已收回本金和已摊销金额、当前公允价值和原已计入损益的减值损失后的余额。

确定可供出售金融资产已发生减值，按应减记的金额，借记"资产减值损失"账户，按应从所有者权益中转出原计入资本公积的累计损失金额，贷记“资本公积——其他资本公积”账户，按其差额，贷记“可供出售金融资产（公允价值变动）”账户。

对于已确认减值损失的可供出售债务工具，在随后会计期间内公允价值已上升且客观上与确认原减值损失事项有关的，原确认的减值损失应该转回，计入当期损益，按原确认的减值损失，借记“可供出售金融资产（公允价值变动）”账户，贷记“资产减值损失”账户；但可供出售金融资产为股票等权益工具投资的，不得通过损益转回。另外，在活跃市场中没有报价且其公允价值不能可靠计量的权益工具投资，或与该权益工具挂钩并须通过交付该权益工具结算的衍生金融资产发生的减值损失，不得转回。

三、长期股权投资减值

采用成本法核算的、在活跃市场中没有报价且其公允价值不能可靠计量的长期股权投资发生减值时，应当将其账面价值，与按照类似金融资产当时市场收益率对未来现金流量折现确定的现值之间的差额确认为减值损失，计入当期损益。

企业长期股权投资的减值准备在“长期股权投资减值准备”账户核算。资产负债表日，长期股权投资发生减值的，按应减记的金额，借记“资产减值损失”账户，贷记“长期股权投资减值准备”账户。

思　考　题

1. 什么是投资？如何对投资进行分类？
2. 如何确定各类投资的初始投资成本？
3. 交易性金融资产与可供出售金融资产公允价值变动的会计处理有何不同？
4. 持有至到期投资的确认标准有哪些？
5. 什么是实际利率法？如何确定实际利率？
6. 如何确定同一控制下的企业合并的初始投资成本？
7. 如何确定非同一控制下的企业合并的初始投资成本？
8. 成本法与权益法各自的适用范围是什么？
9. 什么是长期股权投资的成本法？其核算要点有哪些？
10. 什么是长期股权投资的权益法？其核算要点有哪些？
11. 成本法与权益法会计处理的主要区别是什么？
12. 如何确认各类投资的处置损益？

练 习 题

练习1

一、目的

掌握交易性金融资产的会计处理方法。

二、资料

2012年4月20日,A公司支付价款1 200 000元从二级市场购入B公司的股票200 000股,另支付交易费用30 000元。A公司将该笔资产划分为交易性金融资产。2012年12月10日,B公司宣布每股派送0.2元现金股利。2013年2月1日,A公司收到B公司发放的股利现金40 000元。2013年3月10日,B公司股票价格上涨至每股10元,同年4月2日,A公司将持有的B公司股票全部售出,实际取得价款2 360 000元。

三、要求

根据上述业务,编制相关会计分录。

练习2

一、目的

掌握用实际利率法处理持有至到期投资的会计核算方法。

二、资料

2013年1月1日,A公司购入B公司当日发行的债券,面值1 200 000元、期限5年、票面利率4%、每年12月31日付息、到期还本的债券作为持有至到期投资,实际支付价款(包括相关交易费用)1 040 000元。

三、要求

根据上述资料,编制2013年1月1日及未来5个年度每年末的相关会计分录。

练习3

一、目的

掌握可供出售金融资产的常用会计核算方法。

二、资料

2010年3月2日,A公司从二级市场购入B公司普通股股票240 000股,每股12元,支付交易费用30 000元,A公司将其划分为可供出售金融资产。同年12月31日,B公司股票上升至每股15元。2012年,B公司经营出现困难,股票持续下跌,2012年12月31日,预计该笔投资的可回收金额为1 100 000元。2013年1月10日,A公司将该笔投资全部卖出，实际收到价款 1 050 000 元。

三、要求

根据上述资料，编制相关会计分录。

练习 4

一、目的

熟悉长期股权投资的成本法。

二、资料

A 公司 2011 年 2 月 1 日以银行存款和一项无形资产购入 B 公司 5% 的股份，并准备长期持有。其中，银行存款 2 000 000 元，无形资产账面及公允价值均为 400 000 元。B 公司于 2011 年 10 月 5 日宣告分派 2010 年度的现金股利 2 000 000 元。假设 B 公司 2012 年 1 月 1 日未分配利润余额为 2 400 000 元。2012 年实现净利润 3 000 000 元；2013 年 4 月 5 日宣告分派现金股利 2 500 000 元。

三、要求

根据上述资料，编制相关会计分录。

第六章 固定资产、无形资产及其他资产

本章要点

(1) 固定资产的特征、分类及计价。
(2) 固定资产的取得、折旧及处置。
(3) 无形资产的特征、内容及计价。
(4) 无形资产的取得、摊销及处置。
(5) 投资性房地产的概念、范围和计量模式。
(6) 投资性房地产的会计处理。
(7) 其他资产及会计处理。
(8) 资产减值的认定及会计处理。

非流动资产是企业重要的经济资源,固定资产、无形资产往往在资产中占很大的比重。这些资产有一个共同的特性,即长期存在并在未来若干年内为会计主体提供经济利益,它们的价值是以折旧、摊销等形式逐步地、部分地转移到受益对象上去,形成成本或费用。本章主要讨论固定资产、无形资产、投资性房地产及其他资产的取得,这些资产如何转化为费用,以及这些资产的处置和减值的相关问题。

第一节 固定资产概述

一、固定资产的特征和确认

固定资产是指企业为生产商品、提供劳务、出租或经营管理而持有的,使用寿命超过一个会计年度的有形资产。使用寿命是指企业使用固定资产的预计期间,或者该固定资产所能生产产品或提供劳务的数量。

(一) 固定资产的特征

(1) 企业用于生产商品、提供劳务、出租或用于企业经营管理目的,而不是准备出售;
(2) 使用寿命超过一个会计期间;

(3) 固定资产是有形资产。

(二) 固定资产的确认

固定资产必须同时满足下列条件才能予以确认:

1. 与该固定资产相关的经济利益很可能流入企业

资产最重要的特征是预期会给企业带来经济利益。企业在确认固定资产时,需要判断与该项固定资产有关的经济利益是否很可能流入企业。在实务中,判断与固定资产有关的经济利益是否很可能流入企业,主要判断与该固定资产所有权相关的风险和报酬是否转移到了企业。

2. 该固定资产的成本能够可靠地计量

成本能够可靠地计量是固定资产确认的一项基本条件。企业在确认固定资产成本时必须取得确凿证据,但是,有时需要根据所获得的最新资料,对固定资产的成本进行合理的估计。

在我国会计实务中,对于工业企业所持有的工具、用具、备品备件、维修设备等资产,考虑到成本效益原则,通常将它们确认为存货。但是如果与相关固定资产组合发挥效用,如民用航空运输的高价周转件,应当确认为固定资产。

二、固定资产的分类

固定资产的类别繁多,为了满足固定资产管理和会计核算的要求,主要采用以下几种标准进行分类。

1. 按所有权分类

按所有权,固定资产可分为自有固定资产和租入固定资产两大类。自有固定资产是指企业通过各种渠道取得的所有权属于企业并可自由支配和使用的固定资产。租入固定资产是指企业采用租赁方式从其他单位租入的,只拥有使用权而不拥有所有权的固定资产,包括以融资租赁方式、经营租赁方式租入的固定资产两类。在会计实务中,对融资租入固定资产应视同自有固定资产核算。

2. 按经济用途分类

按经济用途,固定资产可分为生产经营用固定资产和非生产经营用固定资产两类。生产经营用固定资产是指参加生产经营过程或直接为生产经营服务的固定资产,包括用于企业生产经营的房屋、建筑物、机器设备、运输设备、设施和器具等。非生产经营用固定资产是指不直接服务于生产经营过程的固定资产,如用于职工宿舍、食堂、浴室等公共福利、文化娱乐、卫生保健方面的房屋建筑物、设备和器具等。

3. 按使用情况分类

按使用情况,固定资产可分为使用中固定资产、未使用固定资产和不需用固定资产三类。使用中固定资产是指企业正在使用中的经营用和非经营用固定资产。企业的房屋及建筑物无论是否在实际使用,都应作为使用中固定资产;由于季节性经营和大修理等原因暂时停用的固定资产也属于使用中固定资产;企业以经营租赁方式出租给外单位使用的固定资产,也包括在使用中固定资产一类中。未使用的固定资产是指企业已完工或已购建的尚未交付使用的新增固定资产,以及由于改建或扩建等原因暂时停止使用的固定资产。例如,企业购建的尚待安装的固定资产等。不需用的固定资产是指本企业多余或不适用而需要等待调配处理的各种固定资产。

在实际工作中,常用的固定资产大致分为房屋建筑物和设备两大类,另外土地是否属于固定资产要看国家所有制而定。在西方国家,土地是私有的,可以自由买卖,因而可以纳入固定资产范畴;由于土地属于稀缺资源,不会再生也不会衰竭,属于企业的永久性资产,因此不需要像厂房、设备那样计提折旧,也不需要像无形资产那样计提折耗。在我国,土地由国家所有,任何单位和个人都不可能拥有土地的所有权,而只可以拥有使用权,因此,我国企业的固定资产中并没有土地这一项目,企业购买土地的使用权所支出的成本应该资本化计入无形资产项下。

三、固定资产的计价标准

固定资产是企业重要的生产资料,一般在企业中所占比重较大,尤其是有些制造业企业固定资产金额非常庞大,是企业重要的财产。为了加强对固定资产的管理和核算,企业应对固定资产进行合理的计价。固定资产计价,是以货币为计量单位计算固定资产的价值。采用什么样的计价基础,取决于对固定资产核算的要求。其计价是否合理,要看所采用的计价标准是否达到了计价目的。由于计价目的不同,采用的计价基础也就不同。固定资产的计价基础有四种。

1. 原始价值

固定资产的原始价值是指企业为取得某种固定资产使其达到预计的使用状态所支付的合理必要的支出。它是固定资产的基本计价基础,是新购建固定资产所采用的计价标准。按这种方法确定的价值,均是实际发生并有支付凭证的支出,具有客观性和可验证性的特点。这种方法也有不足之处,即当经济环境和社会物价水平发生变化时,它不能反映固定资产的现实价值及企业当前的经营规模。

2. 重置价值

重置价值是指企业在当前的生产技术条件下,重新购建同样的固定资产所需的全部支出。采用重置价值计价,可以比较真实地反映固定资产的现实价值,一般只在取得无法确定其原始价值的固定资产时采用这种计价标准,如对盘盈的固定资产、接受捐赠(未附原始价值凭证)的固定资产。

3. 净值

固定资产的净值也称折余价值，是指固定资产原始价值或重置价值减去累计折旧后的净额。它可以反映企业实际占用在固定资产上资金数额和固定资产的新旧程度。

4. 现值

现值是指固定资产在使用期间以及处置时产生的未来净现金流量的折现值。

历史成本是各国会计准则所根据的基本计量属性，因此我国固定资产准则也规定：固定资产应当按照成本进行初始计量。但是有时候在某些特定情况下，也可采用重置价值、现值等作为计价基础。

第二节　固定资产的取得

企业取得固定资产的方式有多种，主要有从外购入、自行建造、接受投资者投入以及非货币性资产交换、债务重组、企业合并和融资租赁等。取得方式不同，其成本的具体构成和确定方法也不同。固定资产的初始计量，指确定固定资产的取得成本。固定资产应当按照成本进行初始计量。

为对固定资产取得进行核算，一般需要设置“固定资产”、“工程物资”、“在建工程”等账户。“固定资产”账户核算固定资产的原始价值，借方反映企业增加固定资产的原价，贷方登记企业减少的固定资产的原价，期末借方余额反映期末固定资产的账面原价。企业应设置“固定资产登记簿”和“固定资产卡片”，按固定资产类别、使用部门等进行明细核算。“工程物资”账户核算企业库存的用于建造固定资产的各种物资的实际成本，借方登记购入工程物资的实际成本，贷方登记领出工程物资的实际成本，期末借方余额反映企业库存工程物资的实际成本。“在建工程”账户核算企业进行建造工程、安装工程、技术改造工程、大修理工程等发生的实际支出，包括需要安装设备的价值，借方登记企业各项在建工程的实际支出，贷方登记完工工程转出的实际支出，期末借方余额反映企业尚未完工的工程实际支出。

一、外购固定资产

企业外购固定资产的成本，包括购买价款、相关税费、使用固定资产达到预定可使用状态前发生的可归属于该项资产的运输费、装卸费、安装费和专业人员服务费等，其中，为购置固定资产发生的运输费取得专用发票的，可按 7%作为增值税进项税抵扣。外购固定资产分为不需要安装的固定资产和购入需要安装的固定资产两类。

【例 6-1】 某企业购入一台不需要安装的设备，发票价格为 80 000 元，税额为 13 600 元，发生的运输费为 20 000 元，款项全部付清。编制会计分录如下。

借：固定资产　　98 600
　应交税费——应交增值税（进项税额）　　15 000
　贷：银行存款　　113 600

2009 年 1 月 1 日增值税转型改革后，企业购建（包括购进、接受捐献、实物投资、自制、改扩建等）生产用固定资产发生的增值税进项税额可以抵扣，不再计入固定资产成本。

【例 6-2】 某企业购入一台需要安装的设备，发票价格为 350 000 元，增值税进项税额为 59 500 元，运输费为 3 000 元，安装结束时支付的安装费用为 12 500 元。编制会计分录如下。

① 购入该项设备交付安装时

借：在建工程　　352 790
　应交税费——应交增值税（进项税额）　　59 710
　贷：银行存款　　412 500

② 发生安装费用时

借：在建工程　　12 500
　贷：银行存款等　　12 500

③ 该项设备安装完毕交付使用时，按全部成本转账

借：固定资产　　365 290
　贷：在建工程　　365 290

二、自行建造的固定资产

自行建造的固定资产的成本，由建造该项资产达到预定可使用状态前所发生的必要支出构成，包括工程物资成本、人工成本、缴纳的相关税费、应予资本化的借款费用以及应分摊的间接费用等。

企业建造的固定资产，可分为自营方式建造固定资产和出包方式建造固定资产两种方式。

（一）自营方式建造固定资产

企业以自营方式建造固定资产，意味着企业自行组织工程物资采购，自行组织施工人员从事工程施工。实务中，企业较少采用自营方式建造固定资产，多数情况下采用出包方式。企业如果以自营方式建造固定资产，其成本应当按照直接材料、直接人工、直接机械施工费等计量。

（二）出包方式建造固定资产

【例 6-3】 某公司将一幢厂房的建造工程出包给甲公司承建，按规定向甲公司预付工

程款 3 200 000 元。工程完工后，收到甲公司有关工程的结算单，补付工程款 800 000 元，工程完工并达到预定可使用状态。编制会计分录如下。

① 预付工程款时

借：在建工程　　3 200 000

　贷：银行存款　　3 200 000

② 与承包企业办理工程价款结算，补付工程款时

借：在建工程　　800 000

　贷：银行存款　　800 000

③ 工程完工交付使用时

借：固定资产　　4 000 000

　贷：在建工程　　4 000 000

三、其他方式取得的固定资产

企业取得固定资产的其他方式与存货类似，也主要包括接受投资者投资、非货币性资产交换、债务重组、企业合并等。

1. 投资者投入固定资产的成本

投资者投入固定资产的成本，应当按照投资合同或协议约定的价值确定，但合同或协议约定价值不公允的除外。在投资合同或协议约定价值不公允的情况下，按照该项固定资产的公允价值作为入账价值。

2. 通过非货币性资产交换、债务重组、企业合并等方式取得的固定资产的成本

企业通过非货币性资产交换、债务重组、企业合并等方式取得的固定资产，其成本应当分别按照《企业会计准则》的相应规定确定。但是，该项固定资产的后续计量和披露应当执行固定资产准则的规定。

3. 盘盈固定资产的成本

盘盈的固定资产，作为前期差错处理，在按管理权限报经批准处理前，应先通过“以前年度损益调整”账户核算。

四、存在弃置义务的固定资产

对于特殊行业的特定固定资产，在取得时确定其初始成本，还应考虑弃置费用。弃置费用通常是指根据国家法律和行政法规、国际公约等规定，企业承担的环境保护和生态恢复等义务所确定的支出，如石油天然气企业油气水井及相关设施的弃置、核电站设施等的弃置和恢复环境义务。对于这些特殊行业的特定固定资产，企业应当根据《企业会计准则第 13 号——或有事项》，按照弃置费用的现值计算确定应计入固定资产成本的金额和相应的预计负债。在固定资产的使用寿命内按照预计负债的摊余成本和实际利率计算确定

的利息费用，应当在发生时计入财务费用。一般工商企业的固定资产发生的报废清理费不属于弃置费用，应当在发生时作为固定资产处置费用处理。

【例 6-4】 某企业经国家批准 2014 年 1 月 1 日建造完成一套核电站核设施，全部成本为 3 000 000 万元，预计使用寿命为 40 年。根据法律规定，企业应当承担环境保护和生态恢复义务，预计发生弃置费用 300 000 万元。假定适用的折现率为 8%。编制会计分录如下。

① 2014 年 1 月 1 日弃置费用的现值＝300 000÷$(1+8\%)^{40}$＝300 000×0.046 0＝13 800(万元)

固定资产的成本＝3 000 000＋13 800＝3 013 800(万元)

借：固定资产　　30 138 000 000

　贷：在建工程　　30 000 000 000

　　预计负债——弃置费用　　138 000 000

② 2014 年应负担的利息费用＝138 000 000×8%＝11 040 000(元)

借：财务费用　　11 040 000

　贷：预计负债——弃置费用　　11 040 000

以后年度，企业应当按照实际利率法确定每年的财务费用。

第三节　固定资产的后续计量

固定资产的后续计量主要包括固定资产折旧的计提、减值损失的确定，以及后续支出的计量。减值损失的确定将在最后一节介绍。

一、固定资产折旧的含义

固定资产能够长期为企业服务，在使用过程中不改变其实物形态，其自身的价值随着时间的推移而逐渐损耗和减少，这部分损耗和减少的价值，就称为固定资产折旧。固定资产的损耗分为有形损耗和无形损耗两种形式。有形损耗是指固定资产由于正常使用和受自然力的影响而引起的使用价值和价值的损耗；无形损耗则指由于技术进步等原因而引起的固定资产价值的损耗。

固定资产折旧的过程，实质上就是固定资产价值的转移过程。根据配比的原则，固定资产的预计有效使用期内，将固定资产的价值以计提折旧的方式计入各期成本费用，从各期营业收入中逐步得到补偿，从而为将来重置固定资产准备了资金来源。故此，固定资产折旧的计提和补偿，既是正确计算产品成本和各期损益的前提条件，又是进行固定资产简单再生产的重要步骤。

二、影响固定资产折旧的因素

影响固定资产折旧的因素主要有以下几个方面。

1. 固定资产的原始价值

固定资产的原始价值是指固定资产的取得成本，它是固定资产在未来时期为企业创造经济利益的最根本保证。以固定资产原值作为计价基础，可以使折旧的计算建立在客观的基础上。对于个别无法确定原始价值的固定资产，如盘盈固定资产、接受捐赠的固定资产等应以重置完全价值作为折旧基数。

2. 固定资产的使用寿命

企业应当根据固定资产的性质和使用情况，合理确定固定资产的使用寿命。固定资产的使用寿命是指其经济使用期限，一般可以用三种方式表示：①以时间表示，如年或月；②以工作时数或工作时间表示；③以产量表示。企业在确定固定资产的使用寿命时，主要应当考虑下列因素：①该资产的预计生产能力或实物产量；②该资产的有形损耗，如设备使用中发生磨损、房屋建筑物受到自然侵蚀等；③该资产的无形损耗，如因新技术的出现而使现有的资产技术水平相对陈旧、市场需求变化使产品过时等；④有关资产使用的法律或者类似的限制。固定资产的使用寿命一经确定，不得随意调整。

3. 预计净残值

预计净残值是指在固定资产报废清理时所能收回的残料价值，即残料收入减去清理费用后的净额。当残值很小、清理费用很大时，残值可以忽略。固定资产的预计净残值一经选定，不得随意调整。

4. 固定资产减值准备

固定资产减值准备是指固定资产已计提的固定资产减值准备累计金额。固定资产减值计提准备后，应当在剩余使用寿命内根据调整后的固定资产账面价值(固定资产账面余额扣减累计折旧和累计减值准备后的金额)和预计净残值重新计算确定折旧率和折旧额。

三、计提折旧的固定资产范围

应计提折旧的固定资产包括：房屋和建筑物(无论是否使用)；再用的机器设备、仪器仪表、运输工具；季节性停用、大修理停用的设备；融资租入的固定资产和以经营租赁方式租出的固定资产等。不计提折旧的固定资产包括：以经营租赁方式租入的固定资产；已提足折旧但还在继续使用的固定资产以及单独计价入账的土地除外等。已达到预定可使用状态但尚未办理竣工决算的固定资产，应当按照估计价值确定其成本，并计提折旧；待办理竣工决算后再按实际成本调整原来的暂估价值，但不需要调整原已计提的折旧额。

四、固定资产折旧方法的计算方法

计提固定资产折旧的方法有很多，但由于折旧方法的选用直接关系到成本、费用、收入以及国家的税收，所以企业应当根据固定资产的性质和消耗方式，恰当地选择折旧方法。目前我国计提折旧可选用的方法有平均年限法、工作量法、双倍余额递减法和年数总和法等。折旧方法一经选定，不得随意变更。如需变更，应在会计报表附注中予以说明。

1. 平均年限法

平均年限法，亦称直线法，是指按照固定资产的预计使用年限平均计算的折旧方法。这种方法隐含着固定资产的服务潜力随时间而不是随使用程度而减退的假定。因此，其损耗的价值应平均分摊于平均使用期间。计算公式如下：

$$\text{年折旧率} = \frac{1 - \text{预计净残值率}}{\text{预计使用年限}} \times 100\%$$

$$\text{月折旧率} = \text{年折旧率} \div 12$$

$$\text{月折旧额} = \text{固定资产原值} \times \text{月折旧率}$$

企业按照固定资产原值乘以月固定资产折旧率，按月计算固定资产折旧额。折旧率按计算对象不同，分为个别折旧率、分类折旧率和综合折旧率三种。个别折旧率是按单项固定资产计算的折旧率，分类折旧率是按各类固定资产分别计算的折旧率，综合折旧率则是按全部固定资产计算的折旧率。

【例 6-5】 某公司有厂房一幢，原值为 2 000 000 元，预计使用 20 年，预计净残值率为 4%。该厂房的年折旧率、月折旧率和月折旧额分别为：

$$\text{年折旧率} = \frac{1 - 4\%}{20} \times 100\% = 4.8\%$$

$$\text{月折旧率} = 4.8\% \div 12 = 0.4\%$$

$$\text{月折旧额} = 2\,000\,000 \times 0.4\% = 8\,000(\text{元})$$

采用平均年限法计算固定资产折旧虽然简单，但也存在一定局限性。当固定资产各期的负荷程度相同，各期应分摊相同的折旧费，这时采用平均年限法计算折旧是合理的。但是，若固定资产各期负荷程度不同，采用平均年限法计算折旧时，则不能反映固定资产的实际使用情况，提取的折旧数与固定资产的损耗程度也不相符。

2. 工作量法

工作量法是指以固定资产预计可完成的工作总量为分摊标准，根据固定资产实际完成的工作量计算折旧的一种方法，其实质也是直线法。采用这种折旧方法，每月折旧额的大小随工作量的变动而变动。采用工作量法计算折旧的过程分两个步骤完成，首先要计算固定资产单位工作量的折旧额，在此基础上再根据每期实际工作量的多少计算当期的折旧额。计算公式表示为：

$$单位工作量折旧额 = \frac{固定资产原值 \times (1 - 预计净残值率)}{预计总工作量}$$

某项固定资产月折旧额 = 该项固定资产当月实际工作量 × 单位工作量折旧额

【例 6-6】 某公司有货运卡车一辆，原值为 200 000 元，预计净残值率为 5%，预计总行驶里程为 4 000 000 公里，则当月行驶里程为 5 000 公里，该项固定资产的月折旧额计算如下：

$$单位里程折旧额 = 200\,000 \times (1 - 5\%) \div 4\,000\,000 = 0.047\,5(元/公里)$$

$$本月折旧额 = 5\,000 \times 0.047\,5 = 237.5(元)$$

采用工作量法计算固定资产折旧，简单实用，而且应提的折旧额与资产的使用即完成的工作量成正比例，使资产的使用效益与成本较为合理地配比起来。然而，由于这种方法只考虑了固定资产有形损耗因素，未考虑无形损耗因素，固定资产在预计使用年限内完成工作量的多少存在着主观性。工作量法适用于大型专业设备和运输设备等类资产的折旧计算。

3. 双倍余额递减法

双倍余额递减法是指以固定资产的期初账面净值为折旧基数、以直线法折旧率的双倍数作折旧率来计算各期折旧额的方法。这种方法在计算折旧率时，不考虑固定资产净残值。计算公式为：

$$年折旧率 = \frac{2}{预计使用年限} \times 100\%$$

$$月折旧率 = 年折旧率 \div 12$$

$$月折旧额 = 固定资产账面净值 \times 月折旧率$$

由于折旧率中不考虑预计固定资产净残值，这样会导致在固定资产预计使用期满时已提折旧额总数超过应计折旧额，即固定资产处置时其账面净值低于预计净残值。为了解决这个问题，在固定资产预计使用年限的后期，如果发现使用双倍余额递减法计算的折旧额小于采用直线法计算的折旧额，改按直线法计提折旧。为了计算方便，我国规定可在最后两年按账面净值扣除预计残值后的净额平均计算。

【例 6-7】 某公司对车间现有设备采用双倍余额递减法计提折旧，该项设备的原始价值为 500 000 元，预计使用 5 年，预计净残值为 20 000 元，每年应计提的折旧额为：

$$双倍直线年折旧率 = \frac{2}{5} \times 100\% = 40\%$$

$$第一年折旧额 = 500\,000 \times 40\% = 200\,000(元)$$

$$第二年折旧额 = (500\,000 - 200\,000) \times 40\% = 120\,000(元)$$

$$第三年折旧额 = (500\,000 - 200\,000 - 120\,000) \times 40\% = 72\,000(元)$$

$$第四年折旧额 = \frac{(500\,000 - 200\,000 - 120\,000 - 72\,000) - 20\,000}{2} = 44\,000(元)$$

$$第五年折旧额 = 44\,000(元)$$

每年各月折旧额根据年折旧额除以 12 来计算。

4. 年数总和法

年数总和法是指以固定资产原值减去预计净残值后的净额为基数，以一个逐年递减的分数作折旧率来计算各年折旧额的方法。该分数的分子表示固定资产尚可使用的年限，分母表示预计使用年限的数字之和。如果固定资产使用年限为 n 年，分母即为 $1+2++3+\cdots+n=n(n+1)\div 2$。计算公式为：

$$年折旧率 = \frac{尚可使用年数}{预计使用年限的年数总和}$$

或

$$年折旧率 = \frac{预计使用年限 - 已使用年限}{预计使用年限 \times (预计使用年限 + 1) \div 2} \times 100\%$$

$$月折旧率 = 年折旧率 \div 12$$

$$月折旧额 = (固定资产原值 - 预计净残值) \times 月折旧率$$

【例 6-8】 企业有台设备账面原值为 80 000 元，预计使用年限为 5 年，预计净残值为 5 000 元。采用年数总和法计算的各年折旧额如表 6-1 所示。

表 6-1 各年折旧额 单位：元

年份	尚可使用年限	原值一净残值	变动折旧率	每年折旧额	累计折旧
1	5	75 000	5/15	25 000	25 000
2	4	75 000	4/15	20 000	45 000
3	3	75 000	3/15	15 000	60 000
4	2	75 000	2/15	10 000	70 000
5	1	75 000	1/15	5 000	75 000

以上四种计提折旧的方法中，平均年限法和工作量法属于平均折旧法，在固定资产的使用期间，计入各期的固定资产使用费用相对比较均衡；而年数总和法和双倍余额递减法是加速折旧法，在固定资产使用的早期多提折旧，后期少提折旧，这样就可以使固定资产成本在估计耐用年限内加快得到补偿，减少由于技术进步等原因引起的固定资产的无形损耗对企业的影响。

五、固定资产折旧的会计处理

企业计提固定资产折旧时，应设置“累计折旧”账户核算固定资产折旧数额。“累计折旧”账户是“固定资产”账户的备抵账户，属于资产类。当计提固定资产折旧额和增加固定资产而相应增加其折旧额时，记入该账户的贷方；因出售、报废清理、盘亏等原因减少固定资产而相应转销其所提折旧额时，记入该账户的借方。该账户的余额在贷方，反映企业现有固定资产的累计折旧额。在资产负债表中，累计折旧作为固定资产的减项单独列示。“固定资产”账户借方余额与“累计折旧”账户贷方余额相抵后的差额，为固定资产净值，它反映固定资产的新旧程度。

固定资产计提折旧时，应以月初可提取折旧的固定资产账面原值为依据。当月增加的固定资产，当月不计提折旧，从下月起计提折旧；当月内减少或者停用的固定资产，当月仍计提折旧，从下月起停止计提折旧。因此，企业各月计算提取折旧时，可以在上月计提折旧的基础上，对上月固定资产的增减情况进行调整后计算当月应计提的折旧额。

当月固定资产应计提的折旧额＝上月固定资产计提的折旧额＋
上月增加固定资产应计提的折旧额－
上月减少固定资产应计提的折旧额

在会计实务中，各月计提折旧的工作一般是通过编制“固定资产折旧计算表”来完成。例如，某企业2014年6月的固定资产折旧计算如表6-2所示。

表6-2　固定资产折旧计算　　单位：元

使用部门	固定资产	上月	上月增加固定资产		上月减少固定资产		本月折旧额
	项目	折旧额	原价	折旧额	原价	折旧额	折旧额
A车间	厂房	8 000					8 000
	机器设备	15 000	50 000	800			15 800
	其他设备	1 200					1 200
	小　计	24 200					25 000
B车间	厂房	5 000					5 000
	机器设备	8 000			20 000	300	7 700
	小　计	13 000					12 700
行政管理部门	房屋	3 000					3 000
	运输工具	2 000					2 000
	小　计	5 000					5 000
出租固定资产	机器设备	1 000					1 000
合　　计		43 200	50 000	800	20 000	300	43 700

根据表6-2，编制会计分录如下。

借：制造费用——A车间　　25 000
　　制造费用——B车间　　12 700
　　管理费用——行政管理部门　　5 000

其他业务支出——固定资产出租 1 000

贷：累计折旧 43 700

六、固定资产的后续支出

固定资产的后续支出是指固定资产使用过程中发生的修理费用、更新改造支出等。后续支出的处理原则为：与固定资产有关的修理费用等后续支出，不符合固定资产确认条件的，应当计入当期损益；与固定资产有关的更新改造等后续支出，符合固定资产确认条件的，应当计入固定资产的成本，同时将被替换部分的账面价值扣除。

1. 资本化的后续支出

我国《企业会计准则》对资本化后续支出应满足的条件，就是前面讲到的固定资产的确认条件。固定资产发生可资本化的后续支出时，企业一般应该将该固定资产的原价、已计提的累计折旧和减值准备转销，将固定资产的账面价值转入在建工程，并停止计提折旧。发生的后续支出，通过"在建工程"账户核算。待固定资产发生的后续支出完工并达到预定可使用状态时，再从在建工程转入固定资产，并按重新确定的固定资产原价、使用寿命、预计净残值和折旧方法计提折旧。

【例 6-9】 甲公司某项固定资产取得成本为 800 万元，采用平均年限法计提折旧，使用寿命为 10 年，预计净残值为 0。第六年年初，企业对该项固定资产某一主要部件进行更换，发生支出合计 300 万元，该更换部件原价为 250 万元。编制会计分录如下。

① 先将固定资产转入"在建工程"账户

借：在建工程 4 000 000

　　累计折旧 4 000 000

　贷：固定资产 8 000 000

② 发生后续资本性支出时

该项固定资产更换前账面价值　800－800÷10×5＝400(万元)

加：后续支出　300(万元)

减：被更换部件账面价值　250－250÷10×5＝125(万元)

对该项固定资产进行更换后原价　575(万元)

借：在建工程 3 000 000

　贷：银行存款(应付账款等) 3 000 000

借：营业外支出 1 250 000

　贷：在建工程 1 250 000

③ 工程完工时

借：固定资产 5 750 000

　贷：在建工程 5 750 000

2. 费用化的后续支出

与固定资产有关的修理费用等后续支出，不符合固定资产确认条件的，就作为费用化的后续支出，应当根据不同情况分别计入当期管理费用或销售费用，如企业对固定资产的日常维护支出等。

【例 6-10】 2014 年 1 月 3 日，乙公司对现有的一台机器设备进行修理，修理过程中领用本企业原材料一批，不含税价格为 14 000 元，应支付维修人员的工资为 10 000 元。乙公司对此项业务所做出的会计分录如下。

借：制造费用　　　　24 000

　贷：原材料　　　　14 000

　　　应付职工薪酬　　10 000

第四节　固定资产的处置

一、固定资产清理

固定资产清理是指固定资产的出售、转让、报废固定资产以及由于各种不可抗拒的自然灾害而使固定资产遭到的毁坏和损失。我国固定资产准则规定，当企业出现上述情况需要对固定资产进行清理时，应当将处置收入扣除账面价值和相关税费后的金额计入当期损益。这里，固定资产的账面价值是固定资产成本扣减累计折旧和累计减值准备后的金额，要注意事先应将固定资产到处置日为止该计提的折旧都提完。

在实际工作中，对固定资产清理损益的计算通常通过设置"固定资产清理"账户进行核算。"固定资产清理"账户是计价对比账户，清理的固定资产的净值以及清理过程中发生的费用和出售固定资产发生的税费等都记入该账户的借方，清理过程中发生的固定资产变价收入以及应由保险公司或有关责任者承担的损失等都记入该账户的贷方。清理完毕后，如果贷方总发生额大于借方总发生额，表示清理后有净收益，应转入营业外收入；反之，则表示有净损失，应转入营业外支出。经过结转后，"固定资产清理"账户应该没有余额。

（一）出售固定资产

【例 6-11】 某企业出售旧厂房一幢，原价 1 000 000 元，已计提折旧 600 000 元，减值准备 100 000 元，支付清理费用 10 000 元，出售的价款收入为 400 000 元，营业税率为 5%。编制会计分录如下。

① 固定资产转入清理时

借：固定资产清理　　　　300 000

累计折旧　　600 000
固定资产减值准备　　100 000
贷：固定资产　　1000 000

② 支付清理费用时

借：固定资产清理　　10 000
贷：银行存款　　10 000

③ 收到出售价款时

借：银行存款　　400 000
贷：固定资产清理　　400 000

④ 计算应缴纳的营业税(400 000×5%=20 000)

借：固定资产清理　　20 000
贷：应交税费——应交营业税　　20 000

⑤ 结转清理净收益时

借：固定资产清理　　70 000
贷：营业外收入　　70 000

(二) 固定资产的报废毁损

固定资产的报废有到期报废、提前报废和超龄使用后报废三种情况，三种情况的会计处理完全相同。但是，提前报废的固定资产不能补提折旧；超龄使用的固定资产不再继续提取折旧。固定资产的毁损主要是由自然灾害或责任事故所致，属于固定资产非正常报废。

【例 6-12】 某公司有旧厂房一幢，因使用期满经批准报废。厂房的原值为 450 000 元，已提折旧 435 000 元。在清理过程中，以银行存款支付清理费用 12 700 元，拆除的一部分零件估价 15 000 元，由仓库作为维修零件，另一部分变价收入 6 800 元存入银行。编制会计分录如下。

① 固定资产转入清理时

借：固定资产清理　　15 000
累计折旧　　435 000
贷：固定资产　　450 000

② 支付清理费用时

借：固定资产清理　　12 700
贷：银行存款　　12 700

③ 材料入库并收到变价收入时

借：原材料　　15 000

银行存款　　6 800
贷：固定资产清理　　21 800

④ 结转固定资产清理净损益时
借：营业外支出——处理固定资产净损失　　5 900
贷：固定资产清理　　5 900

二、固定资产清查

（一）固定资产盘亏的核算

为了保护固定资产的安全与完整，企业应当对固定资产进行定期的清查盘点，以保证账实相符。企业对盘亏的固定资产应查明原因，按规定程序将书面报告报送有关部门，并根据固定资产准则规定，将固定资产盘亏造成的损失计入当期损益。

对于固定资产盘点的会计处理，企业不再通过以上的“固定资产清理”账户处理，而是专门设置“待处理财产损溢——待处理固定资产损溢”账户来进行核算。当固定资产盘亏时记入该账户的借方，转销时记入该账户的贷方，期末如有借方余额，表示企业有尚未处理的固定资产净损失。

【例 6-13】 企业某项设备发生盘亏，账面原值 100 000 元，已计提折旧 60 000 元。经查原因，应由过失人员赔偿 20 000 元。编制会计分录如下。

① 发生盘亏时
借：待处理财产损溢　　40 000
累计折旧　　60 000
贷：固定资产　　100 000

② 核销盘亏时
借：其他应收款　　20 000
营业外支出——固定资产盘亏　　20 000
贷：待处理财产损溢　　40 000

（二）固定资产盘盈

企业在财产清查中盘盈的固定资产，作为前期差错处理，盘盈的固定资产通过“以前年度损益调整”账户核算。

第五节　无形资产及其他资产

一、无形资产的特征

无形资产是指企业拥有或者控制的没有实物形态的可辨认非货币性资产。无形资产具有以下特征。

1. **无实体性**

无形资产通常表现为一种法律或合同赋予的某种特定或特许的权利，它没有物质形态，但其作用可以感觉得到。不具有实物形态，是无形资产区别于其他资产的特征之一。某些无形资产的存在依赖于实物载体。比如，计算机软件需要存储在磁盘中，但这并没有改变无形资产本身不具有实物形态的特性。

2. **无形资产属于非流动资产**

无形资产能在多个生产经营期内使用，为企业创造经济利益。企业为取得无形资产所发生的支出，属于资本性支出。

3. **无形资产在创造经济利益方面存在较大不确定性**

无形资产必须与企业的其他资产结合，才能创造经济利益。这里，“其他资产”包括足够的人力资源、高素质的管理队伍、相关的硬件设备、相关的原材料等。此外，无形资产创造经济利益的能力还较多地受外界因素的影响，如相关新技术更新换代的速度，利用无形资产所生产产品的市场接受程度等。

4. **无形资产具有可辨认性**

资产满足下列条件之一的，符合无形资产定义中的可辨认性标准：①能够从企业中分离或者划分出来，并能单独或者与相关合同、资产或负债一起，用于出售、转移、授予许可、租赁或者交换。②源自合同性权利或其他法定权利，无论这些权利是否可以从企业或其他权利和义务中转移或者分离。

商誉不能脱离企业自身而存在，不具有可辨认性，因此不属于本节所指的无形资产。

二、无形资产的内容

无形资产一般包括专利权、商标权、非专利技术、著作权、土地使用权和特许权等。

1. **专利权**

专利权是指国家专利主管机关依法授予发明创造专利申请人对其发明创造在法定期限内所享有的制造、使用和出售等方面的专有权利，包括发明专利权、实用新型专利权和外观设计权利。

2. **商标权**

商标权是用来辨认特定的商品或劳务的标记，是指专门在某类指定的商品或产品上使用特定的名称或图案的权利。商标经过注册登记，就获得了相应空间范围内法律上的保护。商标权包括独占使用权和禁止使用权两个方面。独占使用权是指商标享有人在商标的注册范围内独家使用其商标的权利；禁止使用权是指商标权享有人排除和禁止他人对商标独占使用权进行侵犯的权利。

3. 非专利技术

非专利技术也称为专有技术、技术秘密或技术诀窍，是指不为外人所知的、先进的、可以带来显著经济利益的、不受法律保护的各种技术和经验。主要内容包括工业专有技术、商业贸易专有技术、管理专有技术等。非专利技术可以用蓝图、配方、技术记录、操作方法的说明等具体资料表现出来，也可以通过卖方技术人员进行指导，或接受买方人员进行技术实习等手段实现。非专利技术具有经济性、机密性、动态性等特点。

4. 著作权

著作权也称为版权，是指作者对其创作的文学、科学和艺术作品依法享有的某些特殊权利。著作权包括精神权利(人身权利)和经济权利(财产权利)两方面的内容，前者是指作者署名、发表作品、确认作者身份、保护作品的完整性、修改已经发表的作品等项权利，包括发表权、署名权、修改权和保护作品完整权；后者是指以出版、表演、广播、展览、录制唱片、摄制影片等方式使用作品以及因授权他人使用作品而获得经济利益的权利。

5. 土地使用权

土地使用权是指国家准许某企业在一定期间对国有土地享有开发、利用、经营的权利。根据《中华人民共和国土地管理法》的规定，我国土地实行公有制，任何单位和个人不得侵占、买卖或者以其他形式非法转让。企业取得土地使用权的方式大致有行政划拨取得、外购取得(例如以缴纳土地出让金方式取得)及投资者投资取得几种。

6. 特许权

特许权也称为特许经营权、专营权，是指企业在某一地区经营或销售某种特定商品的权利，或是一家企业接受另一家企业使用其商标、商号、技术秘密等的权利。前者一般是由政府机构授权，准许企业使用或在一定地区享有经营某种业务的特权，如自来水、邮政等的专营权、烟草专卖权等；后者是指企业间依照合同，有期限或无期限使用另一家企业的商标、商号、技术秘密等的权利，如连锁店分店使用总店的名称等。

三、无形资产入账价值的确定

无形资产是以取得无形资产并使之达到预定用途而发生的全部支出，作为无形资产的入账价值。企业的无形资产有外来的，还有自创的。外来的无形资产又具体包括政府给予的、购入的、投资者投入的、接受抵债取得的、非货币交易换入的和接受捐赠等。不同来源取得的无形资产，其入账价值的确定方式不同。

1. 购入的无形资产

购入的无形资产，按实际支付的全部价款作为实际成本入账，包括买价、手续费、税金、法律费用以及其他相关费用。与有形资产同时购入的无形资产，如果该有形资产的成本比较容易确定，则用支付的价款扣除有形资产的成本，确认为无形资产的成本。

2. 投资者投入无形资产

投资者投入无形资产的成本，应当按照投资合同或协议约定的价值确定，但合同或协议约定价值不公允的除外。

3. 自行开发的无形资产

自行开发的无形资产在开发无形资产时，内部研究开发项目研究阶段的支出计入当期损益，内部研究开发项目开发阶段支出符合以下条件的可以计入无形资产：

(1) 完成该无形资产以使其能够使用或出售在技术上具有可行性。

(2) 具有完成该无形资产并使用或出售的意图。

(3) 无形资产产生经济利益的方式，包括能够证明运用该无形资产生产的产品存在市场或无形资产自身存在市场，无形资产将在内部使用的，应当证明其有用性。

(4) 有足够的技术、财务资源和其他资源支持，以完成该无形资产的开发，并有能力使用或出售该无形资产。

(5) 归属于该无形资产开发阶段的支出能够可靠地计量。

无法区别研究阶段和开发阶段的支出，应当在发生时作为管理费用，全部计入当期损益。

4. 接受捐赠的无形资产

接受捐赠的无形资产，其入账价值应区分以下情况确定：

(1) 捐赠方提供了有关凭据的，按凭据上标明的金额加上应支付的相关税费确定。

(2) 捐赠方没有提供有关凭据的，按如下顺序确定：同类或类似无形资产存在活跃市场的，应参照同类或类似无形资产的市场价格估计的金额，加上应支付的相关税费确定；同类或类似无形资产不存在活跃市场的，按该接受捐赠的无形资产的预计未来现金流量现值，加上应支付的相关税费确定。

四、无形资产的会计处理

企业无形资产的处理包括无形资产取得的核算、无形资产摊销的核算和无形资产转让的核算等。为了核算无形资产的取得和摊销情况，企业应设置“无形资产”、“累计摊销”账户。“无形资产”账户的借方登记无形资产的增加金额，贷方登记无形资产的减少金额，期末借方余额为企业拥有无形资产成本。无形资产还应按其内容设置明细账。“累计摊销”账户贷方登记无形资产的摊销额，转出时记在借方，余额一般在贷方，反映无形资产的累计摊销额，是无形资产的抵减账户。

(一) 无形资产的取得

企业的无形资产可以通过不同途径取得。取得无形资产时，根据取得方式的不同，按其实际成本分别借记“无形资产”账户，贷记“银行存款”、“股本”、“应收账款”、“固定资产”、“资本公积”等有关账户。

1. 企业购入的无形资产

企业购入的无形资产，应按实际支付的价款作为购入无形资产的实际成本计价入账，同时，按照具体无形资产的类别设置明细账，组织明细核算。

【例 6-14】 某公司用银行存款购买某单位新试制成功的某产品的专利权，支付价款 420 000 元，另外发生相关费用 30 000 元。编制会计分录如下。

借：无形资产——专利权　　450 000

　贷：银行存款　　450 000

2. 投资者投入的无形资产

投资者投入的无形资产，应按各方确认的价值借记“无形资产”，贷记“实收资本”或“股本”。

【例 6-15】 甲有限责任公司接受乙投资者以其拥有的专利技术的投资，双方协商作价为 340 000 元，已办妥相关手续。编制会计分录如下。

借：无形资产——专利权　　340 000

　贷：实收资本　　340 000

3. 企业内部研究开发的无形资产

企业内部研究开发的无形资产，应当区分研究阶段支出与开发阶段支出分别处理。

企业内部研究开发项目研究阶段的支出，应当于发生时计入当期损益。

企业研究开发阶段的支出，符合以下五个方面的判断标准时，应当作为无形资产的成本，确认为无形资产：①完成该无形资产以使其能够使用或出售具有可行性；②具有完成该无形资产并使用或出售的意图；③无形资产产生经济利益的方式，包括能够证明该无形资产生产的产品存在市场或无形资产自身存在市场，无形资产将在内部使用的，应当证明其有用性；④有足够的技术、财务资源和其他资源支持，以完成该无形资产的开发，并有能力使用或出售无形资产；⑤归属于该无形资产开发阶段的支出能够可靠计量。

企业应根据自行研究开发项目在研究阶段发生的支出，借记“研发支出——费用化支出”账户，贷记有关账户；期末应根据发生的全部研究支出，借记“管理费用”账户，贷记“研发支出——费用化支出”账户。

企业开发阶段发生的支出为资本化支出，应借记“研发支出——资本化支出”账户，贷记有关账户；在确认无形资产时，应根据发生的全部开发支出，借记“无形资产”账户，贷记“研发支出——资本化支出”账户。

【例 6-16】 2014 年 1 月 1 日，公司自行开发并按法律程序申请一项专利无形资产。在研究过程中发生的材料费用为 500 万元，直接参与开发人员的工资为 100 万元；依法取得专利权时发生了注册费 50 万元、律师费 10 万元。专利开发过程中符合资本化条件的费用为 560 万元。2014 年 12 月 31 日，该专利技术已经达到预定用途。该企业应编制会计分录如下。

① 发生研发支出时

借：研发支出——费用化支出　　1 000 000
　　研发支出——资本化支出　　5 600 000
　贷：原材料　　5 000 000
　　　应付职工薪酬　　1 000 000
　　　银行存款　　6 00 000

② 2014 年 12 月 31 日，该专利技术已经达到预定用途时

借：管理费用　　1 000 000
　　无形资产　　5 600 000
　贷：研发支出——费用化支出　　1 000 000
　　　研发支出——资本化支出　　5 600 000

（二）无形资产的摊销

企业应当于取得无形资产时分析判断其使用寿命。对于使用寿命有限的无形资产，应该根据消耗该无形资产所带来的未来经济利益的方式，确定其摊销方法，无法确定其消耗方式的，按直线法摊销；使用寿命不确定的无形资产不摊销。

企业至少应当于每年年度终了，对无形资产的使用寿命和摊销方法进行复核。如果有证据表明无形资产的使用寿命和摊销方法不同于以前估计，对使用寿命有限的固定资产，应当改变摊销期限和摊销方法，并按会计估计变更进行处理。

对使用寿命不确定的无形资产，如果有证据表明无形资产的使用寿命是有限的，则应视为会计估计变更，应当估计其使用寿命，并对其进行摊销。

无形资产摊销金额一般应当计入当期损益，但如果某项无形资产是专门用于生产某种产品或者其他资产，其所包含的经济利益是通过转入到所生产的产品或其他资产中实现的，则无形资产的摊销费用应当计入相关资产的成本。摊销无形资产价值时，借记"管理费用"或"制造费用"账户，贷记"累计摊销"账户。

【例 6-17】 某企业从外单位购入一项非专利技术 80 万元，用于产品生产，估计该非专利技术使用寿命为 10 年；同时接受投资的商标权为 60 万元，估计该商标权的使用寿命为 15 年，假定这两项无形资产残值均为零，并用直线法摊销。按年摊销，编制会计分录如下。

借：管理费用——商标权　　40 000
　　制造费用——非专利技术　　80 000
　贷：累计摊销　　120 000

（三）无形资产的处置

无形资产的处置，主要是指无形资产的出售、对外出租、对外捐赠，或者是无法为企业带来未来经济利益时，应予终止确认并转销。

1. 出售

企业将无形资产出售，表明企业放弃无形资产所有权。出售时，应将所得价款与该无形资产的账面价值之间的差额计入当期损益。实际取得的转让收入，借记“银行存款”等账户，已计提的累计摊销，借记“累计摊销”账户，原已提减值准备的，借记“无形资产减值准备”账户，应支付的相关税费，贷记“应交税费”等账户，按其账面余额，贷记“无形资产”账户，按其差额，贷记“营业外收入——处理非流动资产利得”账户，或借记“营业外支出——处理非流动资产损失”账户。

【例 6-18】 某企业转让其一项专利权的所有权给 M 公司，取得转让收入 15 万元。该项专利的成本为 20 万元，已摊销金额 5 万元，已计提的减值准备为 2 万元，应缴纳的营业税为 7 500 元。编制会计分录如下。

借：银行存款　　150 000
　　累计摊销　　50 000
　　无形资产减值准备　　20 000
　贷：无形资产——专利权　　200 000
　　　应交税金——应交营业税　　7 500
　　　营业外收入——处理非流动资产利得　　12 500

2. 出租

企业将拥有的无形资产的使用权让渡给他人，并收取租金，在满足收入确认条件的情况下，应确认相关的收入及成本，并通过其他业务收支账户进行核算。让渡无形资产使用权取得的租金收入，借记“银行存款”等账户，贷记“其他业务收入”等账户；摊销出租无形资产的成本并发生与转让有关的各种费用支出时，借记“其他业务成本”账户，贷记“累计摊销”账户。

3. 报废

无形资产预期不能为企业带来未来经济利益的，应当将该无形资产的账面价值予以转销。按已计提的累计摊销，借记“累计摊销”账户；按其账面余额，贷记“无形资产”账户；按其差额，借记“营业外支出”账户。已计提减值准备的，还应同时结转减值准备。

五、其他资产

（一）商誉

商誉是指企业获得超额收益的能力。商誉通常是指企业由于所处的地理位置优越；

或由于组织得当，经营效益好；或由于历史悠久，积累了丰富经验；或由于技术先进，掌握了生产诀窍等原因，赢得了客户的信任而形成的无形价值。这种无形价值具体表现为该企业的获利能力超过了一般企业的获利水平。

商誉只有在非同一控制下的企业合并，符合有关条件时才能予以确认。非同一控制下的企业合并的购买方，对合并成本大于合并中取得的被购买方可辨认净资产公允价值份额的差额，应当确认为商誉。

（二）长期待摊费用

长期待摊费用是指企业已经支出，但摊销期限在一年以上(不含一年)的各项费用，如以经营租赁方式租入的固定资产发生的改良支出等。

企业发生的长期待摊费用，按实际发生的费用金额，借记“长期待摊费用”账户，贷记有关账户。摊销时，按每期应摊销的金额，借记“制造费用”、“销售费用”、“管理费用”等账户，贷记“长期待摊费用”账户。如果长期待摊的费用项目不能使以后会计期间收益的，应当将尚未摊销的该项目的摊余价值全部转入当期损益。

【例 6-19】 某企业 2014 年年初以经营方式租入管理用房一幢，租期 10 年。该企业租入该房屋后，对其进行装修，共支付各项装修费 60 万元。企业应按租赁期限和预计可使用年限两者孰短的原则平均摊销。编制会计分录如下。

① 支付装修费用时

借：长期待摊费用——租入固定资产改良支出	600 000	
贷：银行存款等		600 000

② 每月摊销费用时

借：管理费用	5 000	
贷：长期待摊费用——租入固定资产改良支出		5 000

第六节　投资性房地产

一、投资性房地产的概念及范围

投资性房地产是指为赚取租金或资本增值，或两者兼有而持有的房地产。投资性房地产应当能够单独计量和出售。

(1) 投资性房地产主要包括：已出租的土地使用权，持有并准备增值后转让的土地使用权和已出租的建筑物。①已出租的土地使用权，是指企业通过出让或转让方式，以经营租赁方式出租的土地使用权；②持有并准备增值后转让的土地使用权，是指企业取得的、准备增值后转让的土地使用权(按照国家有关规定认定为闲置土地的，不属于持有并准备增值后转让的土地使用权）；③已出租的建筑物，是指企业拥有产权的，以经营租赁方式出租的建筑物，包括自行建造或开发活动完成后用于出租的建筑物。

(2) 自用房地产，即为生产商品、提供劳务或者经营管理而持有的房地产和作为存货的房地产不属于投资性房地产的项目。作为存货的房地产，是指房地产开发企业销售的或为销售而正在开发的商品房和土地。这部分房地产属于房地产开发企业的存货。

(3) 一项房地产，如果部分用于赚取租金或资本增值，部分用于生产商品、提供劳务或经营管理，用于赚取租金或资本增值的部分能够单独计量和出售的，可以确认为投资性房地产，否则，不能作为投资性房地产。

(4) 企业将建筑物出租并按出租协议向承租人提供保安和维修等其他服务，所提供的其他服务在整个协议中如为不重大的，可以将该建筑物确认为投资性房地产；所提供的其他服务在整个协议中如为重大的，应将该建筑物视为企业的经营场所，确认为自用房地产。

(5) 关联企业之间租赁房地产的，租出方应将出租的房地产确认为投资性房地产。母公司以经营租赁的方式向子公司租出房地产，该项房地产应当确认为母公司的投资性房地产，但在编制合并报表时，作为企业集团的自用房地产。

(6) 企业拥有并自行经营的旅馆饭店，其经营目的是通过向客户提供客房服务取得服务收入，该业务不具有租赁性质，不属于投资性房地产；将其拥有的旅馆饭店部分或全部出租，且出租的部分能够单独计量和出售的，出租的部分可以确认为投资性房地产。

二、投资性房地产的取得

企业取得的投资性房地产，只有在同时满足以下条件时，才可以进行确认：①与该投资性房地产有关的经济利益很可能流入企业；②该投资性房地产的成本能够可靠地计量。

企业取得的投资性房地产应该按照成本进行初始计量。根据投资性房地产取得方式的不同，其计量的内容也有一定的差异。

(1) 外购投资性房地产的成本，包括购买价款、相关税费和可直接归属于该资产的其他支出。

(2) 自行建造投资性房地产的成本，由建筑该项资产达到预定可使用状态前所发生的必要支出构成。

(3) 以其他方式取得的投资性房地产的成本，按照相关会计准则的规定确定。

三、投资性房地产的计量模式

投资性房地产的计量具有成本和公允价值两种模式，通常情况下应该采用成本模式计量，满足特定条件时可以采用公允价值模式计量。但是，同一企业只能采用一种模式对所有投资性房地产进行计量，不得同时采用两种计量模式。

1. 采用成本模式进行计量的投资性房地产

企业通常应当采用成本模式对投资性房地产进行后续计量。采用成本模式计量的投资性房地产比照固定资产或无形资产进行核算。

2. 采用公允价值模式进行计量的投资性房地产

企业只有存在确凿证据表明投资性房地产的公允价值能够持续可靠取得，才可以对投资性房地产采用公允价值模式进行计量。采用公允价值模式计量投资性房地产，应当同时满足以下两个条件：①投资性房地产所在地有活跃的房地产交易市场；②企业能够从房地产交易市场上取得同类或类似房地产的市场价格及其他相关信息。计量模式一经确定，不得随意变更。成本模式转为公允价值模式的，应当作为会计政策变更，将转换时公允价值与账面价值的差额，调整期初留存收益(未分配利润)。已采用公允价值模式的，不得转为成本模式。

四、投资性房地产的会计处理

采用公允价值模式进行计量的投资性房地产的会计处理为：①外购投资性房地产或自行建造的投资性房地产达到预定可使用状态时，按照其实际成本，借记"投资性房地产(成本)"账户，贷记"银行存款"、"在建工程"等账户。②不对投资性房地产计提折旧或摊销。企业应当以资产负债表日投资性房地产的公允价值为基础调整其账面价值。资产负债表日，投资性房地产的公允价值高于原账面价值的差额，借记"投资性房地产(公允价值变动)"账户，贷记"公允价值变动损益"账户；公允价值低于账面价值的差额，做相反的会计分录。③取得的租金收入，借记"银行存款"账户，贷记"其他业务收入"等账户。

【例 6-20】 某公司购得一块土地使用权，购买价格为 5 000 万元，支付相关手续费等 10 万元，款项全部用银行存款支付。公司购买后准备等其增值后予以转让。编制会计分录如下。

借：投资性房地产　　50 100 000

　贷：银行存款　　50 100 000

【例 6-21】 某公司自行建造零售商铺，准备用于对外出租，该商铺建造过程中发生材料费用 400 万元，用银行存款支付其他相关费用 200 万元，已达到预定可使用状态转为投资性房地产。编制会计分录如下。

借：在建工程　　6 000 000

　贷：工程物资　　4 000 000

　　　银行存款　　2 000 000

借：投资性房地产　　6 000 000

　贷：在建工程　　6 000 000

【例 6-22】 某公司在 2013 年 1 月 1 日用 5 000 万元购买了一栋写字楼，一半自用，一半出租。该公司对投资性房地产采用公允价值模式计量，2013 年 12 月 31 日该写字楼的公允价值为 6 000 万元。2014 年 2 月 1 日该公司将此写字楼全部用于自用，当日写字楼的公允价值为 5 800 万元。

① 2013 年 1 月 1 日购入写字楼

借：固定资产——写字楼　　25 000 000
　　投资性房地产——写字楼(成本)　　25 000 000
　贷：银行存款　　50 000 000

② 2013 年 12 月 31 日对固定资产部分计提折旧(略)，对投资性房地产采用公允价值模式计量

借：投资性房地产——写字楼(公允价值变动损益) 5 000 000
　贷：公允价值变动损益　　5 000 000

③ 2014 年 2 月 1 日将投资性房地产转为固定资产

借：固定资产　　2 900 000
　　公允价值变动损益　　1 000 000
　贷：投资性房地产——写字楼(成本)　　25 000 000
　　　投资性房地产——写字楼(公允价值变动损益)　5 000 000

④ 将公允价值变动损益转入投资收益

借：公允价值变动损益　　4 000 000
　贷：投资收益　　4 000 000

第七节　资产减值核算

一、资产减值概述

(一) 资产减值的概念及其范围

资产的主要特征之一是它必须能够为企业带来经济利益的流入，如果资产不能够为企业带来经济利益或者带来的经济利益低于其账面价值，那么该资产就不能再予以确认，或者不能再以原账面价值予以确认，否则不符合资产的定义，也无法反映资产的实际价值，结果只会导致企业资产虚增和利润虚增。因此，当企业资产的可收回金额低于其账面价值时，企业用当确认资产减值损失，并把资产的账面价值减计至可回收金额。

资产减值是指资产的可收回金额低于其账面价值。企业所有资产在发生减值时，原则上都应当及时加以确认和计量，但由于不同资产的特性不同，其减值会计处理有所不同，所适用的具体准则也有所不同。本章所讨论的减值，仅限于本章所涉及的固定资产、

无形资产等非流动资产的范围。

（二）资产减值的认定

按《企业会计准则》的规定，企业在资产负债表日应当判断资产是否存在可能发生减值的迹象。如果资产存在减值迹象，应当进行减值测试，估计资产的可收回金额。可收回金额低于账面价值的，应当按照可收回金额低于账面价值的金额，计提减值准备。资产存在减值迹象是资产是否要进行减值测试的必要前提，但是有两项资产除外，即因企业合并形成的商誉和使用寿命不确定的无形资产。对于这两类资产，无论是否存在减值迹象，都应当至少于每年年度终了进行减值测试。

存在下列迹象的，说明资产可能发生了减值：

(1) 资产的市价当期大幅度下跌，其跌幅明显高于因时间的推移或者正常使用而预计的下跌。

(2) 企业经营所处的经济、技术或者法律等环境以及资产所处的市场在当期或者将在近期发生重大变化，从而对企业产生不利影响。

(3) 市场利率或者其他市场投资报酬率在当期已经提高，从而影响企业计算资产预计未来现金流量现值的折现率，导致资产可收回金额大幅度降低。

(4) 有证据表明资产已经陈旧过时或者其实体已经损坏。

(5) 资产已经或者将被闲置、终止使用或者计划提前处置。

(6) 企业内部报告的证据表明资产的经济绩效已经低于预期或者将低于预期，如资产所创造的净现金流量或者实现的营业利润（或者亏损）远远低于（或者高于）预计金额等。

(7) 其他表明资产可能已经发生减值的迹象。

上述列举的资产减值迹象并不能穷尽所有减值迹象，企业应根据实际情况来认定资产可能发生的减值。

二、资产可收回金额的估计方法

企业对存在减值迹象的资产，应当进行减值测试，估计可收回金额。

可收回金额应当根据资产的公允价值减去处置费用后的净额与资产预计未来现金流量的现值两者之间较高者确定。处置费用包括与资产处置有关的法律费用、相关税费、搬运费以及为使资产达到可销售状态所发生的直接费用等。资产的公允价值减去处置费用后的净额与资产预计未来现金流量的现值，只要有一项超过了资产的账面价值，就表明资产没有发生减值，不需再估计另一项金额。

（一）资产公允价值减去处置费用后的净额的估计

资产的公允价值减去处置费用后的净额，应按下列顺序确定：

（1）根据公平交易中销售协议价格减去可直接归属于该资产处置费用的金额确定。

（2）不存在销售协议但存在资产活跃市场的，按照该资产的市场价格减去处置费用后的金额确定。资产的市场价格通常应当根据资产的买方出价确定。

（3）在不存在销售协议和资产活跃市场的情况下，应以可获取的最佳信息为基础，估计资产的公允价值减去处置费用后的净额，该净额可以参考同行业类似资产的最近交易价格或者结果进行估计。

（4）按上述方法仍然无法可靠估计资产的公允价值减去处置费用后的净额的，以该资产预计未来现金流量的现值作为其可收回金额。

（二）资产预计未来现金流量现值的确定

资产的未来现金流量包括：①资产持续使用过程中预计产生的现金流入；②为实现资产持续使用过程中产生的现金流入所必需的预计现金流出（包括为使资产达到预定可使用状态所发生的现金流出）；③资产使用寿命结束时，处置资产所收到或者支付的净现金流量。资产的未来现金流量应当是在公平交易中，熟悉情况的交易双方自愿进行交易时，企业预期可从资产的处置中获取或者支付的、减去预计处置费用后的金额。

资产预计未来现金流量的现值，应当按照资产在持续使用过程中和最终处置时所产生的预计未来现金流量，选择恰当的折现率对其进行折现后的金额予以确定。

根据规定，固定资产、无形资产、商誉及采用历史成本计量的投资性房地产，其资产减值损失一经确认，在以后会计期间不得转回。以前期间计提的资产减值准备，需要等到资产处置时才可转出。

三、资产减值的会计处理

企业应当设置“资产减值损失”账户，核算企业计提各项资产减值准备所形成的损失。对于固定资产、无形资产、在建工程、工程物资等资产发生减值的，企业应当按照所确认的可收回金额低于其账面价值的金额，借记“资产减值损失”账户，贷记“固定资产减值准备”、“无形资产减值准备”、“在建工程减值准备”、“工程物资减值准备”等账户。期末，应将“资产减值损失”账户余额转入“本年利润”账户，结转后“资产减值损失”账户无余额。

【例 6-23】 某公司 2013 年年末对一台机器设备进行减值测试。该设备原值为 600 万元，累计折旧 280 万元，2013 年年末账面价值为 320 万元，预计尚可使用 8 年。假定该设备的公允价值减去处置费用后的净额难以确定，该公司通过计算其未来现金流量的现值确定可收回金额。

该公司在考虑了与该设备资产有关的货币时间价值和特定风险因素后，确定10%为该资产的最低必要报酬率，并将其作为计算未来现金流量现值时使用的折现率。公司根据有关部门提供的该设备性能状况和未来每年发展趋势，预计该机器设备在2014—2021年每年预计未来现金流量分别为39.8万元、40.1万元、38.7万元、39.6万元、38.5万元、40.3万元、37.9万元和39.0万元。

根据上述预计未来现金流量和折现率，公司对该设备预计未来现金流量的现值计算如表6-3所示。

表6-3　设备未来现金流量折现值计算

年度	预计未来现金流量/万元	现值系数	预计未来现金流量现值/万元
2014	39.8	0.909 1	36.2
2015	40.1	0.826 4	33.1
2016	38.7	0.751 3	29.1
2017	39.6	0.683 0	27.0
2018	38.5	0.620 9	23.9
2019	40.3	0.564 5	22.7
2020	37.9	0.513 2	19.5
2021	39.0	0.466 5	18.2
合　计			209.7

由于设备账面价值为320万元，可收回金额为209.7万元，其账面价值高于可收回金额110.3万元。公司2013年年末应当将资产的账面价值减记至可收回金额，并将账面价值高于可收回金额的差额确认为当期资产减值损失，计入当期损益，同时计提相应的资产减值准备。编制会计分录如下。

借：资产减值损失　　　　　　　　　　　　　　1 103 000

　贷：固定资产减值准备　　　　　　　　　　　　　1 103 000

【例6-24】 2013年12月31日，某公司对专利权的账面价值进行检查时，发现市场上已存在类似专利技术所生产的产品，从而对该公司产品的销售造成重大不利影响。当时，该专利权的摊余价值为22 000元，剩余摊销年限为5年。按2013年12月31日技术市场的行情，如果该公司将该专利权予以出售，则在扣除相关费用后，可获得18 000元。因此，该公司该专利权的可收回金额为18 000元，该专利权应计提减值损失4 000元(18 000－22 000)。会计处理如下。

借：资产减值损失——计提无形资产减值损失　　　　4 000

　贷：无形资产减值准备　　　　　　　　　　　　　4 000

对于已经计提减值准备的固定资产、无形资产等，应当按照该资产的账面价值以及尚可使用寿命重新计算确定折旧率和折旧额。资产计提减值准备后，企业应当重新复核资产的折旧方法(摊销方法)、预计使用寿命和预计净残值(或预计净残值率),并区别不同情况采用不同的处理方法。

思　考　题

1. 固定资产的定义是如何定义的?固定资产的确认条件是什么?
2. 固定资产有哪几种计价方法?分别说明各种计价方法的定义和作用。
3. 由不同来源渠道取得的固定资产如何确定其价值构成?
4. 影响固定资产计提折旧的因素有哪些?
5. 固定资产后续支出的处理原则是什么?
6. 无形资产的内容有哪些?它们有何特征?
7. 企业的开发支出如何核算?
8. 资产计提减值损失的依据是什么?
9. 什么是资产预计未来现金流量的现值?

练　习　题

练习1

一、目的

掌握固定资产增加的核算。

二、资料

某公司发生下列经济业务:

1. 接受其他单位投资转入设备一台,根据市场价格,双方约定其价值为450 000元。

2. 接受捐赠设备一台,根据发票价值为78 000元,估计已计提折旧23 000元,发生运输费2 100元、安装调试费3 000元。

3. 购入一台需要安装的设备,取得的增值税专用发票上注明的价款为60 000元,增值税税额为10 200元,支付运输费1 000元;设备安装时,领用材料物资价值1 200元,购进该批原材料时支付的增值税税额为204元,支付安装人员工资2 000元。

4. 从2011年年初向银行借入为期3年的长期借款200 000元用于某项固定资产的建设。该借款的利率为10%,采用到期一次还本付息(不计复利)。企业在2011年建造固定资产时发生工料费用189 000元,2012年发生工料费用135 000元,工程于2012年年底达到预定可使用状态。企业于2013年年底偿还长期借款本息。

5. 2011年年初购入机器作为固定资产使用,该机器已收到,不需安装。该机器的总价款为50 000元，分三年支付，2011年年底支付25 000元，2012年年底支付15 000元，2013年年底支付10 000元。假定甲公司三年期银行借款利率为8%。

6. 经国家批准2014年年初建造完成一套核电站核设施，全部成本为200 000 000元，预计使用寿命40年。根据法律规定，企业应当承担环境保护和生态恢复义务，预计发生弃置费用20 000 000元。假定适用的折现率为6%。

三、要求

根据上述经济业务，编制相应的会计分录。

练习2

一、目的

掌握固定资产折旧的核算。

二、资料

某公司有一台设备，原值为250 000元，预计净残值率为3%，预计使用6年。

三、要求

1. 采用直线法计算该设备的年折旧率、月折旧率和年折旧额、月折旧额。
2. 采用双倍余额递减法计算该设备的年折旧率和年折旧额。
3. 采用年数总和法计算该设备的年折旧率和年折旧额。

练习3

一、目的

掌握固定资产后续支出的核算。

二、资料

某公司拥有设备原价300 000元，采用直线法计提折旧，使用寿命为10年，预计净残值为零。在第五年年初企业对该设备的某一主要部件进行更换，以提高设备的整体性能，发生支出合计15 000元，符合准则规定的固定资产确认条件，被更换的部件原价为48 000元。

三、要求

根据上述经济业务，编制相应的会计分录。

练习4

一、目的

掌握固定资产处置的核算。

二、资料

某公司发生下列经济业务：

1. 将一台不需要用的设备出售，该设备的原价为150 000元，已计提折旧45 000元，实际售价为120 000元，已通过银行收回价款。出售时，发生各种清理费用8 000元，已用银行存款支付。

2. 在固定资产清查中，发现盘亏设备一台，账面原价为50 000元，已计提折旧45 000元。

三、要求

根据上述经济业务，编制相应的会计分录。

练习5

一、目的

掌握固定资产减值损失的会计核算。

二、资料

某公司两年前购入一台设备，原价为230 000元，已计提折旧25 000元。2013年年末估计可收回金额为195 000元。

三、要求

根据上述经济业务，编制相应的会计分录。

练习6

一、目的

掌握无形资产研发支出的会计核算。

二、资料

某公司2013年1月1日决定研发某项产品专利技术。在研发过程中，发生材料费6 000万元、人工工资2 000万元、其他费用4 500万元，总计12 500万元，其中，符合资本化条件的支出为7 500万元。2013年12月31日，该专利技术已经达到预定用途，有效地降低了公司的生产成本。

三、要求

根据上述经济业务，编制相应的会计分录。

第七章 负 债

本章要点

(1) 负债的概念、特征及分类。

(2) 应付账款、应付票据的会计处理。

(3) 应付职工薪酬的内容及会计处理。

(4) 应交税费的内容及会计处理。

(5) 长期借款的会计处理。

(6) 应付债券的发行价格及会计处理。

(7) 长期应付款的会计处理。

(8) 债务重组的方式及会计处理。

前面已经讨论了企业的各种资产,即企业拥有和控制的各类经济资源,而这些资源的来源渠道主要有两部分:一部分是所有者投入企业的自有资金,即所有者权益;另一部分是来自债权人的借入资金,即债权人权益。债权人权益的形式主要有:从银行取得的长短期借款;企业在购销活动和非购销活动中占用其他单位或个人的资金;会计期末,企业应付而尚未付的职工薪酬;企业应交而未交的各种税费;企业向社会公开发行尚未到期的债券等。本章主要讨论各种负债的特征、产生原因和偿还方式。

第一节 负债概述

一、负债的概念和特征

负债是指过去的交易或者事项形成的、预期会导致经济利益流出企业的现实的义务。负债主要有以下特征。

1. 负债是过去的交易或者事项形成的

导致负债的交易或者事项必须已经发生,只有实际上已经承担了相应的义务时才能在会计上确认该项负债。例如,企业从银行贷入款项,并已收妥入账。企业未来计划中的交易或事项,如将要向银行申请贷款,不形成负债。

2. 负债预期会导致经济利益的流出

预期会导致经济利益流出企业也是负债的一个本质特征，只有企业在履行义务时会导致经济利益流出企业的，才符合负债的定义，如果不会导致企业经济利益流出的，就不符合负债的定义。在履行现实义务清偿负债时，导致经济利益流出企业的形式多种多样，如以提供劳务形式偿还，部分转移资产、部分提供劳务形式偿还，将负债转为资本等。

3. 负债是企业承担的现时义务

负债必须是企业承担的现时义务，它是负债的一个基本特征。现时义务是指企业在现行条件下已承担的义务。未来发生的交易或者事项形成的义务，不属于现时义务，不应当确认为负债。

二、负债的分类

负债按其流动性，即偿还期的长短可以分为流动负债和非流动负债。

1. 流动负债

凡偿还期短于一年或一个经营周期的为流动负债，包括短期借款、交易性金融负债、应付票据、应付账款、预收账款、应付职工薪酬、应交税费、应付利息、应付股利、其他应付款等。流动负债具有以下特点：①偿还期限，应在一年内或一个营业周期内必须履行的义务；②这项义务要用流动资产或流动负债清偿。

按照流动负债产生的原因分类，可以将流动负债分为以下几种：①借贷形成的流动负债(如从银行和其他金融机构借入的短期借款)；②结算过程中产生的流动负债(如企业购入原材料但货款尚未支付形成的应付账款)；③经营过程中产生的流动负债(如采用权责发生制而产生的应付职工薪酬、应交税费等)；④由于分配利润产生的流动负债(如应付股利)等。

流动负债是会计上一个重要的指标，它不仅反映了企业在一年内要面临的偿还债务的负担，而且通过了解企业流动资产和流动负债的相对比例，可以大致反映出企业的短期偿债能力。

2. 非流动负债

偿还期长于一年或一个经营周期的则为长期负债，包括长期借款、应付债券以及长期应付款等。

非流动负债通过举借长期债务的方式来弥补企业资金的不足，它是企业从债权人那里筹集到的可供长期使用的一项资金来源。它同企业的流动负债相比具有以下特点：①债务偿还期长；②债务金额大；③可以采用分期偿还的方式，或者分期偿还利息，待一定时期后再偿还本金，或者确定债务的日期已满时，一次偿还本息等。非流动负债一般用于企业固定资产的购建和长期投资。

负债的分类与资产的分类相同，将负债划分为流动负债和非流动负债，其以一年或者超过一年的一个营业周期为界限，并且在资产负债表中分别列示，有利于有关信息使用者通过对报表的对比分析，正确评价企业的财务状况，进而对企业的长短期偿债能力作出合理判断。

第二节　流动负债

一、短期借款

短期借款是指企业向银行或其他金融机构借入的期限在一年以下(含一年)的各种借款。为了反映和监督短期借款的取得和归还情况，企业应设置"短期借款"账户。该账户的贷方登记取得短期借款的数额，与"银行存款"等账户的借方相对应；借方登记归还借款的数额，与"银行存款"等账户的贷方相对应；期末余额在贷方，表示尚未归还的借款本金。该账户可按借款种类、债权人和币种设置明细账户。

短期借款的利息，应当直接计入当期财务费用，借记"财务费用"账户，贷记"应付利息"、"银行存款"账户。①如果短期借款的利息是按期支付的(如按季、按半年)，或者利息是在借款到期时连同本金一并支付，并且数额较大的，为了正确计算各期盈亏，可以采用预提的办法，按月预提计入费用。预提时，借记"财务费用"账户，贷记"应付利息"账户；实际支付月份，按已经预提的金额，借记"应付利息"账户，按实际支付的利息金额与预提数的差额，借记或贷记"财务费用"账户，按实际支付的利息金额，贷记"银行存款"账户。②如果企业短期借款利息是按月支付的，或虽不是按月支付但数额不大的，可以不采用预提的方法，而在实际支付或收到银行的计息通知时，直接计入当期损益，借记"财务费用"账户，贷记"银行存款"账户。

【例 7-1】 某公司 2014 年 1 月 1 日从银行借款 6 000 000 元，借款期限为半年，年利率为 8%，每季支付一次利息。会计分录如下。

① 取得借款时

借：银行存款　　6 000 000

　贷：短期借款　　6 000 000

② 1 月末计提利息费用时

借：财务费用(6 000 000×8%÷12)　　40 000

　贷：应付利息　　40 000

2 月做同样的分录

③ 3 月末支付一季度利息时

借：应付利息　　80 000

　　财务费用　　40 000

贷：银行存款 120 000

二季度的利息核算同一季度。

④ 6 月末归还借款时

借：短期借款 6 000 000

贷：银行存款 6 000 000

二、应付票据

应付票据是指企业因购买材料商品和接受劳务供应等而开出、承兑的商业汇票，包括商业承兑汇票和银行承兑汇票。在会计核算上应设置“应付票据”账户进行核算。

商业汇票有带息和不带息两种，应付票据如为带息票据，其票据的面值就是票据的现值。由于我国商业汇票期限较短，因此，通常在期末，对尚未支付的应付票据计提利息，计入当期财务费用；票据到期支付票款时，尚未计提的利息部分直接计入当期财务费用。不带息应付票据，其面值就是票据到期时的应付金额。

企业发生的交易在采用商业汇票结算方式下，如果开出的是商业承兑汇票，必须由付款方（购买单位）承兑；如果为银行承兑汇票，应由购买单位委托银行承兑，银行要按票据面值收取一定比例的手续费。

【例 7-2】 某企业于 2013 年 6 月 1 日 购买 100 000 元原材料，增值税专用发票上注明的增值税税额为 17 000 元。按合同规定，企业开出期限为三个月的银行承兑汇票一张，年利率为 10%，银行按面值的 1‰收取手续费，该企业采用实际成本进行原材料核算。有关账务处理为：

① 缴纳手续费时

借：财务费用 117

贷：银行存款 117

② 持票购买材料时

借：原材料 100 000

应交税费——应交增值税（进项税额） 17 000

贷：应付票据——银行承兑汇票 117 000

③ 到期付款时

借：应付票据——银行承兑汇票 117 000

财务费用——利息费用 2 925

贷：银行存款 119 925

④ 假若票据到期不能付款时

借：应付票据——银行承兑汇票 117 000

财务费用——利息费用 2 925

贷：短期借款　　119 925

如果企业开出的是商业承兑汇票，在无力偿还到期票据的情况下，会计分录如下。

借：应付票据——商业承兑汇票　　117 000

　财务费用——利息费用　　2 925

　贷：应付账款　　119 925

商业承兑汇票由付款人承兑，不通过银行，无须向银行交纳手续费。票据到期时，若付款人无力支付，银行不负责付款，只是将票据退回收款人由双方自行解决。同时，银行对付款人处以一定比例或某一固定金额为起点的罚款。付款单位应将无力支付的票款转入"应付账款"账户。

当企业的生产经营资金周转发生困难时，可向银行或其他金融机构申请票据贴现。贴现借款额等于票据的到期价值减去贴现息，票据贴现息由银行预先扣除，如数额不大，企业可直接计入当期损益。贴现息计算公式如下：

贴现息＝票据到期价值×贴现率×贴现期

【例 7-3】 某公司向银行签发为期 3 个月、票面金额为 100 00 元的应付票据，按年利率 9%的贴现率贴现，利息由银行预先扣除，借款企业到期还款时偿付票面金额。票据贴现计算及会计分录为：

票据贴现息＝100 000×9% ×3÷12＝2 250 (元)

票据贴现额＝100 000－2 250＝97 750(元)

① 申请贴现时

借：银行存款　　97 750

　财务费用　　2 250

　贷：应付票据　　100 000

② 票据到期时

借：应付票据　　1 00 000

　贷：银行存款　　1 00 000

三、应付账款

应付账款是指因购买材料、商品或接受劳务供应等而发生的债务。这种负债主要是由于买卖双方在购销活动中取得物资与支付货款在时间上不一致而产生的。应付账款一般会在较短期限内支付。

为反映企业因购买材料、商品和接受劳务等而产生的债务及其偿还情况，应设置"应付账款"账户。该账户的贷方登记企业购买材料、商品、接受劳务的应付未付款项，借方登记偿还应付账款以及因其他各种原因冲销的应付账款，贷方余额表示尚未支付的应付账款。该账户可按债权人设置明细账进行明细分类核算。

企业购入材料、物资已验收入库，但货款尚未支付时，为简化日常核算，平时可不进行账务处理，待月内收到结算凭证并付款时，借记“原材料”等账户，按专用发票上注明的增值税额，借记“应交税费——应交增值税(进项税额)”等账户，贷记“银行存款”账户。如果月末仍有未付款的材料物资，则需根据收料凭证区分材料物资项目，按计划成本估价入账，借记“原材料”等账户，贷记“应付账款”账户。下月初，用红字做同样的记录，予以冲回，以便下月付款时，按正常程序核算。

【例 7-4】 某企业向某公司购入材料一批，已验收入库，材料价款为 40 000 元，适用的增值税税率为 17%，尚未支付货款。编制会计分录如下。

① 收到材料时

借：原材料　　40 000

　　应交税费——应交增值税(进项税额)　　6 800

　贷：应付账款　　46 800

② 支付货款时

借：应付账款　　46 800

　贷：银行存款　　46 800

③ 如果到期无力支付，经与供货方协商，购货方开出面额为 46 800 元、期限为 30 天的商业承兑汇票一张，抵付货款。应编制会计分录如下。

借：应付账款　　46 800

　贷：应付票据——商业承兑汇票　　46 800

应付账款的入账金额与销货方提供的付款条件有关。如果销货方提供了现金折扣条件，那么按照不同的处理方法，应付账款的入账金额就不同。处理方法包括总价法和净价法两种，在前面章节已述及，我国一般采用总价法。

【例 7-5】 企业从 D 公司赊购原材料一批，货款金额为 10 000 元，适用的增值税税率为 17%，折扣条件为“2/10、n/30”，应编制如下会计分录。

① 赊购原材料时

借：原材料　　10 000

　　应交税费——应交增值税(进项税额)　　1 700

　贷：应付账款——D 公司　　11 700

② 若 10 天内付款

借：应付账款——D 公司　　11 700

　贷：银行存款　　11 500

　　　财务费用　　200

③ 超过 10 天付款

借：应付账款——D 公司　　11 700

　贷：银行存款　　11 700

四、预收账款

预收账款是指买卖双方协议商定，由购货方预先支付一部分货款给供应方而产生的一项负债。预收账款的核算应视企业的具体情况而定。如果预收账款比较多，可以设置“预收账款”账户；如果预收账款不多，也可以不设置“预收账款”账户，直接记入“应收账款”账户的贷方。单独设置“预收账款”账户核算的，其“预收账款”账户的贷方，反映预收的货款和补付的货款；借方反映应收的货款和退回多收的货款；期末贷方余额，反映尚未结清的预收款项，借方余额反映应收的款项。

【例 7-6】 某公司为增值税一般纳税企业，与 M 公司签订供销合同，供货价款 80 000 元，应纳增值税 13 600 元。M 公司先预付全部款项的 40%，剩余款项待交货后付清。有关账务处理如下。

① 收到预付货款时

借：银行存款	37 440	
贷：预收账款		37 440

② 提交货物时

借：预收账款	93 600	
贷：营业收入		80 000
应交税费——应交增值税(销项税额)		13 600

③ 订货单位补付货款时

借：银行存款	56 160	
贷：预收账款		56 160

五、应付职工薪酬

(一) 职工薪酬的内容

职工薪酬是指企业为获得职工提供的服务而给予的各种形式的报酬以及其他相关支出。具体来讲，职工薪酬包括：①职工工资、奖金、津贴和补贴；②职工福利费；③医疗保险费、养老保险费、失业保险费、工伤保险费和生育保险费等社会保险费；④住房公积金；⑤工会经费和职工教育经费；⑥非货币性福利；⑦因解除与职工的劳动关系给予的补偿(简称“辞退福利”)；⑧其他与获得职工提供的服务相关的支出。其中，非货币性薪酬主要为非货币性福利，通常包括企业以自己的产品或其他有形资产发放给职工作为福利，向职工无偿提供自己拥有的资产使用、为职工无偿提供类似医疗保健等服务。

(二) 应付职工薪酬的会计处理

为了核算职工薪酬的分配和发放情况，企业需设置“应付职工薪酬”账户。企业应付给职工的工资总额，不论是否在当月支付，都应通过“应付职工薪酬”账户核算。在实际工作中，往往要从应付职工薪酬中代扣职工应该缴纳的各种款项，如代扣的个人所得税等。这样每月用现金直接发给职工个人的工资就等于应付职工薪酬减去代扣款项之后的差额。支付工资时，实际支付给职工的部分，借记“应付职工薪酬”账户，贷记“银行存款”账户或“现金”账户；由企业代扣代缴的各种扣款，借记“应付职工薪酬”账户，贷记“其他应收款”等账户。这个账户贷方余额表示应付未付的工资额。

对企业各月应发放的工资总额，期末应按照职工所在的工作岗位进行分配，计入有关的成本费用项目。例如，生产工人工资计入生产成本，车间管理人员工资计入制造费用，企业行政管理人员工资计入管理费用。

【例 7-7】 某公司 2014 年 6 月“工资汇总表”上列示应付职工薪酬 400 000 元。其中，生产工人工资 250 000 元，车间管理人员工资 60 000 元，厂部管理人员工资 50 000 元，销售人员工资 40 000 元。代扣职工个人所得税 40 000 元，实发工资 360 000 元。有关账务处理如下。

① 发放工资时

借：应付职工薪酬　　360 000

　贷：银行存款　　360 000

② 代扣款项时

借：应付职工薪酬　　40 000

　贷：应交税费——应交个人所得税　　40 000

③ 将本月应付职工薪酬分配计入相关的成本、费用时

借：生产成本　　250 000

　　制造费用　　60 000

　　管理费用　　50 000

　　销售费用　　40 000

　贷：应付职工薪酬　　400 000

（三）非货币性福利

非货币性福利是指企业以自己的产品或外购商品发放给职工作为福利，企业提供给职工无偿使用自己拥有的资产或租赁资产供职工无偿使用，其处理方法如下：①企业以其自产的产品或外购商品作为非货币性福利提供给职工的，应当根据受益对象，按照该产品或商品的公允价值和相关税费计入相关资产成本或当期费用，同时确认应付职工薪酬。②将企业拥有的住房等资产无偿向职工提供使用的，应当根据受益对象，将住房每期应计提的折旧计入相关资产成本或费用，同时确认应付职工薪酬。租赁住房等资产供职工无偿使用的，应当根据受益对象，将每期应付的租金计入相关资产成本或费用，并确认应付

职工薪酬。难以认定受益对象的非货币性福利，直接计入当期损益，并确认应付职工薪酬。

【例 7-8】 乙公司为一家彩电生产企业，共有职工 200 名。2014 年 1 月，公司以其生产的成本为 9 000 元的液晶彩电作为福利发放给公司职工。该型号液晶彩电的售价为每台 13 000 元，乙公司适用的增值税税率为 17%。假定 200 名职工中 170 名为直接参加生产的职工，30 名为总部管理人员。编制会计分录如下。

彩电的增值税销项税额 ＝170×13 000×17%＋30×13 000×17%

＝375 700＋66 300＝442 000(元)

① 商品的公允价值计入相关成本或当期费用

借：生产成本(170×13 000＋375 700)　　2 585 700

　　管理费用(30×13 000＋66 300)　　456 300

　贷：应付职工薪酬——非货币性福利　　3 042 000

② 确认销售收入和应交增值税

借：应付职工薪酬——非货币性福利　　3 042 000

　贷：主营业务收入　　2 600 000

　　　应交税费——应交增值税(销项税额)　　442 000

③ 结转库存商品成本

借：主营业务成本　　1 800 000

　贷：库存商品　　1 800 000

【例 7-9】 丙公司为总部部门经理级别以上职工每人提供一辆桑塔纳汽车免费使用，该公司总部共有部门经理以上职工 20 名，假定每辆桑塔纳汽车每月计提折旧 1 000 元；该公司还为 5 名副总裁以上高级管理人员每人租赁一套公寓免费使用，月租金为每套 8 000 元。编制会计分录如下。

借：管理费用　　60 000

　贷：应付职工薪酬——非货币性福利　　60 000

借：应付职工薪酬——非货币性福利　　60 000

　贷：累计折旧　　20 000

　　　其他应付款　　40 000

会计报表附注中应当披露企业每月为部门经理无偿提供用车、为副总裁以上高级管理人员租赁公寓免费使用等非货币性福利 60 000 元。

六、应交税费

应交税费是指企业在会计期末应交而未交的各种税费，企业在一定时期内取得的营业收入和实现的利润，要按照规定向国家缴纳各种税费。就税金而言，目前企业缴纳的主要税金按照课税对象分类分为：①流转税，即按商品和劳务的流转额征收的税，如增值税、消费税、营业税等；②按照纳税人占有和支配财产征收的税，如房产税、车船税、土地使用税等；③按纳税人利用自然资源取得的收益征收的税，为资源税；④按纳税人所得额征收的税，为所得税；⑤按特定目的征收的税，如城市维护建设税、土地增值税、耕地占用税等；⑥按纳税人特定行为征收的税，如印花税等。“应交税费”中的费是指以非税收的形式上缴给国家财政部门的款项，如教育费附加等。

为了总括地反映和监督企业应交税费的计算和缴纳情况，应设置“应交税费”账户。该账户贷方登记应缴纳的税费、出口退还的税费以及退回多缴的税费；借方登记已缴纳的税费及当月增值税的进项税额。其贷方余额表示尚未缴纳的税费，借方余额表示多缴的税金及增值税应税项目进项税额大于销项税额，留待以后继续抵扣的税额。该账户按企业应缴纳的各种税金设置明细账户，分别核算。

（一）增值税

增值税是对在我国境内销售货物或者提供加工、修理修配劳务，以及进口货物的单位和个人，就其取得的货物或应税劳务销售额，以及进口货物全额计算税款，并实行税款抵扣制的一种流转税。按照规定，企业购入货物或接受劳务必须取得相关凭证，其进项税额才能予以扣除。值得注意的是，按照修订后的《中华人民共和国增值税暂行条例》(简称《增值税暂行条例》)，企业购入的机器设备等生产经营固定资产所支付的增值税在符合税收法规规定的情况下，也应从销项税额中扣除，不再计入固定资产成本。按照税收法规规定，企业购入的用于集体福利或个人消费等目的的固定资产而支付的增值税，不能从销项税额中扣除，仍应计入固定资产成本。从计税原理上看，增值税是对商品生产和流通中各环节的增值额或附加价值计税。但在实务中增值额或附加价值是难以准确计量的。因此，我国增值税采用了价外间接计税的办法。

增值税的纳税义务人按其经营规模、会计核算的健全程度可分为一般纳税人和小规模纳税人。一般纳税人是指年应征增值税销售额超过《增值税暂行条例》规定的小规模纳税人标准的企业。而对于个人、非企业单位、不经常发生应税行为的企业，都视同小规模纳税人。小规模纳税人是指年应征增值税销售额在规定标准以下，并且会计核算不健全，不能按规定报送有关税务资料的增值税纳税企业。

1. 一般纳税人

一般纳税人在账务处理上的主要特点有：①在购进阶段，账务处理时实行价与税的分离，价与税分离的依据为增值税专用发票上注明的价款和增值税，属于价款部分，计入购入货物的成本；属于增值税额部分，计入进项税额。②在销售阶段，销售价格中不再含税，如果定价时含税，应还原为不含税价格作为销售收入，将向购买方收取的增值税作为销项税额。目前一般纳税企业增值税的基本税率为17%，低税率为13%。

一般纳税人应纳增值税税额为当期销项税额减去进项税额后的余额，计算公式为：

本期应纳增值税税额 = 本期销项税额合计 − 本期进项税额合计

为了反映增值税的结算情况，企业应缴纳的增值税，应在“应交税费”账户下设置“应交增值税”明细账户进行核算。“应交税费——应交增值税”账户分别设置“进项税额”、“已交税金”、“销项税额”、“出口退税”、“进项税额转出”、“转出未交增值税”、“转出多交增值税”等专栏。

【例 7-10】 W公司于2013年10月购入一批原材料，增值税专用发票上注明原材料价款400 000元，进项税额为68 000元。货款已支付，原材料已验收入库。公司当月产品销售收入为600 000元，销项税额102 000已收到，存入银行。会计分录应为：

① 借：原材料　400 000
　　应交税费——应交增值税（进项税额）　68 000
　贷：银行存款　468 000

② 借：银行存款　702 000
　贷：主营业务收入　600 000
　　应交税费——应交增值税（销项税额）　102 000

假设W公司当月购销活动仅为上述业务，该公司应纳增值税为102 000−68 000=34 000（元）。

2. 小规模纳税人

小规模纳税人进行增值税会计处理时，对购入的货物无论是否具有增值税专用发票，其支付的增值税额均不计入进项税额，不得由销项税额抵扣，而应计入所购货物成本。相应地，其他企业从小规模纳税人购入货物或接受劳务支付的增值税额，也不能作为进项税额抵扣。

小规模纳税人与一般纳税人核算增值税的区别是：①小规模纳税人在一般情况下，只能开具普通发票，不能开具增值税专用发票；②小规模纳税人销售商品或提供劳务，实行简易办法计算应纳税额，按照销售额的一定比例计算，并直接通过“应交税费——应交增值税”账户进行核算，无须设专栏；③小规模纳税人的销售额不包括其应纳税额，故应将含税销售额换算后再计算应交增值税，计算公式为：销售额=含税销售额÷(1+征收率)。自2009年1月1日起，小规模纳税人增值税征收率由过去的6%和4%一律调整为3%，不再设置工业和商业两档征收率。

【例 7-11】 某企业已被核定为小规模纳税人，本期购入原材料，按照增值税专用发票上记载的原材料价款为20 000元，支付的增值税税额为3 400元，企业已支付货款和增值税。货到并验收入库。该企业本期销售产品含税价格为30 900元，贷款收到并存入银行。根据上述业务，企业应做如下账户处理。

① 购进材料时

借：原材料　　23 400

　贷：银行存款　　23 400

② 销售商品时

不含税价格 ＝［30 900 ÷ (1 ＋ 3％)］＝ 30 000(元)

应交增值税 ＝ (30 000 × 3％) ＝ 900(元)

借：银行存款　　30 900

　贷：主营业务收入　　30 000

　　应交税费——应交增值税(销项税额)　　900

3. 营业税改征增值税(简称营改增)试点有关企业会计处理

(1) 试点纳税人差额征税的会计处理。

① 一般纳税人的会计处理。一般纳税人提供应税服务，试点期间按照营业税改征增值税的有关规定允许从销售额中扣除其支付给非试点纳税人价款的，应在“应交税费——应交增值税”账户下增设“营改增抵减的销项税额”专栏，用于记录该企业因按规定扣减销售额而减少的销项税额；同时，“主营业务收入”、“主营业务成本”等相关账户应按经营业务的种类进行明细核算。

企业接受应税服务时，按规定允许扣减销售额而减少的销项税额，借记“应交税费——应交增值税(营改增抵减的销项税额)”账户，按实际支付或应付的金额与上述增值税额的差额，借记“主营业务成本”等账户，按实际支付或应付的金额，贷记“银行存款”、“应付账款”等账户。

对于期末一次性进行账务处理的企业，期末，按规定当期允许扣减销售额而减少的销项税额，借记“应交税费——应交增值税(营改增抵减的销项税额)”账户，贷记“主营业务成本”等账户。

② 小规模纳税人的会计处理。小规模纳税人提供应税服务，试点期间按照营业税改征增值税有关规定允许从销售额中扣除其支付给非试点纳税人价款的，按规定扣减销售额而减少的应交增值税应直接冲减“应交税费——应交增值税”账户。

企业接受应税服务时，按规定允许扣减销售额而减少的应交增值税，借记“应交税费——应交增值税”账户，按实际支付或应付的金额与上述增值税额的差额，借记“主营业务成本”等账户，按实际支付或应付的金额，贷记“银行存款”、“应付账款”等账户。

对于期末一次性进行账务处理的企业，期末，按规定当期允许扣减销售额而减少的应交增值税，借记“应交税费——应交增值税”账户，贷记“主营业务成本”等账户。

(2) 增值税期末留抵税额的会计处理。试点地区兼有应税服务的原增值税一般纳税人，截至开始试点当月月初的增值税留抵税额按照营业税改征增值税有关规定不得从应税服务的销项税额中抵扣的，应在“应交税费”账户下增设“增值税留抵税额”明细账户。

开始试点当月月初，企业应按不得从应税服务的销项税额中抵扣的增值税留抵税额，借记“应交税费——增值税留抵税额”账户，贷记“应交税费——应交增值税(进项税额转出)”账户。待以后期间允许抵扣时，按允许抵扣的金额，借记“应交税费——应交增值税(进项税额)”账户，贷记“应交税费——增值税留抵税额”账户。

“应交税费——增值税留抵税额”账户期末余额应根据其流动性在资产负债表中的“其他流动资产”项目或“其他非流动资产”项目列示。

(3) 取得过渡性财政扶持资金的会计处理。试点纳税人在新老税制转换期间因实际税负增加而向财税部门申请取得财政扶持资金的，期末有确凿证据表明企业能够符合财政扶持政策规定的相关条件且预计能够收到财政扶持资金时，按应收的金额，借记“其他应收款”等账户，贷记“营业外收入”账户。待实际收到财政扶持资金时，按实际收到的金额，借记“银行存款”等账户，贷记“其他应收款”等账户。

(二) 消费税

为了调整产业结构，正确引导消费方向，国家在普遍征收增值税的基础上，选择部分消费品再征收一道消费税。

消费税是指在我国境内生产、委托加工和进口烟、酒及酒精、化妆品、护发护肤品、贵重首饰及珠宝玉石、鞭炮和烟火、汽油、柴油、汽车轮胎、摩托车、小汽车等消费品的单位和个人计征的一种流转税，就其销售额而征收的一种销售税。消费税实行价内计征，其应纳税额的计算实行从价定率和从量定额的办法，具体计算公式如下：

从价定率下的应纳消费税 = 销售额 × 适用税率

从量定额下的应纳消费税 = 销售数量 × 单位税额

企业应设置“应交税费——应交消费税”账户。企业销售应税消费品或用应税消费品换取物资、抵偿债务时，应将发生的消费税借记“营业税金及附加”账户，贷记“应交税费——应交消费税”账户。当企业用应税消费品对外投资或用于在建工程、非生产机构等其他方面时，应将发生的消费税借记“长期股权投资”、“在建工程”、“营业外支出”等账户，贷记“应交税费——应交消费税”账户。企业实际缴纳消费税时，借记“应交税费”账户，贷记“银行存款”账户。

【例 7-12】 某企业某月份销售 5 轿车，每辆销售价格 80 000 元(不含增值税)，货款已存入银行。该企业适用的增值税税率为 17%，轿车应纳消费税税率为 10%。编制会计分录如下。

应向购买方收取的增值税额 = 80 000 × 5 × 17% = 68 000(元)

应缴纳的消费税 = 80 000 × 5 × 10% = 40 000(元)

借：银行存款　　468 000

　贷：主营业务收入　　400 000

应交税费——应交增值税（销项税额）　　68 000
借：营业税金及附加　　40 000
　贷：应交税费——应交消费税　　40 000

（三）营业税

营业税的纳税人是在我国境内提供应税劳务、转让无形资产或销售不动产的单位和个人。营业税按照营业税额和规定的税率计算应纳税额，计算公式为："应纳税额＝营业额×适用税率"。其中，营业额是指企业提供应税劳务、转让无形资产或者销售不动产向对方收取的全部价款和价外费用；价外费用包括向对方收取的手续费、基金、集资费、代收款项、代垫款项等价外收费。

企业按规定应缴纳的营业税，在"应交税费"账户下设置"应交营业税"明细账户进行核算，同时，应根据应税项目的内容和性质，分别记入"营业税金及附加"、"其他业务支出"、"固定资产清理"等账户。

【例 7-13】　某营业税纳税人，当月营业额为 400 000 元，款已收妥，适用营业税税率为 5%，编制会计分录如下。

借：银行存款　　400 000
　贷：主营业务收入　　400 000
借：营业税金及附加　　20 000
　贷：应交税费——应交营业税　　20 000
借：应交税费——应交营业税　　20 000
　贷：银行存款　　20 000

（四）城市维护建设税和教育费附加

城市维护建设税是一种附加税。按照现行税法规定，城市维护建设税应根据应交增值税、消费税和营业税之和的一定比例计算缴纳。城市维护建设税也是一种价内税，应由形成应交税费的各种收入来补偿。城市维护建设税的计算公式为：

应纳税额 ＝ 企业实际缴纳的增值税、消费税、营业税之和 × 税率

城市维护建设税适用税率按纳税人所在地区不同，分为以下三档差别比例税率，即：①纳税人所在地为市区的，税率为 7%；②纳税人所在地为县城、镇的，税率为 5%；③纳税人所在地不在市区、县城或者镇的，税率为 1%。

教育费附加指按规定以非税收形式上缴给国家财政机关的款项，其会计处理与城市维护建设税相同。

【例 7-14】　2013 年 10 月，某市区企业实际缴纳增值税 6 000 元、营业税 2 000 元、消费税 3 000 元。城市维护建设税计算及缴纳的会计处理如下。

计提应纳城市维护建设税 $= (6\,000 + 2\,000 + 3\,000) \times 7\% = 770$(元)

借：营业税金及附加　　770

　贷：应交税费——应交城市维护建设税　　770

（五）资源税

资源税是国家为了调节资源级差，保障企业公平竞争，对在我国境内开采矿产品或者生产盐的单位和个人征收的一种税。资源税的确定通常采用从量定额的方法计算，公式为："应纳税额＝课税数量×单位税额"。其中，课税数量为：开采或者生产应税产品销售的，以销售数量为课税数量；开采或者生产应税产品自用的，以自用数量为课税数量。

企业对外销售发生资源税时，应借记"营业税金及附加"账户，贷记"应交税费——应交资源税"；企业自用应税资源税产品时，应借记"生产成本"、"管理费用"账户，贷记"应交税费——应交资源税"，缴纳资源税时，借记"应交税费——应交资源税"账户，贷记"银行存款"账户。

（六）土地增值税

土地增值税是国家为了规范土地、房地产市场交易秩序，合理调节土地增值收益，对出让国有土地使用权、地上建筑物及其附着物并取得收入的单位和个人征收的一种税。

会计处理时，企业缴纳的土地增值税通过"应交税费——应交土地增值税"账户核算。兼营房地产业务的企业，应由当期收入负担的土地增值税，借记"营业税金及附加"账户，贷记"应交税费——应交土地增值税"账户。转让的国有土地使用权连同地上建筑物及其附着物一并在"固定资产"、"在建工程"账户核算的，转让时应缴纳的土地增值税，借记"固定资产清理"、"在建工程"账户，贷记"应交税费——应交土地增值税"账户。

（七）其他税费

企业按规定计算应缴纳的房产税、土地使用税、车船税、矿产资源补偿费应作为管理费用，并通过"应交税费"账户核算。企业缴纳的印花税，由于不存在与税务机关的结算问题，故直接作为"管理费用"进行会计处理，不需要通过"应交税费"账户核算。

七、其他流动负债

（一）应付利息

应付利息是指企业按照合同约定应支付的利息，包括吸收存款、分期付息到期还本的长期借款、企业债券等应支付的利息。

企业在资产负债表日，应按摊余成本和实际利率计算确定的利息费用，借记"利息支出”、“在建工程”、“财务费用”、“研发支出”等账户,按合同利率计算确定的应付未付利息,贷记“应付利息”,按借贷双方之间的差额,借记或贷记“长期借款——利息调整”等账户。

(二) 应付股利

应付股利是指股份有限公司取得净利润后,应向股东分配的现金股利或利润。企业股东大会或类似机构审议批准的利润分配方案、宣告分配的现金股利或利润,在实际支付前形成企业的负债。企业宣告发放现金股利或利润,借记“利润分配”账户,贷记“应付股利”账户。企业实际支付现金股利或利润时,借记“应付股利”账户,贷记“银行存款”账户。

应付利润是指非股份公司取得净利润以后,应向投资者分配的利润,具体是通过设置“应付利润”账户核算的。

企业董事会或类似机构通过的利润分配方案中拟分配的现金股利或利润,不应确认为负债,但应在附注中披露。

【例 7-15】 某股份有限公司 2013 年年末根据股东大会决议,宣布分派现金股利:每 10 股送 2 元,公司的普通股为 20 000 000,年初用银行存款支付。编制会计分录如下。

① 年终结宣布分配方案时

借:利润分配——应付普通股股利　　4 000 000

　贷:应付股利　　4 000 000

② 支付股利时

借:应付股利　　4 000 000

　贷:银行存款　　4 000 000

(三) 其他应付款

其他应付款是指企业除应付票据、应付账款、预收账款、应付职工薪酬、应付利息、应付股利、应交税费、长期应付款等以外的其他各项应付、暂收的款项。

为了总括地反映和监督其他应付款的增减变动及结存情况,应设置“其他应付款”账户。该账户的贷方登记各种款项的应付和暂收,借方登记各种款项的支付,贷方余额表示应付未付的款项。该账户按应付和暂收等款项的类别和单位或个人设置明细账进行明细分类核算。

(四) 非流动负债中的流动部分

企业发行的公司债券、长期借款等长期债务,如果将在下一会计年度(或下一营业周期)内到期,其性质与其他流动负债并无不同,都需用流动资产或流动负债加以清偿,因此,应将其视为流动负债,并以“一年内到期的非流动债务”项目列示在资产负债表的流动负债项下,但不必做任何账务处理。

第三节 非流动负债

一、借款费用

（一）借款费用的概念及范围

借款费用是指企业因借入资金所付出的代价，它包括借款利息费用（包括借款折价或者溢价的摊销和相关辅助费用）以及因外币借款而发生的汇兑差额等。

(1) 因借款而发生的利息。包括企业向银行或者其他金融机构等借入资金发生的利息、发行公司债券发生的利息以及为构建或者生产符合资本化条件的资产而发生的带息债务所承担的利息等。

(2) 因借款而发生的折价或者溢价的摊销。这主要是指企业发行债券所发生的折价或者溢价，发行债券中的折价或者溢价，其实质是对债券票面利息的调整（即将债券票面利率调整为实际利率），因此属于借款费用的范畴。

(3) 因借款而发生的辅助费用。这是指企业在借款过程中发生的手续费、佣金、印刷费等费用。由于这些费用是因安排借款而发生的，也属于借入资金所付出的代价，是借款费用的组成部分。

(4) 因外币借款而发生的汇兑差额。这是指由于汇率变动导致市场汇率与账面汇率出现差异，对外币借款本金及其利息的记账本位币金额所产生的影响金额，即折合差额。

（二）借款费用的处理方法

借款费用可以采取两种处理方法：一是借款费用于发生时直接确认为当期费用，即借款费用计入财务费用；二是借款费用予以资本化。借款费用资本化，是指借款费用在企业的财务报表中作为购置某些资产的一部分历史成本。

（三）借款费用资本化的范围

企业发生的借款费用，可直接归属于符合资本化条件的资产的购建或者生产的，应当予以资本化，计入相关资产成本；其他借款费用，应当在发生时根据其发生额确认为费用，计入当期损益。符合资本化条件的资产，是指需要经过相当长时间的购建或者生产活动才能达到预定可使用或者可销售状态的固定资产、投资性房地产和存货等资产。

专门借款（为购建或者生产符合资本化条件的资产而借入的）和一般借款（除专门借款以外的其他借款）在符合资本化条件下发生的借款费用均可进行资本化。

二、长期借款

长期借款是指企业向银行或其他金融机构以及其他单位借入的，偿还期在一年以上（不含一年）的借款。

目前，我国企业的长期借款主要是从银行取得的。按归还期限，可分为定期偿还的长期借款和分期偿还的长期借款；按使用结果，可分为形成固定资产的长期借款和形成流动资产的长期借款；按借款条件，可分为抵押借款、担保借款和信用借款；按借入的币种，可分为人民币借款和外币借款。

企业进行长期借款核算时，需要注意以下几个问题：

(1) 长期借款应按照其摊余成本计量。在资产负债表日，企业应按照长期借款的摊余成本和实际利率计算确定长期借款的利息费用。

(2) 长期借款所发生的利息费用，应分用途按期计入在建项目的成本或计入当期财务费用。如果该项长期借款用于购建固定资产，应将利息费用分期计入所购建固定资产的价值。若该项长期借款是固定资产已达到预定可使用状态后发生的，应按月计入当期损益。

(3) 外币借款所发生的外币折合差额，均应按照外币业务核算的有关规定，按期计算汇兑损益，计入在建工程成本或当期损益。

为了反映和监督长期借款的取得、归还和结欠情况，企业应设置“长期借款”账户。该账户属于负债类账户，下设“本金”和“利息调整”两个明细账户。“长期借款——本金”账户反映长期借款本金的取得和归还，“长期借款——利息调整”账户反映利息费用和应付利息之间的差额。

【例 7-16】 某企业 2012 年 1 月 1 日向银行借入资金 2 000 万元，借款年利率 8%，期限两年，单利计算，每年年末支付利息，到期一次还本，该企业用此借款建造营业用房。2012 年共发生各项工程支出 1 300 万元。2013 年 6 月 30 日前又发生各项工程支出 700 万元，该营业用房于 2013 年 6 月底竣工并交付使用。编制会计分录如下。

① 借入资金时

借：银行存款　　20 000 000

　贷：长期借款　　20 000 000

② 2012 年发生工程支出时

借：在建工程　　13 000 000

　贷：银行存款(等相关账户)　　13 000 000

③ 2012 年年末结算借款利息时

借：在建工程　　1 600 000

　贷：应付利息　　1 600 000

④ 2012 年年末支付利息时

借：长期借款　　1 600 000

　贷：银行存款　　1 600 000

⑤ 2013 年发生工程支出时

借：在建工程　　7 000 000

　贷：银行存款（等相关账户）　　7 000 000

⑥ 2013 年 6 月 30 日竣工前结算利息时

借：在建工程　　800 000

　贷：应付利息　　800 000

⑦ 营业用房竣工时

借：固定资产　　22 400 000

　贷：在建工程　　22 400 000

⑧ 2013 年 7 月末预提借款利息时

借：财务费用　　133 333

　贷：应付利息　　133 333

⑨ 2013 年 8—12 月按月预提利息会计分录同⑧

⑩ 到期还本付息（2013 年的利息）时

借：长期借款　　20 000 000

　　应付利息　　1 600 000

　贷：银行存款　　21 600 000

三、应付债券

（一）债券的概念及种类

债券是企业或政府向社会公众筹集资金而向出资者出具的债务凭证。债券持有者凭借债券有权在约定期限内要求发行者还本付息。政府发行的债券称为公债（或国库券），企业发行的债券称为公司债券。超过一年期以上的公司债券，构成一项长期负债。

公司债券可以按不同标准进行分类：①按有无担保，分为信用债券和担保债券。信用债券是指没有财产作为担保，而仅凭其信用而发行的债券；担保债券是指用财产作为担保而发行的债券。②按是否记名，分为记名债券和无记名债券。记名债券是指在券面上注明债权人姓名，同时在发行公司的账簿上做同样登记的债券；无记名债券是指券面上未注明债权人姓名，也不在公司账簿上登记其姓名的债券。③按是否可转换为股票，分为可转换公司债券和不可转换公司债券。可转换公司债券是指根据发行契约允许持券人按预定的条件、时间和转换率将持有的债券转换为公司普通股票的债券；不享有这种权利的债券则为不可转换公司债券。

（二）债券的面值与发行价格

债券的面值指债券的票面价值，包括票面价值的币种和票面金额两个基本内容。票面价值币种的选择应依据债券发行的对象和需要确定。债券的票面金额是举债人于到期日应偿还的本金额。

债券的发行价格是指企业在发行债券时，向债券投资者收取的全部现金或现金等价物。债券的发行价格受很多因素的影响，但主要因素为债券的面值、期限、利率以及利息支付方式。企业发行债券时票面上规定的利率是固定不变的，而实际市场利率往往与票面利率不一致。因此，企业发行债券的价格，应根据债券票面利率与市场利率的变化关系而定。如果票面利率与市场利率一致，债券可按面值发行。如果市场利率高于票面利率，债券必须折价发行。如果市场利率低于票面利率，债券应溢价发行。应付债券的期限较长，发行企业按规定应在债券到期时和支付利息日，将债券面值、应计利息归还给投资者。但由于货币时间价值即利息因素的作用，到期时债券的价值必然大于其面值及应计利息。因此，债券的发行价格应以债券到期偿还的本息的现值确定。

债券的发行价格，就是将到期偿还的债券面值以实际利率换算的现值与按债券票面利率计算每期发放的利息以实际利率换算的现值之和，即债券的本金和票面利息按发行时的市场利率折算的现值。计算公式为：

债券发行价格 ＝ 债券面值的复利现值 ＋ 债券利息的年金现值

（三）债券的发行

企业发行的长期债券，设置“应付债券”账户，核算企业为筹集长期资金而实际发行的债券及应付的利息。在“应付债券”账户下设置“面值”、“利息调整”和“应计利息”明细账户。

无论是按面值发行，还是溢价或折价发行，均按债券面值记入“应付债券”账户的“面值”明细账户，实际收到的价款与面值的差额，记入“利息调整”明细账户。债券的溢价或折价，在债券的存续期间内进行摊销，摊销方法一般可采用直线摊销法和实际利率摊销法。债券上的应计利息，应按照权责发生制的原则按期预提，一般可按年预提。

【例 7-17】 某公司 2009 年 1 月 1 日发行面额为 1 000 元、每年付息两次、付息期规定为 6 月 30 日及 12 月 31 日的票面利率为 12％的五年期公司债券 10 万张。假定发行时市场利率有以下三种情况。

① 市场利率为 12％，则债券平价发行，编制会计分录如下。

借：银行存款　　　　100 000 000

贷：应付债券——面值　　100 000 000

② 市场利率为10%，则债券溢价发行，发行价格为107 721 734.93元，编制会计分录如下。

借：银行存款　　107 721 734.93

贷：应付债券——面值　　100 000 000

应付债券——利息调整　　7 721 734.93

③ 市场利率为14%，则债券折价发行，发行价格为92 976 418.46元，编制会计分录如下。

借：银行存款　　92 976 418.46

应付债券——利息调整　　7 023 581.54

贷：应付债券——面值　　100 000 000

(四) 债券溢价和折价的摊销

债券溢价是整个债券期间企业利息费用的一项调整，是债券发行单位对债权人多付利息的事先收回。也就是说，债券溢价是企业今后按票面利率计付的利息高于按实际市场利率计付的利息差额的提前收回。企业每期按票面利率计算并支付的利息，并不是企业实际负担的利息费用，因为企业每期付出的利息已有一部分以溢价发行的方式在发行时就事先收回了。因此，每期计付利息的同时应对溢价进行摊销，以确定企业实际负担的利息费用。资产负债表日，企业应按摊余成本和实际利率计算确定的债券利息费用，借记“财务费用”账户，贷记“应付债券——应付利息”账户，按其差额，借记或贷记“应付债券——利息调整”账户。溢价摊销方法有直线法和实际利率入法两种。我国规定，对应付债券的后续计量应采用实际利率法计算其摊余成本及各期的利息收入或利息费用。如有客观证据表明该应付债券的实际利率与名义利率分别计算的各期利息收入或利息费用相差不大，也可以采用名义利率摊余成本进行计算。

1. 直线法

直线法是指将公司债券的溢价额或折价额在债券付息期内平均进行分摊的一种方法。这种方法是以相等的金额把债券溢价额或折价额冲减或增加各付息期的利息费用。这种方法简便易行，但不准确。各期的利息费用计算公式为：

$$利息费用 = 各期按债券面值计算的应付利息 - 溢价摊销$$

或

$$利息费用 = 各期按债券面值计算的应付利息 + 折价摊销$$

【例 7-18】 按直线法分别对上例发行债券的溢价和折价进行摊销。

① 债券溢价摊销如表 7-1 所示。

表 7-1 债券溢价摊销(直线法) 单位:元

付息日期	贷:银行存款	借:财务费用——利息支出	借:应付债券——利息调整	尚未摊销溢价	账面价值
2009-01-01 发行				7 721 734.93	107 721 734.93
2009-06-30	6 000 000	5 227 826.51	772 173.49	6 949 561.44	106 949 561.44
2009-12-31	6 000 000	5 227 826.51	772 173.49	6 177 387.94	106 177 387.94
2010-06-30	6 0000 00	5 227 826.51	772 173.49	5 405 214.45	105 405 214.45
2010-12-31	6 000 000	5 227 826.51	772 173.49	4 633 040.96	104 633 040.96
2011-06-30	6 000 000	5 227 826.51	772 173.49	3 860 867.47	103 860 867.47
2011-12-31	6 000 000	5 227 826.51	772 173.49	3 088 693.97	103 088 693.97
2012-06-30	6 000 000	5 227 826.51	772 173.49	2 316 520.48	102 316 520.48
2012-12-31	6 000 000	5 227 826.51	772 173.49	1 544 346.99	101 544 346.99
2013-06-30	6 000 000	5 227 826.51	772 173.49	772 173.49	100 772 173.49
2013-12-31	6 000 000	5 227 826.51	772 173.49	0.00	100 000 000.00

在每一付息日,都需编制如下相同的利息支付及溢价摊销会计分录。

借:财务费用——利息支出　　5 227 826.51
　　应付债券——利息调整　　772 173.49
　贷:银行存款　　6 000 000

② 债券折价摊销如表 7-2 所示。

表 7-2 债券折价摊销(直线法) 单位:元

付息日期	借:财务费用——利息支出	贷:银行存款	贷:应付债券——利息调整	尚未摊销折价	账面价值
2009-01-01 发行				7 023 581.54	92 976 418.46
2009-06-30	6 702 358.15	6 000 000	702 358.15	6 321 223.39	93 678 776.61
2009-12-31	6 702 358.15	6 000 000	702 358.15	5 618 865.23	94 381 134.77
2010-06-30	6 702 358.15	6 000 000	702 358.15	4 916 507.08	95 083 492.92
2010-12-31	6 702 358.15	6 000 000	702 358.15	4 214 148.92	95 785 851.08
2011-06-30	6 702 358.15	6 000 000	702 358.15	3 511 790.77	96 488 209.23
2011-12-31	6 702 358.15	6 000 000	702 358.15	2 809 432.62	97 190 567.38
2012-06-30	6 702 358.15	6 000 000	702 358.15	2 107 074.46	97 892 925.54
2012-12-31	6 702 358.15	6 000 000	702 358.15	1 404 716.31	98 595 283.69
2013-06-30	6 702 358.15	6 000 000	702 358.15	702 358.15	99 297 641.85
2013-12-31	6 702 358.15	6 000 000	702 358.15	0.00	100 000 000.00

在每一付息日,都需编制如下相同的利息支付及折价摊销会计分录。

借：财务费用——利息支出　　6 702 358.15

　贷：银行存款　　6 000 000

　　应付债券——利息调整　　702 358.15

2. 实际利率法

实际利率法是指各期的利息费用，以实际利率乘以应付债券的摊余成本而得，即以实际利率乘以期初账面价值确定各期利息费用。由于债券的账面价值逐期不同，因此计算出来的利息费用也就逐期相同。计算公式为：

各期实际利息费用 = 各期期初应付债券金额 × 实际利率

各期溢价摊销额 = 各期按票面利率计算的应计利息 − 各期实际利息费用

各期折价摊销额 = 各期实际利息费用 − 各期按票面利率计算的应计利息

【例 7-19】 按实际利率法对例 7-17 发行债券的溢价和折价进行摊销。

(1) 债券溢价摊销。债券溢价摊销法如表 7-3 所示。

表 7-3　债券溢价摊销(实际利率法)　　单位：元

付息日期	贷：银行存款	借：财务费用——利息支出	借：应付债券——利息调整	尚未摊销溢价	账面价值
	①=面值×6%	②=期初⑤×5%	③=①−②	④=期初④−③	⑤=期初⑤−③
2009-01-01 发行				7 721 734.93	107 721 734.93①
2009-06-30	6 000 000②	5 386 086.75③	613 913.25④	7 107 821.68⑤	107 107 821.68
2009-12-31	6 000 000	5 355 391.08	644 608.92	6 463 212.76	106 463 212.76
2010-06-30	6 000 000	5 323 160.64	676 839.36	5 786 373.40	105 786 373.40
2010-12-31	6 000 000	5 289 318.67	710 681.33	5 075 692.07	105 075 692.07
2011-06-30	6 000 000	5 253 784.60	746 215.40	4 329 476.67	104 329 476.67
2011-12-31	6 000 000	5 216 473.83	783 526.17	3 545 950.51	103 545 950.51
2012-06-30	6 000 000	5 177 297.53	822 702.47	2 723 248.03	102 723 248.03
2012-12-31	6 000 000	5 136 162.40	863 837.60	1 859 410.43	101 859 410.43
2013-06-30	6 000 000	5 092 970.52	907 029.48	952 380.95	100 952 380.95
2013-12-31	6 000 000	5 047 619.05	952 380.95	0.00	100 000 000.00

每一付息日，除须编制相同的利息支付会计分录外，还应根据表 7-3 中各期不同的摊销溢价的金额，编制溢价摊销的会计分录。

例如，2009 年 6 月 30 日

借：财务费用—利息支出　　5 386 086.75

　应付债券——利息调整　　613 913.25

　贷：银行存款　　6 000 000

2011 年 12 月 31 日

借：财务费用——利息支出 6 000 000

贷：银行存款 6 000 000

借：应付债券——利息调整 783 526.17

贷：财务费用——利息支出 783 526.17

(2) 债券折价摊销。债券折价摊销如表 7-4 所示。

表 7-4 债券折价摊销(实际利率法) 单位：元

付息日期	借：财务费用——利息支出	贷：银行存款	贷：应付债券——利息调整	尚未摊销折价	账面价值
	①=期初⑤×7%	②=面值×6%	③=①-②	④=期初④-③	⑤=期初⑤-③
2009-01-01 发行				7 023 581.54	92 976 418.46①
2009-06-30	6 508 349.29②	6 000 000③	508 349.29④	6 515 232.25⑤	93 484 767.75
2009-12-31	6 543 933.74	6 000 000	543 933.74	5 971 298.51	94 028 701.49
2010-06-30	6 582 009.10	6 000 000	582 009.10	5 389 289.40	94 610 710.60
2010-12-31	6 622 749.74	6 000 000	622 749.74	4 766 539.66	95 233 460.34
2011-06-30	6 666 342.22	6 000 000	666 342.22	4 100 197.43	95 899 802.57
2011-12-31	6 712 986.18	6 000 000	712 986.18	3 387 211.26	96 612 788.74
2012-06-30	6 762 895.21	6 000 000	762 895.21	2 624 316.04	97 375 683.96
2012-12-31	6 816 297.88	6 000 000	816 297.88	1 808 018.17	98 191 981.83
2013-06-30	6 873 438.73	6 000 000	873 438.73	934 579.44	99 065 420.56
2013-12-31	6 934 579.44	6 000 000	934 579.44	0.00	100 000 000.00

用实际利率法摊销债券折价时，每一付息日期，除须编制相同的利息支付会计分录外，还应根据表 7-4 中各期不同的摊销折价的金额编制折价摊销会计分录。

例如，2009 年 12 月 31 日

借：财务费用——利息支出 6 000 000

贷：银行存款 6 000 000

借：财务费用——利息支出 543 933.74

贷：应付债券——利息调整 543 933.74

(五) 债券到期偿还

如例 7-17，债券到期，如果债券已分期支付利息，则到期只偿还本金。编制会计分录如下。

借：应付债券——面值 100 000 000

贷：银行存款 100 000 000

如果债券是到期一次还本付息，则编制会计分录如下。

借：应付债券——面值　　100 000 000

　　应付债券——应计利息　　60 000 000

　贷：银行存款　　160 000 000

三、长期应付款

长期应付款是指企业发生的除长期借款和应付债券以外的其他各种长期应付款项，主要包括应付融资租入固定资产的租赁费、以分期付款方式购入固定资产发生的应付款项等。

为了反映和监督各种长期应付款的结算情况，企业应设置"长期应付款"账户。该账户属于负债类账户，贷方登记取得的长期应付款，借方登记归还的长期应付款，期末余额在贷方，表示尚未归还的长期应付款，其明细账户应按借款种类设置。

1. 融资租入固定资产应付款

按照与一项资产所有权有关的全部风险和报酬是否转移为标志，可将租赁分为融资租赁和经营租赁两大类。融资租赁是指实质上转移了与资产所有权有关的全部风险和报酬的租赁。融资租入固定资产应付款，是企业采用融资租赁方式租入固定资产所需支付的最低租赁付款数额。由于融资租赁期限较长，且大多为一次性租赁，因而应付融资租赁款具有长期负债的特点，属于长期应付款的一种。

企业融资租入固定资产，按租赁开始日租赁资产的公允价值与最低租赁付款额的现值两者中较低者，加上初始直接费用，作为租入固定资产的入账价值，借记"固定资产"账户，将最低租赁付款额作为长期应付款的入账价值，贷记"长期应付款"账户，按发生的初始直接费用，贷记"银行存款"账户，按其差额，借记"未确认融资费用"账户。

企业在计算最低租赁付款额的现值时，能够取得出租人租赁内含利率的，应当采用租赁内含利率作为折现率，否则，应当采用租赁合同规定的利率作为折现率。企业无法取得出租人租赁内含利率，且租赁合同没有规定利率的，应当采用同期银行贷款利率作为折现率。租赁内含利率，是指在租赁开始日，使最低租赁收款额的现值与未担保余值的现值之和等于租赁资产公允价值与出租人的初始直接费用之和的折现率。

【例 7-20】 甲公司于 2008 年 12 月 31 日以融资租赁的方式从乙公司租入一套设备。租赁公司购置设备的成本为 50 万元，公允价值为 50 万元，租赁期为 5 年，每年年末支付租金 118 708 元，期满设备归甲公司所有。出租人的内含报酬率为 6%，同期银行贷款利率为 8%，设备寿命期为 5 年，期末预计净残值率为 5%，该设备采用直线法计提折旧。另外在 2013 年租赁期满时，甲公司还向乙公司支付或有租金 3 000 元。甲公司作为承租人的会计处理如下。

① 租赁开始日最低付款额的现值$=118\ 708\times(P/A,6\%,5)=500\ 000$(元)

未确认融资费用$=118\ 708\times5-500\ 000=93\ 540$(元)

会计分录如下。

借：固定资产——融资租入固定资产　　500 000
　　未确认融资费用　　93 540
　贷：长期应付款——应付融资租赁款　　593 540

② 确定融资费用的折现率和分摊额。由于出租人的内含报酬率为 6%，以此作为融资费用的折现率。具体分摊的计算如表 7-5 所示。

表 7-5　未确认融资费用分摊情况　　单位：元

日　期	年租金 ①	利息费用 ②=④×6%	本金减少额 ③-①-②	本金余额 ④=上期④-③
2008-12-31				500 000
2009-12-31	118 708	30 000	88 708	411 292
2010-12-31	118 708	24 678	94 030	317 262
2011-12-31	118 708	19 036	99 672	217 590
2012-12-31	118 708	13 056	105 652	111 938
2013-12-31	118 708	6 770	111 938	0
合　计	593 540	93 540	500 000	

③ 2009 年年末支付租金并确认融资费用

借：长期应付款——应付融资租赁款　　118 708
　贷：银行存款　　118 708
借：财务费用　　30 000
　贷：未确认融资费用　　30 000

以后各期均按此做分录，只是确认财务费用金额不同而已。

④ 各期计提折旧

$$500\ 000\times(1-5\%)\div5=95\ 000(\text{元})$$

借：制造费用——折旧费　　95 000
　贷：累计折旧　　95 000

⑤ 2013 年支付或有租金 3 000 元

借：财务费用　　3 000
　贷：银行存款　　3 000

⑥ 租赁期满，设备转为自有资产

借：固定资产——专用设备　　500 000
　贷：固定资产——融资租入固定资产　　500 000

2. 具有融资性质的延期付款购买资产

企业采用分期付款方式购买固定资产时，有可能延期支付有关价款。如果延期支付的购买价款超过正常信用条件，实质上具有融资性质，所购资产的成本应当以延期支付购买价款的现值为基础确定。实际支付的价款与购买价款现值之间的差额，应当在信用期间内采用实际利率法进行摊销，计入相关资产的成本或者当期损益。具体来说，企业购入资产超过正常信用条件延期付款实质上具有融资性质时，应按购买价款的现值，借记“固定资产”、“在建工程”等账户，按应支付的价款总额，贷记“长期应付款”账户，按其差额，借记“未确认融资费用”账户。

五、专项应付款

专项应付款是指企业取得政府作为企业所有者投入的具有专项或特定用途的款项，如专项用于技术改造、技术研究的款项等，以及从其他来源取得的专用款项。

企业应设置“专项应付款”账户核算专项应付款的增减变动情况，其明细账应按照拨款项目的种类设置。企业收到或应收资本性拨款时，借记“银行存款”等账户，贷记“专项应付款”账户；将专项或特定用途的拨款用于工程项目时，借记“在建工程”等账户，贷记“银行存款”、“应付职工薪酬”等账户。

工程项目完工形成长期资产时，借记“专项应付款”账户，贷记“资本公积——资本溢价”账户；对未形成长期资产需要核销拨款时，借记“专项应付款”账户，贷记“在建工程”、“开发支出”等账户；将拨款结余返还时，借记“专项应付款”账户，贷记“银行存款”账户。

【例 7-21】 某国有企业 2013 年 1 月 1 日收到国家拨入的技术改造专项款 2 000 000 元，用于对企业的现有设备进行改造。截至 2013 年 12 月 31 日该技术改造完成，其中发生原材料费用 1 200 000 元、人工费用 500 000 元，应摊销的管理费用 100 000 元，其余未使用完的部分于技术改造项目完成时以银行存款上交。编制会计分录如下。

① 收到拨款时

借：银行存款　　2 000 000

　贷：专项应付款　　2 000 000

② 发生技术改造支出时

借：在建工程　　1 800 000

　贷：原材料　　1 200 000

　　应付职工薪酬　　500 000

　　管理费用　　100 000

③ 改造完成时

借：固定资产　　1 800 000

　贷：在建工程　　1 800 000

同时

借：专项应付款　　1 800 000

　贷：资本公积——其他资本公积　　1 800 000

④ 将剩余款项上交时

借：专项应付款　　　　200 000

　贷：银行存款　　　　200 000

第四节　其他非流动负债

一、预计负债

预计负债是指企业发生的符合负债确认条件并且与或有事项相关的经济义务，其要求满足以下三个条件：①该义务是企业承担的现时义务；②履行该义务很可能导致经济利益流出企业；③该义务的金额能够可靠地计量。主要包括因债务担保、未决诉讼、产品质量担保等事项形成的负债。

预计负债应当按照履行相关现时义务所需支出的最佳估计数进行初始计量。资产负债表日，企业应当对预计负债的账面价值进行复核。有确凿证据表明该账面价值不能真实反映当前最佳估计数的，应当按当前最佳估计数对该账面价值进行调整。

为了反映和监督预计负债的增减变动及结存情况，企业应设置“预计负债”账户。企业形成各项预计负债时，借记有关账户，贷记“预计负债”账户。企业清偿或冲减预计负债时，借记“预计负债”账户，贷记有关账户。该账户期末贷方余额，反映企业已确认但尚未支付的预计负债。

【例 7-22】 某公司 2013 年 10 月发生了下列预计负债：因被某公司起诉很可能将要支付的诉讼费为 30 000 元。当年第四季度确认的与产品质量保证有关的负债为 120 000 元，实际发生并以银行存款支付的售后产品维修费为 10 000 元。编制会计分录如下。

① 形成预计负债时

借：管理费用——诉讼费　　　　30 000

　　销售费用——产品质量保证　　　　120 000

　贷：预计负债——未决诉讼　　　　30 000

　　　预计负债——产品质量保证　　　　120 000

② 发生产品维修费用时

借：预计负债　　　　10 000

　贷：银行存款　　　　10 000

二、递延所得税负债

递延所得税负债是指企业采用资产负债表债务法计算所得税时，根据账面价值与计税基础产生的应纳税暂时性差异形成的递延负债。

为了反映和监督递延所得税负债的增减变动及结存情况,企业应设置"递延所得税负债"账户。该账户的明细核算应按应纳税暂时性差异的项目进行,其期末余额在贷方,反映企业已确认的递延所得税负债。

在资产负债表日,企业应按确认的递延所得税负债,借记"所得税费用——递延所得税费用"账户,贷记"递延所得税负债"账户。该账户应有余额大于其账面余额的,应按差额借记"所得税费用——递延所得税费用"账户,贷记"递延所得税负债"账户;小于其账面余额的,应做相反的会计分录。

企业发生与直接计入所有者权益的交易或事项相关的递延所得税负债,借记"资本公积——其他资本公积"账户,贷记"递延所得税负债"账户。

企业合并中取得资产、负债的入账价值与计税基础不同而形成应纳税暂时性差异,应于购买日确认递延所得税负债,同时调整商誉,借记"商誉"等账户,贷记"递延所得税负债"账户。

递延所得税的具体会计处理将在本书第十一章"利润"中详细介绍。

第五节 债务重组

一、债务重组的概念及方式

债务重组是指在债务人发生财务困难的情况下,债权人按照其与债务人达成的协议或法院的裁定做出让步的事项。其中,"债务人发生财务困难"是指因债务人出现资金周转困难、经营陷入困境或者其他原因,导致其无法或者没有能力按原定条件偿还债务;"债权人作出让步"是指债权人同意发生财务困难的债务人现在或者将来以低于重组债务账面价值的金额或者价值偿还债务。债权人作出让步的情形主要包括:债权人减免债务人部分债务本金或者利息;降低债务人应付债务的利率等。让步的结果是债权人发生债务重组损失,债务人获得债务重组收益。

债务重组方式可以概括为以下四种:

(1) 以资产清偿债务。以资产清偿债务是指债务人转让其资产给债权人以清偿债务。用于清偿债务的资产主要有现金、存货、短期投资、固定资产、长期投资、无形资产等。

(2) 将债务转为资本。将债务转为资本是指债务人将债务转为资本,同时债权人将债权转为股权。债务转为资本的结果是,债务人因此而增加股本(或实收资本),债权人因此而增加股权。

(3) 修改其他债务条件。修改其他债务条件是指修改不包括上述第一种、第二种情形在内的债务条件进行债务重组的方式,如减少债务本金,降低利率,免去应付未付的利息等。

(4) 以上三种方式的组合。这是指采用以上三种方式共同清偿债务的债务重组形式。主要包括以下可能的方式：①债务的一部分以资产清偿，另一部分则转为资本；②债务的一部分以资产清偿，另一部分则修改为其他债务条件；③债务的一部分转为资本，另一部分则修改为其他债务条件；④债务的一部分以资产清偿，一部分转为资本，还有一部分修改为其他债务条件。

二、债务重组的会计处理

1. 以现金清偿债务

以现金清偿债务的，债务人应当将重组债务的账面价值与实际支付现金之间的差额确认为债务重组利得，作为营业外收入，计入当期损益，其中，相关重组债务应当在满足金融负债终止确认条件时予以终止确认。

以现金清偿债务的，债权人应当将重组债权的账面余额与收到的现金之间的差额确认为债务重组损失，作为营业外支出，计入当期损益，其中，相关重组债权应当在满足金融资产终止确认条件时予以终止确认。重组债权已经计提减值准备的，应当先将上述差额冲减已计提的减值准备，冲减后仍有损失的，计入营业外支出(债务重组损失)；冲减后减值准备仍有余额的，应予以转回并抵减其资产减值损失。

【例 7-23】 A 企业欠 B 企业购货款 100 000 元。由于 A 企业现金流量不足，短期内不能支付货款。经协商，B 企业同意 A 企业支付 60 000 元，余款不再偿还。A 企业随即支付了 60 000 元货款。B 企业对该项应收账款计提 10 000 元的坏账准备。根据上述资料，A、B 企业应在债务重组日做会计处理分别如下。

① A 企业

借：应付账款——B 企业　　100 000

　贷：银行存款　　60 000

　　　营业外收入——债务重组利得　　40 000

② B 企业

借：银行存款　　60 000

　　坏账准备　　10 000

　　营业外支出——债务重组损失　　30 000

　贷：应收账款——A 企业　　100 000

2. 以非现金资产清偿债务

以非现金资产清偿债务的，债务人应当将重组债务的账面价值与转让的非现金资产公允价值之间的差额确认为债务重组利得，作为营业外收入，计入当期损益。清债资产公允价值与账面价值的差额，应当区分下列情况进行处理：①以库存材料、商品产品清偿债务，应当视同销售处理，根据规定按其公允价值确认商品销售收入，同时结转商品销售成本。②以固定资产清偿债务，应将固定资产的公允价值与该项固定资产的账面价值和清理费用的差额作为转让固定资产的损益处理。同时，将固定资产的公允价值与应付债务的账面价值的差额，作为债务重组利得，计入营业外收入。③以股票债券等金融资产清偿债务，应按相关金融资产的公允价值与其账面价值的差额，作为转让金融资产的利得或损失处理；相关金融资产的公允价值与重组债务的账面价值的差额，作为债务重组利得。

以非现金资产清偿债务的，债权人应当对受让的非现金资产按其公允价值入账，重组债权的账面余额与受让的非现金资产的公允价值之间的差额，计入当期损益。债权人已对债权计提减值准备的，应当先将该差额冲减减值准备，减值准备不足以冲减的部分，计入当期损益。

【例 7-24】 A 企业欠 B 企业购货款 700 000 元，由于 A 企业财务发生困难，短期内不能支付货款。经协商，A 企业以其生产的产品偿还债务，该产品的公允价值及计税价格均为 550 000 元，实际成本 440 000 元。A、B 企业均为增值税一般纳税人，增值税税率为 17%，B 企业接受 A 企业以产品偿还债务时，将该产品作为产成品入库，并不再单独支付给 A 企业增值税税额；B 企业未对该项应收账款计提坏账准备。根据上述资料，A、B 企业应做如下会计处理如下。

① A 企业

借：应付账款——B 企业　　700 000
　贷：主营业务收入　　550 000
　　　应交税费——应交增值税(销项税额)　　93 500
　　　营业外收入——债务重组利得　　56 500
借：主营业务成本　　440 000
　贷：库存商品　　440 000

② B 企业

借：库存商品　　550 000
　　应交税费——应交增值税(进项税额)　　93 500
　　营业外支出——债务重组损失　　56 500
　贷：应收账款——A 企业　　700 000

3. 以债务转为资本

以债务转为资本方式进行债务重组的，应区分以下情况进行处理：

(1) 债务人应将债权人因放弃债券而享有股份的面值总额确认为股本；股份的公允价值总额与股本之间的差额确认为资本公积。重组债务的账面价值与股权的公允价值之间的差额确认为债务重组利得，计入当期损益。

(2) 债务人将债务转为资本，即债权人将债权转为股本。此时，债权人应将重组债权的账面余额与因放弃债权而享有的股权的公允价值之间的差额，先冲减已提取的减值准备，减值准备不足以冲减的部分，或未提取减值准备的部分，将该差额确认为债务重组损失。

【例 7-25】 A 企业应收 B 企业账款的账面余额为 208 000 元，由于 B 企业无法偿付应付账款，经双方协商，B 企业以普通股偿还债务。假设普通股每股面值 1 元，市价为 2 元，B 企业以 80 000 股抵偿该项债务(不考虑相关税费)。A 企业对应收账款提取坏账准备 10 000 元。假设 A 企业将债权转为股权后，长期股权投资按照成本法核算。根据上述资料，A、B 企业应做如下会计处理。

① B 企业

借：应付账款——A 企业	208 000	
贷：股本		80 000
资本公积——股本溢价		80 000
营业外收入——债务重组利得		48 000

② A 企业

借：长期股权投资	160 000	
坏账准备	10 000	
营业外支出——债务重组损失	38 000	
贷：应收账款——B 企业		208 000

4. 以修改其他债务条件

以修改其他债务条件进行债务重组的，债务人和债权人应分为不附或有条件的债务重组和附有或有条件的债务重组两种情形，本书主要介绍不附或有条件的债务重组。

不附或有条件的债务重组，债务人应当将修改其他债务条件后债务的公允价值作为重组后债务的入账价值。重组债务的账面价值与重组后债务的入账价值之间的差额，计入当期损益。

以修改其他债务条件进行债务重组，如果修改后的债务条款不涉及或有应收金额，则债权人应当将修改其他债务条件后的债权的公允价值作为重组后债权的账面价值，重组债权的账面余额与重组后债权的账面价值之间的差额，计入当期损益。债权人已对债权计提减值准备的，应当先将该差额冲减减值准备，减值准备不足以冲减的部分，计入当期损益。

5. 以混合重组方式

债务重组采用以现金清偿债务、非现金资产清偿债务、债务转为资本、修改其他债务条件等方式的组合进行的，债权人应当依次以收到的现金、接受的非现金资产的公允价值、债权人享有股份的公允价值冲减重组债权的账面余额，再按照修改其他债务条件关于债权人的规定处理。

思考题

1. 负债有哪些基本特征？如何分类？
2. 流动负债如何分类？
3. 短期借款利息有哪几种处理方法？
4. 应付职工薪酬包括哪些内容？如何核算？
5. 企业应缴纳的各种税费如何核算？
6. 借款费用主要包括哪些内容？如何核算？
7. 何谓应付债券的溢价和折价？溢价和折价有哪几种摊销方法？
8. 什么是预计负债？如何进行核算？
9. 债务重组有哪些形式？如何核算？
10. 债务重组若采用修改债务条件形式，债务人、债权人应如何处理？

练习题

练习1

一、目的

掌握工资的会计核算。

二、资料

乙公司为一家彩电生产企业，共有职工150名。2014年2月，公司以其生产的成本为8 000元的液晶彩电作为福利发放给公司每名职工。该型号液晶彩电的售价为每台10 000元，乙公司适用的增值税税率为17%；乙公司购买的电暖气也开具了增值税专用发票，增值税税率为17%。假定150名职工中120名为直接参加生产的职工，30名为总部管理人员。

三、要求

根据上述业务，编制会计分录。

练习2

一、目的

掌握各流转税的会计核算。

二、资料

某企业为增值税一般纳税人（采用计划成本核算原材料），本期销售其生产的应纳消费税产品，应纳消费税产品的售价为36万元（不含应向购买者收取的增值税额），产品成本为24万元。该产品的增值税税率为17%、消费税税率为10%。此外，该企业本期对外提供运输劳务，收入35万元，适用的营业税税率为3%。当期用银行存款上缴营业税1万元。产品已经发出，符合收入确认条件，款项尚未收到。城市维护建设税与教育费附加分别按照本期增值税、消费税、营业税之和的7%、3%核算。

三、要求

编制上述流转税的相关会计分录。

练习3

一、目的

长期借款的会计核算。

二、资料

J公司2012年1月1日向银行借入资金15 000 000元，借款年利率为7%，期限为3年，每年年底归还借款利息，3年期满后一次还本。J公司用该借款购建厂房，2013年年底共发生各种费用11 000 000元，2013年5月底前发生费用8 000 000元，厂房于2013年5月底完工并交付使用。

三、要求

对上述长期借款在2012年1月1日、2012年年底、2013年5月底、2013年5月至到期日的相关经济业务编制会计分录。

练习4

一、目的

掌握应付债券的核算。

二、资料

G公司于2012年1月1日发行3年期公司债券，面值1 000 000元，票面利率7%，每年年末付息一次，到期还本。假如债券发行时的市场利率有两种情况：5% 和 9%。

三、要求

1. 分别按市场利率为5%和9%两种情况计算该债券的发行价格。
2. 编制债券发行时的会计分录。
3. 计算每年应计利息、每期应摊销的溢价或折价（分别采用直线法和实际利率法），编制相应的会计分录。
4. 编制利息支付的会计分录。
5. 编制到期还本的会计分录。

第八章 所有者权益

本章要点

(1) 所有者权益的性质及来源。
(2) 投入资本的会计处理。
(3) 资本公积的形成及会计处理。
(4) 盈余公积的形成及会计处理。
(5) 利润分配的程序及会计处理。

所有者权益作为会计要素之一是资产负债表的重要组成部分。所有者权益是指企业资产扣除负债以后的剩余权益,企业的所有者既能享有企业经营的成果,同时要承担企业经营活动的最终风险。所有者权益既可以反映企业投入资本保值增值的情况,又可以反映债权人权益的安全性程度。本章在讨论所有者权益的性质和构成的基础上,着重讲述投入资本、资本公积、盈余公积、未分配利润等项目的相关理论及核算方法。

第一节 所有者权益概述

一、所有者权益的性质

所有者权益是企业资产扣除负债后由所有者享有的剩余权益。公司的所有者权益又称为股东权益,是企业所有者对企业净资产的所有权,在数量上表现为企业全部资产减去全部负债后的差额。包括企业所有者投入资金以及留存收益等。

所有者权益和负债都是对企业资产的要求权,在资产负债表上都反映在右方,负债和所有者权益的合计总额等于资产总额。但是,负债和所有者权益之间又存在着明显的区别,主要表现在以下方面:

(1) 所有者权益是企业所有者对企业资产扣除负债后的剩余资产的要求权,而负债是债权人对企业总资产的索偿权,在企业进行清算时,资产在支付了破产、清算费用后将优先用于偿还负债,如果有剩余财产才向投资者清偿。

(2) 所有者有法定参与企业管理或委托他人管理企业的权利,而债权人与企业只有债权债务关系，无权参与企业管理。

（3）所有者权益在企业经营期间无须偿还，除非终止经营，否则不得返还资本，而负债一般都有规定的偿还期限，必须于一定时期偿还。

（4）所有者可按投资比例享有利润分配权，而债权人不能参与企业的利润分配，只享有收回本金和利息的权利。

二、所有者权益的来源构成

企业的所有者权益的来源包括所有者投入的资本，直接计入所有者权益的利得和损失、留存收益等，通常由实收资本（或股本）、资本公积、盈余公积和未分配利润四部分构成。其中，盈余公积和未分配利润为企业生产经营活动所产生利润在缴纳所得税后的留置部分，又统称为留存收益。

（一）实收资本

按照我国有关法律规定，投资者设立企业首先必须投入资本，这部分资本不得随意抽减，投资者在注册资本数额内的投入资本，称为实收资本，在股份制企业中称为股本。实收资本是投资者投入资本形成的法定资本的价值，投资者向企业投入资本，在一般情况下无须偿还，可以长期周转使用。

（二）资本公积

资本公积是指所有者投入资本超过注册资本（或股本）部分的金额以及直接计入所有者权益的利得和损失。资本公积从其形成来源看，它不是由企业实现的利润转化而来的，主要来自于投资者投入，它与留存收益有明显的区别，留存收益是由企业实现的利润转化而来的。资本公积主要包括资本溢价（或股本溢价）和直接计入所有者权益的利得和损失等。

（三）盈余公积

盈余公积是指企业按照国家规定从税后利润中提取的企业积累资金。公司制企业的盈余公积包括法定盈余公积和任意盈余公积。盈余公积是已拨定用途的留存收益。

（四）未分配利润

未分配利润是企业实现的净利润经过弥补亏损、提取盈余公积和向投资者分配利润后留存在企业的、历年结存的利润，通常用于留待以后年度向投资者进行分配。未分配利润的数额一般等于企业当年实现的税后利润加上年初未分配利润，减去当年提取的盈余公积以及本年度分配利润后的余额。未分配利润是未拨定用途的留存收益。

从会计核算角度看，不同组织形式的企业，在对资产、负债、收入、费用和利润的会计核算中一般并无区别，但在所有者权益的核算上差别却很大，尤其是公司制企业中的股份有限公司对所有者权益的核算，由于涉及每个股东、债权人以及其他利润相关人的利润，往往在法律上规定得比较详细，如《中华人民共和国公司法》（简称《公司法》）对公司制企业的股票发行、转让、利润的分配、减资等均做了比较详细的规定。

在我国现行的会计核算中，为了反映所有者权益的构成，便于投资者和其他报表阅读者了解企业所有者权益的来源及其变动情况，会计核算时，将所有者权益分为实收资本（股本）、资本公积、盈余公积及未分配利润四部分，分别设置总账账户（或明细账户）进行核算，在资产负债表上，单列项目予以反映。

第二节 投入资本

一、投入资本的含义

投入资本是指所有者投入企业的资产。创办企业必须要有一定的本钱，即需要投资者投入资本，它是企业进行生产经营活动的必要条件，只有这样，企业才能以本求利、以本负亏。投入资本主要包括以下含义：①资本金是企业取得法人资格的必备条件，它应由投资者提供，是决定企业性质的基本因素，反映了企业与所有者的关系；②资本金是企业承担民事责任的物质前提，它是企业法人作为民事主体独立承担民事责任的物质条件；③企业对登记注册的资本金享有经营权。

我国目前实行的是注册资本制度，要求企业的实收资本与注册资本相一致。我国《企业法人登记管理条例》规定，除国家另有规定外，企业的注册资金应当与实收资本相一致。企业实收资本，比原注册资本数额增减超过20%时，应持资金使用证明或者验资证明，向原登记主管机关申请变更登记。

二、投入资本的构成

企业的投入资本按照投资主体不同，可以分为国家投入资本、法人投入资本、个人投入资本和外商投入资本等。国家投入资本是指有权代表国家投资的政府部门或机构以国有资产投入企业形成的资本。法人投入资本是指其他法人单位以其依法可以支配的资产投入企业形成的资本。个人投入资本是指社会个人或者本企业内部职工以个人合法财产投入企业形成的资本。外商投入资本是指我国港澳台地区和国外的企业或个人以其所属的合法财产投入企业形成的资本。

企业可接受投资者不同形式的投资，投资者可以用货币资金、实物、无形资产以及通过发行股票方式进行投资。其中，货币资金投资是指企业收到投资者直接以货币形式的投资；实物投资是指企业收到投资者以设备、场地、材料、产品、商品等实物资产的投资；无形资产投资是指企业收到投资者以土地使用权、专利权、商标权等无形资产的投资。

三、有限责任公司投入资本的核算

（一）有限责任公司的特征

有限责任公司（简称有限公司）是每个股东以其所认缴的出资额对公司承担有限责任，公司以其全部资产对其债务承担责任的企业法人。其基本特征是：

（1）公司是由股东共同出资设立的，其股东人数必须在50人以下，公司资本无须分为等额股份。

（2）公司不对外发行股票筹集资本，资本是由股东依照其资格向公司投入货币资金、实物资产和无形资产来筹集。对于筹集的资产，公司只向股东签发出资证明。

（3）公司股权转让要受到限制。按照我国《公司法》的规定，公司的股权可以在股东之间相互转让，但转让给股东以外的人需其他股东半数以上同意，否则不能转让。

（二）有限责任公司投入资本核算的原则

有限责任公司进行投入资本核算时，应遵循以下原则：

（1）公司对投资者缴付的作为出资的非货币财产应当评估作价，在评估作价、核实资产后进行账务处理，不得高估或低估作价。

（2）股东以货币出资的，应当将货币出资足额存入有限责任公司在银行开设的账户，全体股东的货币出资金额不得低于有限责任公司注册资本的30%；以非货币财产出资的，应当依法办理其财产权的转移手续。股东不按照规定缴纳所认缴的出资，应当向已足额缴纳出资的股东承担违约责任。股东缴纳出资后，必须经依法设立的验资机构验资并出具证明。

（3）公司建立初期，股东按其在企业注册资本中所占的份额出资，不会出现资本溢价，按实际收到各投资者如期缴足的资本数额，记入“实收资本”账户。在公司发展过程中，如果需要增资扩股，有新的投资者加入，这时，对于新的投资者缴纳的出资额大于按约定比例计算的其在注册资本中所占的份额部分，应作为资本公积处理。

（三）有限责任公司投入资本的会计处理

为了核算有限责任公司投资者投入的资本，应设置“实收资本”账户，用来反映企业投资者按照合同、协议或企业申请书所规定的资本而实际缴付的出资额，即企业实际收到的投资者投入的资本。该账户贷方登记收到各个投资者的投资数额，借方平时无减少记录，余额在贷方，表示企业实际拥有的资本金。该账户应按投资者户名设置明细账进行明细核算。

【例 8-1】 某企业收到国家投资 300 000 元，已接到银行收账通知，编制会计分录如下。

借：银行存款　　300 000

　贷：实收资本——国家资本　　300 000

【例 8-2】 某企业收到甲公司投入的无须安装的机器设备一台，设备原账面价值为 1 500 000 元，经双方协商确定价值为 1 100 000 元，则编制会计分录如下。

借：固定资产　　1 100 000

　贷：实收资本——甲公司　　1 100 000

【例 8-3】 某企业收到 C 公司投入的原材料一批，该原材料投资合同约定价值（不含可抵扣的增值税进项税额部分）为 50 000 元，增值税进项税额为 8 500 元，则编制会计分录如下。

借：原材料　　50 000

　　应交税费——应交增值税（进项税额）　　8 500

　贷：实收资本——C 公司　　58 500

【例 8-4】 某企业接收 E 公司投入的专利权一项，该专利权合同约定价值为 160 000 元，则编制会计分录如下。

借：无形资产——专利权　　160 000

　贷：实收资本——E 公司　　160 000

四、股份有限公司投入资本的核算

（一）股份有限公司的特点

股份有限公司是指全部资本由等额股份构成并通过发行股票筹集资本，股东以其所持股份对公司承担有限责任，公司以其全部资产对公司债务承担责任的企业法人。

股份有限公司的特点有：①全部资本分为等额股份；②通过发行股票方式筹集资本；③股票可以交易或转让；④股东以其所持股份为限对公司承担责任；⑤公司以其全部资产对公司的债务承担责任；⑥股份有限公司实行财务公开制度。

（二）股份有限公司的设立方式

股份有限公司设立有两种方式，即发起设立和募集设立。发起设立是公司的股份全部由发起人认购，不向发起人之外的任何人募集股份。募集设立是公司股份除发起人认购外，还可以采用向其他法人或自然人发行股票的方式进行募集。股份有限公司的设立方式不同，涉及的会计处理方法不同，主要区别有以下两点。

（1）筹集资本的费用处理不同。采用发起方式筹集资本，因股东是固定的，可以由企业直接发放股权证，无须聘请证券商（如证券公司）向社会广泛募集。一般情况，其筹集费用很低，如发生一些诸如股权证明印刷费等少量费用，可以直接计入开办费或管理费用。而采用向社会发行股票的方式来募集资本，需要由企业发起人委托证券商发行股票。由社会募集设立的公司，发起人认购的股份不得少于公司股份总数的35%，其余部分可向社会公开募集，所以发行股票的数量大，印刷费用高。另外，从广大投资者认购到实际出缴资本，需要进行大量的工作，所以，支付给证券商的发行费用一般较高，在会计上应进行特别处理。采用溢价发行股票的，其支付给证券商的费用可以从溢价收入中支付；采用面值发行股票的，其支付给证券商的费用直接计入当期损益。

（2）筹集资本的风险不同。发起设立公司，其所需资本由发起人一次认足，一般不会发生设立公司失败的情况，因此，其筹资风险小。社会募集股份，其筹资对象是广泛的，在资本市场不景气或股票的发行价格不恰当的情况下，有发行失败（即股票未被全部认购）的可能，因此，其筹资风险大。按照有关规定，发行失败损失由发起人负担，包括承担筹建费用，承担公司筹建过程中的债务，承担对认股人已缴纳的股款支付银行同期存款利息等责任。

（三）公司股份的种类

1. 普通股及其权利

按股东享有的权利，有限责任公司的股份可分为普通股和优先股两大类。普通股是指在利润分配和剩余财产分配方面不享有优先权的股份，是股份有限公司的基本股份。在公司只有一种股份时，所有股份均为普通股。普通股股东享有以下基本权利：

（1）投票表决权。在公司组织中股东大会是最高权力机构，由普通股股东或股东代表组成。股东对公司的重大决策享有按其持股比例计算的投票表决权，通常是一股一权。同时，普通股股东也有被选任公司董事等主要管理人员的权利，从而享有直接或间接参与控制公司经营的权利。

（2）盈余分配权。公司实现的税后利润经董事会决定并宣告分派股利时，普通股股东有按照所持股份的比例获得股利的权利。但普通股股东是否每年都能分到股利，能分到多少股利不确定，要视公司经营状况等因素而定。

（3）优先认股权。公司因增加股本而需要增发普通股时，为了维护原普通股股东对公司净资产的权益比例，普通股股东享有按其原拥有股份比例优先认购增资新股的权利。

（4）剩余财产分配权。公司在终止营业清算解散时，必须按法定顺序清偿债务。若企业在清偿全部债务后仍有财产剩余，普通股股东享有按其持有股份的比例参加分配公司剩余财产的权利。

2. 优先股及其权利

优先股是指在利润分配和剩余财产分配方面享有优先权的股份。优先股的"优先"是相对普通股而言的。尽管与普通股一样,优先股被视为一种所有权证券,但是与普通股相比,它具有如下特点:

(1) 优先股股东通常在股东会上没有表决权。但按有关规定,若公司连续三年未支付优先股股利,优先股股东即可出席或委托代理人出席股东会并行使表决权。

(2) 在普通股股东分派股利之前,优先股股东按约定的股利率优先分得股利。

(3) 在公司终止营业清算解散时,清偿全部债务后,优先股股东可在普通股股东之前优先分得剩余财产。

作为一种吸引投资者的筹资方式,优先股有不同的种类。按照公司允诺的优先条件以及分派股利的优先程序,优先股可以分为以下几种不同的类型。

(1) 累积优先股和非累积优先股。累积优先股是指本期对优先股分派的股利不足约定的部分,应累积到下期或后期一并分派。在董事会宣告分派股利以前,优先股的积欠股利不是公司的一项负债。但是,若累积优先股的积欠股利和当年的优先股股利尚未足额分派,任何普通股不得分派股利。非累积优先股是指股利按期分算,即公司本期盈余不足或因故不能按约定数额分派优先股股利时,不予累积,以后年度不再补发。

(2) 参加优先股和非参加优先股。参加优先股是指本期公司盈余较多时,优先股除了按规定的股息率先于普通股分得一定金额的股利外,还有与普通股股东共享分配剩余盈利的权利。参加优先股又可分为全部参加优先股和部分参加优先股两种。全部参加优先股与普通股分得的股利相同。部分参加优先股只能在一定额度内与普通股一并分享部分本期盈余。非参加优先股是指按约定的股息率先于普通股股东分得一定金额的股利后,尽管公司还有盈余,也不能再分得股利,盈余全部由普通股股东分享。

(3) 可调换优先股。可调换优先股是指根据发行股票时的规定,在一定年限内,按规定的比例,将持有的优先股调换为普通股。这种优先股在公司盈利不多时,可享有比普通股股东优先分得股利的权利。在公司盈利增多时,可按规定将优先股调换为普通股,以便获得较多的股利。

股份有限公司的股份还可进一步按投资主体分为国家股、法人股、个人股和外资股。国家股是指为有权代表国家投资的政府部门或机构以国有资产投入公司形成的股份。法人股是指企业法人以其依法可支配的资产投入公司形成的股份,或具有法人资格的事业单位和社会团体以国家允许用于经营的资产向公司投资形成的股份。按规定,一家公司拥有另一家公司10%以上的股份,则后者不能购买前者的股份。个人股是指社会个人或本公司内部以个人合法财产投入公司形成的股份。外资股是指外国和我国港澳台地区投资者以购买人民币特种股票形式向公司投资形成的股份。上述前三种股份都是为国内投资者在国内证券市场上购入的人民币股票,统称为A股。外资股也称B股,它是一种在国外证券市场上发行的，用人民币标明面值，以现汇美元进行买卖的记名股票。从股东权利来分析，不论是A股还是B股，它们都属于普通股之列。从1993年起，我国部分特大型企业开始在香港发行股票，并上市，这种股票称为H股。

（四）股票的发行

股本是股东投入股份有限公司资本的通称。按《公司法》的规定，股份有限公司的注册资本为在公司登记机关登记的实收股本总额，并且经批准核实的股本总额必须在公司成立时一次筹齐。为了反映公司股份的构成情况，企业应设"股本"账户，并按普通股和优先股设置明细账，此外还可设置股本备查簿，用以详细记录股本总额、股份总数、每股面值等情况。

股票的发行价格受当时资本市场供求关系等因素的影响，因此，股票的发行价格有的等于面值，称为面值发行或平价发行；有的高于面值，称为溢价发行。之所以会出现溢价发行，原因主要有三：①发行股票时证券市场需求旺盛；②投资人与发行者对公司获利能力期望较高；③公司资信度较高。但我国《公司法》明确规定，股票的发行价格不得低于股票的面值，所以，在我国股票没有折价发行。

公司发行的股票，在收到现金及其他资产总额时，借记有关"现金"或"银行存款"账户，按面值贷记"股本"账户，其超过面值的溢价部分贷记"资本公积"账户。若公司委托其他单位发行股票，如委托证券营业公司、银行等，则对委托发行中支付的手续费、佣金、股票印刷费用等，属溢价发行的，从溢价中抵销；按面值发行的直接计入当期损益。

在实务中，股票很少以面值发行。一般来说，股票发行价格与其面值无关，面值的重要性主要在于其代表每股的法定资本，是保护债权人的最低缓冲资本。

【例8-5】 F公司以每股5元的价格发行股票，共发行了每股面值为1元普通股1亿股。按合同规定，支付给证券商的发行费用为发行收入的5%，F公司收到证券公司交来的现款475 000 000元，则编制会计分录如下。

借：银行存款	475 000 000	
贷：股本——普通股		100 000 000
资本公积——股本溢价		375 000 000

（五）库存股

库存股是指发行后重新回购或者通过其他方式取得的本公司尚未注销的股票。库存股具有以下特征：①必须是公司自己发行的股票，而持有的其他公司股票不是库存股；②必须是已经发行的股票，库存的尚未发行的公司股票不是库存股；③必须是未注销的股票。

1. **库存股的性质**

由于发行股票时股本和资产同时增加，取得库存股时股本和资产同时减少，因此库存股不能作为公司的资产，只是股东权益的减少。库存股不为任何人所有，在分派股利、投票表决和清算中均不予考虑。

股份有限公司一般会出于以下原因而购买自己的股票作为库存股：减少公司注册资本；与持有本公司股份的其他公司合并；将股份奖励给本公司职工；股东因对股东大会作出的公司合并、分立决议持异议，要求公司收购其股份。

2. **库存股的计价方法**

库存股在会计上可以按面值计价，也可以按成本计价。

(1) 成本计价。库存股采用成本计价是将股票的回购与再出售视为一个完整的交易。取得库存股时，就准备日后出售，回购只是完成了交易的前半部分，等出售时整个交易才算完成。因此，回购股票时，应按购买库存股的取得成本计入库存股，待重新发行库存股时，将其予以冲销，尚未发行之前的库存股取得成本应作为股东权益总额的减项。当公司收购本公司股票的目的不是为了减资，而是为了暂时收回减少股东权益，待以后再重新发行时，库存股应按成本计价。目前，我国对于库存股采用按成本计价。

(2) 面值计价。面值计价又称双重交易法，是指将库存股的回购与出售视为两个独立的交易。取得库存股时，按股票面值计入库存股，再发行时，也按股票面值注销库存股。在尚未再发行之前或尚未真正注销之前库存股应列作普通股本的减项。如果公司回购库存股的目的是为了减少股东权益，而并不考虑以后是否再次发行，则应采用按面值计价。

3. **库存股的会计处理**

企业应设置“库存股”账户核算企业收购的尚未转让或注销的本公司股份金额。企业为奖励本公司职工而收购本公司股份，应按实际支付的金额，借记“库存股”账户，贷记“银行存款”等账户；同时，做备查登记。将收购的股份奖励给本公司职工时，借记“资本公积——其他资本公积”账户，贷记“库存股”账户。股东因对股东大会作出的公司合并、分立决议持有异议而要求公司收购其股份的，企业应按实际支付的金额，借记“库存股”账户，贷记“银行存款”等账户。企业转让库存股，应按实际收到的金额，借记“银行存款”等账户，按转让库存股的账面余额，贷记“库存股”账户，按其差额，贷记“资本公积——股本溢价”账户；如为借方差额，借记“资本公积——股本溢价”账户，股本溢价不足冲减的，应依次冲减盈余公积、未分配利润，借记“盈余公积”、“利润分配——未分配利润”账户。企业注销库存股，应按股票面值和注销股数计算的股票面值总额，借记“股本”账户，按注销库存股的账面余额，贷记“库存股”账户，按其差额，借记“资本公积——股本溢价”账户，股本溢价不足以冲减的，应依次冲减盈余公积、未分配利润，借记“盈余公积”、“利润分配——未分配利润”账户。

【例 8-6】 2012 年 12 月 31 日，M 公司股本为 100 000 000 股，每股面值 1 元，资本公

积(股本溢价)375 000 000 元,盈余公积 40 000 000 元,无未分配利润。经股东大会批准,经办理有关手续后,收回本公司曾发行的面值为 1 元的普通股 100 000 股,发行价为每股 5 元。现以 8 元、5 元、0.8 元价格的价格回购本公司股票并注销,款项以银行存款支付。M 公司编制会计分录如下。

① 以 8 元价格回购并注销时

会计分录	借方	贷方
借:库存股	800 000	
贷:银行存款		80 000
借:股本	100 000	
资本公积——股本溢价	700 000	
贷:库存股		800 000

② 以 5 元价格回购并注销时

会计分录	借方	贷方
借:库存股	500 000	
贷:银行存款		500 000
借:股本	100 000	
资本公积——股本溢价	400 000	
贷:库存股		500 000

③ 以 0.8 元价格回购并注销时

会计分录	借方	贷方
借:库存股	80 000	
贷:银行存款		80 000
借:股本	100 000	
贷:库存股		80 000
资本公积——股本溢价		20 000

第三节 资本公积

一、资本公积的概念特征

资本公积是指企业收到投资者的超出其在企业注册资本(或股本)中所占份额的投资,以及直接计入所有者权益的利得和损失等。资本公积由全体股东享有,资本公积在转增资本时,按各个股东在实收资本中所占的投资比例计算的金额,分别转增各个股东的投资金额。

资本公积与实收资本(股本)虽然都属于所有者权益,但两者又有区别。后者是投资者对企业的投入,并通过资本的投入谋求一定的经济利益;而资本公积有特定来源,由所有投资者共同享有。某些来源形成的资本公积,并不需要由原投资者投入,也并不一定需要谋求投资回报。

资本公积与盈余公积同属于公积金，但两者也有区别。盈余公积是从净利润中提取的，是净利润的转化形式；而资本公积的形成有其特定的来源，与企业的净利润无关。

资本公积既不是企业生产经营利润产生的，也不一定是由所有者直接投入的，它形成了所有者权益中极具特点的重要内容。

二、资本公积的内容

资本公积包括资本溢价（或股本溢价）和直接计入所有者权益的利得和损失等。

(1) 资本溢价（或股本溢价）。资本溢价是指企业投资者投入的资金超过其在注册资本中所占份额的部分。形成资本溢价（或股本溢价）的原因有溢价发行股票、投资者超额缴入资本等。

(2) 直接计入所有者权益的利得和损失。直接计入所有者权益的利得和损失是指不应计入当期损益、会导致所有者权益发生增减变动的、与所有者投入资本或者向所有者分配利润无关的利得或者损失。

企业应设置“资本公积”账户核算资本公积增减变动情况。该账户贷方登记资本公积的增加额；借方登记资本公积的减少额；期末贷方余额反映企业资本公积结余额。其明细账按资本公积的类别设置。资本公积一般应当设置“资本（或股本）溢价”、“其他资本公积”明细账户核算。

三、资本公积的核算

（一）资本溢价和股本溢价

1. 资本溢价

企业（不含股份有限公司）在吸收投资时，应根据生产规模和生产经营需要确定投入资本总额，然后在各投资者之间根据合同、协议规定的比例履行出资义务。投资者是凭借出资额的多少参与企业生产经营管理，参与企业利润分配。但企业重组并有新的投资者加入时，新加入的投资者的出资额不能全部作为资本金。一是由于相同数量的投资因出资时间不同，对企业影响程度不同，由此而带给投资者的权利不同。所以，新加入的投资者要付出大于原投资者的出资额，才能取得与原投资者相同的比例。二是企业在经营中实现了一部分利润，形成留存收益，新投资者与原投资者共享，这也要求新投资者付出大于原投资者的数额，才能取得与原投资者相同的投资比例。因此，为了既不影响企业生产经营活动，又不损害其他投资者的利益，各投资者应按合同、协议规定比例出资，超过规定注册资本的部分，不作为参与企业利润分配的依据，应作为投资者权益，计入资本公积。

【例 8-7】 某企业是由甲、乙、丙三位投资者各出资 200 万元而设立的。设立的实收资本为 600 万元。经过几年的经营，该企业留存收益为 300 元。这时又有丁投资者有意参加该企业,并表示愿意出资 300 万元而仅占该企业资本额的 25%。因此,丁投资者加入时,编制会计分录如下。

借:银行存款　　　　　　　　　　　　3 000 000
　贷:实收资本　　　　　　　　　　　　2 000 000
　　资本公积　　　　　　　　　　　　1 000 000

2. 股本溢价

股本溢价是针对股份有限公司而言的,类似于前面已经介绍过的资本溢价,这里不再赘述。

(二)其他资本公积的核算

1. 采用权益法核算的长期股权投资

长期股权投资采用权益法核算的,在出股比例不变的情况下,被投资单位除净损益以外所有者权益的其他变动,企业按照持股比例计算应享有的份额,如果是利得,应当增加长期股权投资的账面价值,同时增加资本公积(其他资本公积);如果是损失,应当做相反的会计分录。当处置采用权益法核算的长期股权投资时,应当将原计入资本公积的相关金额转入投资收益。

2. 以权益结算的股份支付

以权益结算的股份支付换取职工或其他方提供服务的,应按照确定的金额,借记"管理费用"账户,贷记"资本公积——其他资本公积"账户。在行权日,应按实际行权的权益工具数量计算确定的金额,借记"资本公积——其他资本公积"账户,按计入实收资本或股本的金额,贷记"实收资本"或"股本"账户,按其差额,贷记"资本公积——资本溢价"或"资本公积——股本溢价"账户。

3. 存货或自用房地产转换为投资性房地产

企业将作为存货的房地产转换为采用公允价值模式计量的投资性房地产时,应当按照该项房地产在转换日的公允价值,借记"投资性房地产——成本",原已计提跌价准备的,借记"存货跌价准备",按其账面余额,贷记"资本公积——其他资本公积"账户。

企业将自用的建筑物等转换为采用公允价值模式计量的投资性房地产时,应当按照该项房地产在转换日的公允价值,借记"投资性房地产——成本",原已计提减值准备的,借记"固定资产减值准备",按已计提的累计折旧等,借记"累计折旧"等账户,按其账面余额,贷记"固定资产"等账户;同时,转换日的公允价值小于账面价值的,按其差额,借记"公允价值变动损益",转换日的公允价值大于账面价值的,按其差额,贷记"资本公积——其他资本公积"账户。

处置该项投资性房地产时,应转销与其相关的其他资本公积。借记"资本公积——其他资本公积"账户,贷记"其他业务收入"账户。

4. **可供出售金融资产公允价值的变动**

可供出售金融资产公允价值的变动形成的利得，除减值损失和外币货币性金融资产形成的汇兑差额外，借记“可供出售金融资产——公允价值变动”账户，贷记“资本公积——其他资本公积”账户，公允价值变动形成的损失，编制相反的会计分录。

5. **可供出售外币非货币性项目的汇兑差额**

对于以公允价值计量的可供出售非货币性项目，如果期末的公允价值以外币反映，则应当先将该外币按照公允价值确定当日的即期汇率折算为记账本位币金额，再与原记账本位币金额进行比较，其差额计入资本公积。具体地说，对于发生的汇兑损失，借记“资本公积——其他资本公积”账户，贷记“可供出售金融资产”账户，对于发生的汇兑收益，借记“可供出售金融资产”账户，贷记“资本公积——其他资本公积”账户。

6. **金融资产的重分类**

将可供出售金融资产重分类为采用成本或摊余成本计量的金融资产，重分类日该金融资产的公允价值或账面价值作为成本或摊余成本，该金融资产没有固定到期日的，与该金融资产相关、原直接计入所有者权益的利得或损失，仍然应当计入“资本公积——其他资本公积”，在该金融资产被处置时转出，计入当期损益。

将持有至到期投资重分类为可供出售金融资产，并以公允价值进行后续计量，重分类日，该投资的账面价值与其公允价值之间的差额记入“资本公积——其他资本公积”账户，在该可供出售金融资产发生减值或终止确认时将上述差额转出，计入当期损益。

按照金融工具确认和计量的规定应当以公允价值计量，但以前公允价值不能可靠计量的可供出售金融资产，企业应当在其公允价值能够可靠计量时改按公允价值计量，将相关账面价值与公允价值之间的差额记入“资本公积——其他资本公积”账户，在其发生减值或终止确认时将上述差额转出，计入当期损益。

7. **专项应付款形成的资本公积**

专项应付款是指国家对某些国有企业拨入的，专项用于技术改造、技术研究等项目的专项拨款。在该拨款项目完成后，形成资产的拨款部分，转作“资本公积——其他资本公积”。

第四节　留存收益

留存收益是指企业通过生产经营活动，从历年实现的利润中提取或形成的留存于企业的内部积累。它是企业经营所得净收益的积累，这部分经营积累为投资者所共有。具体包括盈余公积和未分配利润两部分。

一、盈余公积

(一) 盈余公积的来源和使用

盈余公积是企业从税后利润中提取的具有特定用途的各种积累资金。盈余公积包括法定盈余公积和任意盈余公积。法定盈余公积是指企业按照法律规定,必须提取所形成的盈余公积。现行财务制度规定,企业在年度终了,必须按当年税后利润扣掉被没收的财物损失,支付各项税收的滞纳金和罚款,以及弥补企业以前年度亏损后的余额的10%提取法定盈余公积,但此项公积金已达注册资本的50%时可不再提取。任意盈余公积是指股份制企业在用税后利润弥补亏损、提取法定盈余公积和支付优先股股利后,按照公司章程规定或经股东会议决议提取的盈余公积。

法定盈余公积可以用于弥补以后年度亏损或补充实收资本(或股本)等,股份制企业经股东特别会议通过,也可用于分配股利。法定盈余公积转增资本(或股本)时,转增后留存的盈余公积不得少于注册资本的25%。

企业提取盈余公积主要可以用于以下几方面:

(1) 用于弥补亏损。企业发生亏损时,应由企业自行弥补。弥补亏损的渠道主要有三条:①用以后年度税前利润弥补。按照现行制度规定,企业发生亏损时,可以用以后五年内实现的税前利润弥补,即税前利润弥补亏损的期间为五年。②用以后年度税后利润弥补。企业发生的亏损经过五年期间未弥补足额的,未弥补亏损应用所得税后的利润弥补。③以盈余公积弥补亏损。企业以提取的盈余公积弥补亏损时,应当由公司董事会提议,并经股东大会批准。

(2) 转增资本。企业将盈余公积转增资本时,必须经股东大会决议批准。在实际将盈余公积转增资本时,要按股东原有持股比例结转。盈余公积转增资本时,转增后留存的盈余公积的数额不得少于注册资本的25%。

企业提取的盈余公积,无论是用于弥补亏损,还是用于转增资本,都只不过是在企业所有者权益内部做结构上的调整,比如,企业以盈余公积弥补亏损时,实际是减少盈余公积留存的数额,以此来抵补未弥补亏损的数额,并不引起企业所有者权益总额的变动;企业以盈余公积转增资本时,也只是减少盈余公积结存的数额,但同时增加企业实收资本或股本的数额,也并不引起所有者权益总额的变动。

(3) 扩大企业生产经营。盈余公积的用途,并不是指其实际占用形态,提取盈余公积也并不是单独将这部分资金从企业资金周转过程中抽出。企业盈余公积的结存数,实际只表现为企业所有者权益的组成部分,表明企业生产经营资金的一个来源而已。其形成的资金可能表现为一定的货币资金,也可能表现为一定的实物资产,如存货和固定资产等,随同企业的其他来源所形成的资金进行循环周转,用于企业的生产经营。

（二）盈余公积的核算

为了核算盈余公积的增减变动情况，需要设置“盈余公积”账户。该账户的性质属于所有者权益类账户。其贷方登记按一定标准提取的盈余公积数，借方登记按规定用途使用的盈余公积数，期末余额在贷方，反映盈余公积的结余数。本账户按照盈余公积的种类进行明细核算。

企业提取盈余公积金时，按实际提取数，借记“利润分配——提取盈余公积”账户，贷记“盈余公积——法定盈余公积、任意盈余公积”账户。

当企业发生严重亏损，税后利润仍不足以抵补时，按规定可用盈余公积弥补亏损。此时，应按使用盈余公积弥补亏损的数额，借记“盈余公积——法定盈余公积”账户，贷记“利润分配——盈余公积补亏”账户。

当企业按规定用盈余公积转增资本金时，应按实际转增的数额，借记“盈余公积——法定盈余公积、任意盈余公积”账户，贷记“实收资本”（或股本）账户。

股份制企业当年无利润可分配时，为了维护企业股票信誉，也为了使投资者不对企业失去信心，在用盈余公积弥补亏损后，经股东特别会议决定，可用盈余公积按不超过股票面值6%的比率分配股利。这时，应按实际使用盈余公积分配股利的数额，借记“盈余公积”账户，贷记“利润分配——公积金转入”账户，同时，借记“利润分配——应付股利”账户，贷记“应付股利”账户。

二、未分配利润

未分配利润是指企业留待以后年度进行分配的结存利润，也是企业所有者权益的组成部分。相对于所有者权益的其他部分来讲，企业对于未分配利润的使用分配有较大的自主权。从数量上来讲，未分配利润是期初未分配利润，加上本期实现的净利润，减去提取的各种盈余公积和分出利润后的余额。

在会计核算上，未分配利润是通过“利润分配”账户下设置“未分配利润”明细账户进行核算的，“未分配利润”明细账户的贷方反映从本年利润中转入的企业实现的净利润，以及用盈余公积弥补的亏损，借方反映从本年利润中转入的企业实现的净亏损；期末贷方余额，反映企业尚未分配，留待以后分配的利润；期末借方余额，反映企业尚未弥补的亏损。

年度终了，企业将全部实现的净利润，自“本年利润”账户转入“利润分配——未分配利润”账户，若为盈利，应借记“本年利润”账户，贷记“利润分配——未分配利润”账户；若为亏损，则做相反的分录。同时，将利润分配账户下的其他明细账户的余额（即已分配利润，如提取法定盈余公积、提取任意盈余公积、应付股利等）转入“未分配利润”明细账户。结转后，“未分配利润”明细账户的贷方余额为未分配利润，借方余额为未弥补的亏损。

思　考　题

1. 所有者权益与负债的区别主要表现在哪些方面？
2. 什么是资本金？为什么说我国目前实行的是注册资本制度？
3. 所有者权益包括哪些内容？
4. 有限责任公司设置什么账户核算投入资本？如何核算？
5. 股份有限公司设置什么账户核算投入资本？股票发行如何核算？
6. 什么是资本公积？资本公积的主要内容有哪些？
7. 什么是留存收益？盈余公积与未分配利润有何区别？
8. 如何提取盈余公积？盈余公积的用途是什么？

练　习　题

练习1

一、目的

练习股票发行的会计处理。

二、资料

Y股份有限公司委托证券商发行普通股800 000股，每股面值1元，发行价格为每股4.5元，股款全部收到，并支付给证券商发行费用140 000元。

三、要求

编制Y公司该次发行股票的会计分录。

练习2

一、目的

练习注销库存股的核算。

二、资料

Z股份有限公司2012年12月31日的股本为80 000 000元，资本公积(股本溢价)为20 000 000元，盈余公积为12 000 000元。经股东大会批准，Z公司以现金回购本公司股票12 000 000股并注销。假定每股回购价格可能为0.8元、2元、3元三种情况。

三、要求

编制三种情况下回购并注销库存股的有关会计分录。

第九章 费用与成本

本章要点

（1）费用与成本的概念、分类。

（2）生产成本核算程序与费用归集与分配。

（3）产品成本的计算方法。

（4）销售费用、管理费用、财务费用的核算。

费用是会计基本要素之一，它反映了企业在生产经营过程中发生的资源耗费，最终会导致企业净资产的减少。费用应当按照权责发生制予以确认，通常以历史成本来计量。成本则是对象化的费用，一般是在费用基础上确定成本。会计上确定费用、成本的目的，主要是为了将其与收入相配合，确定一定时期内的经营业绩。本章将以制造业为例，主要讨论费用与成本的概念及分类、产品成本的核算方法以及期间费用的核算内容等。

第一节 费用与成本的关系

一、费用与成本的概念

费用是指企业在日常活动中发生的、会导致所有者权益减少的、与向所有者分配利润无关的经济利益的总流出。费用有广义和狭义之分。广义的费用包括企业的各种费用和损失；狭义的费用只包括为获取营业收入提供商品或劳务而发生的资产耗费，即仅指与商品或劳务提供相联系的资产耗费（营业费用）。凡是同提供商品或劳务无关的资产耗费或资产减少都不是费用。本节述及的费用指狭义的费用。

成本也有广义和狭义之分，广义上的成本泛指取得资产的代价；狭义上的成本仅指产品的制造成本。本节述及的成本指狭义上的成本。

二、费用的分类

不同类型企业的费用内容和分类不同。以制造业为例，费用分类和内容如下。

（一）按照经济内容划分

按照经济内容，费用可以分为劳动对象、劳动资料和劳动力三个方面的费用，具体可分为以下九个费用要素：

(1) 外购材料，指企业为了生产而耗用的一切从外部购入的原材料、半成品、辅助材料、包装物、修理用备件、低值易耗品等。

(2) 外购燃料，指企业为了生产而耗用的一切从外部购进的各种燃料。

(3) 外购动力，指企业为了生产而耗用的从外部购进的各种动力。

(4) 工资，指企业支付给生产经营人员的工资。

(5) 计提的福利费，指按照职工工资总额的一定比例计提的职工福利费。

(6) 折旧费，指企业提取的固定资产折旧。

(7) 利息支出，指企业计入期间费用的借款利息支出。

(8) 税金支出，指企业计入管理费用的各种税金支出，如印花税、土地使用税、房产税、车船税等。

(9) 其他支出，指不属于以上各要素费用的费用支出，如邮电费、差旅费、租赁费等。

按经济内容分类，费用可以反映企业在一定时期内发生了哪些费用、数额是多少，用以分析企业各个时期各种费用占全部费用的比重，考核各种费用预算的执行情况，为下期各种费用预算的编制提供一定的依据。

（二）按照经济用途划分

按照经济用途，费用可以分为计入产品成本的费用和不计入产品成本的费用即期间费用。

1. 计入产品成本的费用

计入产品成本的费用又可以分为直接材料、直接工资和制造费用等。

(1) 直接材料，指直接用于产品生产或构成产品实体的原料、主要材料、燃料、动力、外购半成品及有助于产品实体形成的辅助材料、其他材料。

(2) 直接工资，指直接参与产品生产的工人工资，以及按工人工资总额计提的职工福利费。

(3) 制造费用，指企业各生产单位(如车间、分厂)为组织和管理生产而发生的各种间接费用，包括工资、福利费、折旧费、修理费、办公费、水电费等。

以上三个项目由于构成产品生产成本，故又称为成本项目。在会计实务中，由于各企业生产特点和管理要求不同，可以对以上成本项目适当进行增减调整。

2. 不计入产品成本的费用

不计入产品成本的费用在这里指期间费用，是不能直接归属于某个特定产品成本的费用,包括管理费用、销售费用、财务费用。期间费用在发生时就全部转入当期损益,不计入产品成本,这样处理有助于简化会计核算工作,提高成本计算的准确性。这是因为,期间费用一般与产品生产成本没有直接联系,若采用一定标准分摊计入各种产品成本,很难保证费用分配的合理性;其次,将期间费用不计入产品成本,也有助于分析考核生产单位成本管理责任,便于进行成本预测和决策。

对于计入产品成本的费用,除了按照经济用途分为直接材料、直接工资、制造费用之外,还可以按照计入产品成本的方式分为直接费用和间接费用。直接费用是指可以依据费用发生的会计凭证直接计入某种产品成本的费用,如产品生产直接消耗的原材料、燃料、动力,以及生产工人的工资费用等。间接费用是指不能依据费用发生的会计凭证直接计入某种产品成本,需要通过分配之后才能计入某种产品成本的费用,如生产车间一般消耗领用的原材料、低值易耗品、办公用品,以及生产车间管理人员的工资费用等。将计入产品成本的费用区分为直接和间接费用,有利于产品成本核算和成本计划的编制工作。

三、费用与成本的关系

费用与成本有着密切的关系,费用的计算和核算是成本计算的基础和前提。成本是生产一定种类和数量的产品而发生的费用,即成本是对象化的费用。费用与成本也有着明显的区别。费用和一定的时期相联系,它按照费用发生的期间组织核算;成本和一定种类与数量的产品相联系,它按照成本计算对象组织核算。本期实际支出的费用,可能已经计入前期产品成本或需要延迟计入以后各期;而计入当期产品成本的费用,可能已在以前各期支付或要等到以后各期支付。

在成本计算时应注意划清以下费用界限:

(1) 正确划分资本性支出和收益性支出的界限。凡为取得本期收益而发生的支出,即支出的效益仅与本年度相关的,应作为收益性支出,如产品生产成本、管理费用、财务费用、销售费用等。凡支出的效益与几个会计年度相关的,应当作为资本性支出,如购建固定资产、对外进行长期投资等。

(2) 正确划分产品成本和期间费用的界限。企业发生的各项费用,只有与产品生产有直接关系的费用才能计入产品成本,包括直接材料、直接人工、制造费用等。对于那些与企业生产经营有关,但与产品成本无直接关系的费用,如管理费用、财务费用、销售费用等,应作为期间费用计入当期损益。

(3) 正确划分各个月份的费用界限。按照权责发生制的原则,对于发生期与归属期不一致的费用进行划分。对于本期已支付但应由本期和以后各期负担的费用,应分期摊入各期的费用成本中;对于应由本期负担而尚未支出的费用,应预先提取计入本期费用或成本中。

(4) 正确划分不同成本计算对象的成本界限。对应计入本期的产品成本的费用,要进一步确定应计入的成本计算对象。凡能直接计入有关产品各项费用，要直接计入；与几种产品有关的费用，须按照合理的分配标准，分配计入各产品生产成本。

(5) 正确划分在产品成本与完工产品成本的界限。期末已计入各成本计算对象的费用，对于有期末在产品的产品，还须将其费用在完工产品和期末在产品之间进行分配，分别计算出完工产品成本和期末在产品成本。

第二节 生产成本

一、成本核算程序

(一) 确定成本计算对象

计算成本时，首先要确定成本计算对象。所谓成本计算对象，是指生产费用的归属对象，即计算什么的成本。例如，要计算各种产品的成本，那么产品品种就是成本计算对象。确定成本计算对象，归集生产费用，是正确计算产品成本的前提。不同类型的企业由于生产特点和管理要求的不同，成本计算对象也不一样，而不同的成本计算对象又决定了不同成本计算方法的特点。但是，不论采用哪种方法，最终都要按照产品品种算出产品成本。因而按照产品品种计算成本，是产品成本计算的最基本方法。

(二) 按成本项目归集和分配生产费用

企业在生产过程中发生的各项费用按其经济用途分类，称为产品成本项目。工业企业一般设置以下三个成本项目：①直接材料，指直接用于产品生产、构成产品实体的原料及主要材料和产品形成的辅助材料等；②直接人工，指直接从事产品生产的工人工资，以及按生产工人工资总额和规定的比例计算的职工福利费；③制造费用，指企业内部各生产单位为组织和管理生产而发生的各项间接费用。

(三) 计算产品生产成本

在生产经营过程中，成本计算是指按照成本计算对象归集和分配发生的各项费用支出，以确定该对象的总成本和单位成本。在各项费用按成本项目分别归集分配到各成本计算对象的基础上，就可以计算各种对象的总成本和单位成本。对月末没有在产品的产品，将按成本项目归集和分配的费用经过汇总，就是该种产品的完工产品成本。对于既有完工产品又有在产品的产品，应将月初在产品成本与本月产品费用之和，在本月完工产品与月末在产品之间进行分配和归集，算出该种完工产品与月末在产品成本。

二、成本计算的账户设置

为了按照用途归集各项费用，划清有关费用的界限，正确地计算产品成本，应设置“生产成本”、“制造费用”两个主要账户。

（一）“生产成市”账户

“生产成本”账户核算企业进行工业性生产所发生的各项费用，包括生产各种产成品、自制半成品、提供劳务、自制材料、自制工具以及自制设备等所发生的各项费用。该账户应设置“基本生产成本”和“辅助生产成本”两个二级账户。“基本生产成本”二级账户核算企业为完成主要生产目的而进行的商品产品生产所发生的费用，计算基本生产的产品成本。“辅助生产成本”二级账户核算企业为基本生产服务而进行的产品生产和劳务供应所发生的费用，计算辅助生产产品和劳务成本。在这两个二级账户下，还应当按照成本计算对象开设明细账，账户内按成本项目开设专栏进行明细核算。

企业发生的直接材料和直接人工费用直接记入“生产成本”账户和“基本生产成本”、“辅助生产成本”二级账户及所属明细账户的借方；发生的其他间接费用先在“制造费用”账户进行归集，月终分配记入该账户及所属二级账户和明细账的借方；属于企业辅助生产车间为基本生产产品提供的动力、修理服务等直接费用，先在该账户所属的“辅助生产成本”中进行核算，然后转入该账户中的二级账户“基本生产成本”及其所属明细账的借方。企业已经生产完工并验收入库的产成品及自制半成品的实际成本，记入该账户及所属二级账户“基本生产成本”和所属明细账的贷方；企业辅助生产车间为基本生产、行政管理部门和其他部门提供劳务等，月终按照一定的分配标准分配给各受益对象，按实际成本记入该账户及“辅助生产成本”二级账户和所属明细账的贷方。该账户的借方期末余额反映尚未完工的各项在产品成本。

（二）“制造费用”账户

“制造费用”账户核算企业为生产产品和提供劳务而发生的各项间接费用。该账户应按不同的车间、部门设置明细账。账户内按制造费用的项目、内容开设专栏进行明细核算。发生的各项间接费用记入该账户及所属明细账的借方。月终，将制造费用按一定的标准分配之后计入有关成本计算对象时，记入该账户及所属明细账的贷方。该账户月末一般无余额。

三、生产费用的归集和分配

（一）材料费用的归集与分配

用于产品生产的原料及主要材料，如纺织用原棉、铸造用生铁、冶炼用矿石等直接材料费用应由产品的生产成本负担。按照产品分别领用的材料属于直接费用,应该根据领料凭证直接计入该种产品生产成本明细账的“直接材料”成本项目。但几种产品共同耗用材料,属于间接费用,要采用合理、简便的分配方法,分配计入各种产品生产成本明细账户的“直接材料”成本项目。在消耗定额比较正确的情况下,通常采用按产品的材料定额消耗量比例或材料定额成本的比例进行分配。计算公式如下:

$$\text{分配率}=\frac{\text{材料实际总消耗量(或实际成本)}}{\text{各种产品材料定额消耗量(或定额材料费用)之和}}$$

$$\text{某种产品应分配的材料数量(费用)}=\text{该种产品的材料定额消耗量(或定额材料费用)}\times\text{分配率}$$

【例 9-1】 某企业 20××年 5 月生产甲、乙两种产品,共用丙材料 2 832 千克,单价 20 元,丙材料费用合计 56 640 元,生产甲产品 500 件,乙产品 400 件。甲产品消耗定额 1.4 千克,乙产品消耗定额 1.2 千克。分配结果如下:

$$\text{分配率}=\frac{56\,640}{500\times1.4+400\times1.2}=\frac{56\,640}{700+480}=48$$

应分配的材料费用:

甲产品:700×48=33 600(元)

乙产品:480×48=23 040(元)

材料费用合计=33 600+23 040=56 640

原料及主要材料费用除按以上方法分配外,还可采用其他的分配方法。例如,不同规格的同类产品,如果产品的结构大小相近,也可以按产品产量或重量比例分配。具体的计算可以比照例 9-1 进行。

辅助材料费用和燃料费用的归集与分配方法,与原料及主要材料的基本相同。

在实际工作中,分配材料费用一般是通过“材料费用分配表”进行的。这种分配表应该按照材料的用途和材料类别,根据归类后的领料凭证编制。材料费用分配表如表 9-1 所示。

表 9-1　材料费用分配表

20××年 6 月

应借科目			共同耗用原材料的分配					直接领用的原材料/元	耗用原料总额/元
总账及二级账户	明细账户	成本或费用项目	产量/件	单位消耗定额/千克	定额耗用量/千克	分配率	应分配材料费		
生产成本——基本生产成本	甲产品	直接材料	500	1.4	700		33 600	39 400	73 000
	乙产品	直接材料	400	1.2	480		23 040	16 960	40 000
	小　计				1 180	48	56 640	56 360	113 000

续表

应借科目			共同耗用原材料的分配					直接领用的原材料/元	耗用原料总额/元
总账及二级账户	明细账户	成本或费用项目	产量/件	单位消耗定额/千克	定额耗用量/千克	分配率	应分配材料费		
	供电车间	直接材料						1 800	1 800
	锅炉车间	直接材料						2 200	2 200
	小　计							4 000	4 000
制造费用	基本车间	机物消耗						2 900	2 900
管理费用		其他						3 100	3 100
合　　计							56 640	66 360	123 000

根据表 9-1 分配材料费用记入有关账户，编制会计分录如下。

借：生产成本——基本生产成本——甲产品　　73 000
　　　　　　　　　　　　　——乙产品　　40 000
　　生产成本——辅助生产成本——供电车间　　1 800
　　　　　　　　　　　　　——锅炉车间　　2 200
　　制造费用——基本车间　　2 900
　　管理费用　　3 100
　贷：原材料——丙材料　　123 000

（二）工资及提取福利费的归集与分配

由于企业所实行的工资制度不同，生产工人工资计入产品成本的方法也不同。在计件工资制度下，生产工人工资通常是根据产量凭证计算工资并直接计入产品成本；在计时工资制度下，如果只生产一种产品，生产人员工资属于直接费用，可直接计入该种产品成本；如果生产多种产品，就需要采用一定的分配方法在各种产品之间进行分配。工资费用的分配，通常采用按产品实用工时比例分配的方法。计算公式如下：

$$分配率 = \frac{生产工人工资总额}{各种产品实用工时总额}$$

$$某种产品应分配的工资费用 = 该种产品实用工时 \times 分配率$$

按实用工时比例分配工资费用，能使产品的工资支出与劳动生产率的水平联系起来。劳动生产率提高了，单位产品消耗工时下降，分配的工资费用也少，这是合理的。如果企业没有实用工时的统计资料，在工时定额比较准确的情况下，也可以按定额工时比例进行分配。

按照规定，工资总额的一定比例（目前制度规定为 14%）从产品成本和费用中提取的职工福利费可与工资费用一起分配。

为了按工资的用途和发生地点归集并分配工资及提取福利费用，月末应按部门根据工资结算单和有关的生产工时记录编制“工资费用分配表”，然后汇编“工资及提取福利费用分配汇总表”，如表9-2所示。

表9-2 工资及提取福利费用分配汇总表

20××年6月

应借账户		工资				职工福利费(14%)
总账及二级账户	明细账户	分配标准/工时	直接生产人员(分配率0.5)	管理人员工资/元	工资合计/元	金额/元
生产成本——基本生产成本	甲产品	62 000	31 000		31 000	4 340
	乙产品	38 000	19 000		19 000	2 660
	小计	10 000	50 000		50 000	7 000
生产成本——辅助生产成本	供电车间		20 000		20 000	2 800
	锅炉车间		15 000		15 000	2 100
	小计		35 000		35 000	4 900
制造费用	基本车间			950	950	133
	小计			950	950	133
管理费用				4 200	4 200	588
合计			85 000	5 150	90 150	12 621

根据表9-2，编制会计分录如下。

借：生产成本——基本生产——甲产品　　35 340
　　　　　　　　　　　　——乙产品　　21 660
　　生产成本——辅助生产——供电车间　　22 800
　　　　　　　　　　　　——锅炉车间　　17 100
　　制造费用　　1 083
　　管理费用　　4 788
　贷：应付职工薪酬——工资　　90 150
　　　应付职工薪酬——福利费　　12 621

（三）外购动力费的归集与分配

外购动力（如电力、蒸汽）有的直接用于产品生产，有的用于照明、取暖等其他用途，动力费用应按用途和使用部门进行分配。在有仪表记录的情况下，应根据仪表所示动力耗用数量和单价，直接计算计入；在没有仪表记录的情况下，可按生产工时、机器马力时数(马力×时数)比例或定额消耗量的进行分配。分配时，可编制“动力费用分配表”，据以进行明细核算和总分类核算。直接用于生产的动力费列入“燃料和动力”成本项目(企业可以单设“燃料和动力”成本项目，也可以将其并入有关成本项目)，记入“生产成本”账户及其明细账；属于照明、取暖等用途的动力费，则按其使用部门分别记入“制造费用”、“管理费用”等账户。

如果企业设有供电这一辅助生产车间，外购电费应先记入“生产成本——辅助生产成本”账户，再加上供电车间本身发生的工资等费用，作为辅助生产成本进行分配。

(四) 折旧费与修理费的归集与分配

企业固定资产的折旧费，一般不单独设成本项目，通常是先按其使用地点归集，如企业生产车间的折旧费记入“制造费用”账户，属于企业行政管理部门的折旧费记入“管理费用”账户；然后再从“制造费用”账户转入“生产成本”账户，计入产品成本。折旧费及修理费的分配，通过“折旧费及修理费分配表”进行。折旧费用及修理费用分配表如表 9-3 所示。

表 9-3 折旧费及修理费分配表 单位：元

应借账户 项目	基本生产车间	供电车间	锅炉车间	小 计	管理费用	合 计
折旧费	22 600	5 000	4 000	31 600	6 900	38 500
修理费	6 780	1 500	882	9 162	2 070	11 232

根据表 9-3，编制会计分录如下。

① 折旧费

借：制造费用——基本生产车间 22 600
　　生产成本——辅助生产成本——供电车间 5 000
　　　　　　　　　　　　　　——锅炉车间 4 000
　　管理费用 6 900
　贷：累计折旧 38 500

② 修理费

借：制造费用——基本生产车间 6 780
　　生产成本——辅助生产成本——供电车间 1 500
　　　　　　　　　　　　　　——锅炉车间 882
　　管理费用 2 070
　贷：银行存款(或相关账户) 11 232

（五）辅助生产费用的归集和分配

企业的辅助生产是为基本生产服务的。有的只生产一种产品或提供一种劳务，如从事供电、供汽、运输等辅助生产；有的则生产多种产品或提供多种劳务，如从事工具、模型、备件的制造以及机器设备的修理等辅助生产。

辅助生产费用的归集和分配，是通过“生产成本——辅助生产成本”账户进行的。该账户应按车间和产品品种设置明细账，进行明细核算。辅助生产发生的直接材料、直接人工费用，分别根据“材料费用分配表”、“工资及福利费用分配汇总表”和有关凭证，记入该账户及其明细账的借方；辅助生产发生的间接费用，可先记入“制造费用”账户的借方进行归集，然后再以该账户的贷方直接转入或分配转入“生产成本——辅助生产成本”账户及其明细账的借方，归集辅助生产费用、计算成本。实际工作中，由于辅助生产车间规模较小，发生的间接费用数额不大，可直接记入“生产成本——辅助生产成本”账户。辅助生产车间完工的产品或劳务成本，应从“生产成本——辅助生产成本”账户及其明细账的贷方转出。“生产成本——辅助生产成本”账户的借方余额表示辅助生产的在产品成本。

归集在“生产成本——辅助生产成本”账户及其明细账借方的辅助生产费用，由于所生产的产品和提供的劳务不同，其所发生的费用分配转出的程序方法也不一样。制造工具、模型、备件等产品所发生的费用，应计入完工工具、模型、备件等产品的成本，完工时作为自制工具或材料入库，从“生产成本——辅助生产成本”账户及其明细账的贷方转入“低值易耗品”或“原材料”账户的借方；领用时，按其用途和使用部门，一次或分期摊入成本、费用。提供水、电、汽和运输、修理等劳务所发生的辅助生产费用，按受益单位耗用的劳务数量在各单位之间进行分配。分配时，借记“制造费用”或“管理费用”等账户，贷记“生产成本——辅助生产成本”账户及其明细账。

（六）制造费用的归集和分配

1. 制造费用的归集

制造费用是指企业各生产单位为组织和管理生产而发生的各项间接费用。包括工资和福利费、折旧费、修理费、办公费、水电费、物料消耗、劳动保护费、租赁费、保险费、排污费以及其他制造费用。

企业发生的各项制造费用，是按其用途和发生地点通过“制造费用”账户进行归集和分配的。根据管理需要，“制造费用”账户可以按生产车间设置明细账，账内按照费用项目开设专栏，进行明细核算。费用发生时，根据支出凭证，借记“制造费用”账户，贷记“原材料”、“应付职工薪酬”、“累计折旧”、“其他应付款”等账户。月终，根据“制造费用”账户和所属明细分类账归集制造费用，按一定的分配标准，在各种产品之间进行分配，计入各种产品成本。

2. 制造费用的分配

制造费用一般与产品的生产工艺没有直接联系，不能直接计入产品成本，但在生产一种产品的车间和企业中，制造费用应该直接计入该种产品成本。在生产多种产品的条件下，则应采用适当的分配方法和标准，分配计入各种产品成本。

制造费用常用的分配方法主要有：按生产工人工时的比例分配、按定额工时比例分配、按生产工人工资比例分配、按机器工时的比例分配等。在选择分配标准时，一定要考虑是否合理，以保证费用分配的准确性。分配后，“制造费用”账户一般没有余额。计算公式如下：

$$\text{制造费用分配率} = \frac{\text{应分配的制造费用总额}}{\text{各种产品的分配标准额之和}}$$

某种产品应分配的制造费用金额 = 该种产品的分配标准额 × 费用分配率

下面按生产工时作为分配标准，说明制造费用的分配方法。

【例 9-2】 某企业当月生产甲、乙两产品。甲产品生产工时为 4 000 小时，乙产品生产工时为 6 000 小时，制造费用总额 12 000 元，则

$$\text{制造费用分配率} = \frac{12\,000}{4\,000 + 6\,000} = 1.2(\text{元 / 小时})$$

$$\text{甲产品应分配制造费用} = 4\,000 \times 1.2 = 4\,800(\text{元})$$

$$\text{乙产品应分配制造费用} = 6\,000 \times 1.2 = 7\,200(\text{元})$$

根据上述分配结果编制的制造费用分配表的具体格式和内容如表 9-4 所示。

表 9-4 制造费用分配表

应借账户		制造费用		
总账及二级账户	明细账	生产工时数/小时	分配率/(元/小时)	分配金额/元
生产成本——基本生产成本	甲产品	4 000	0.12	4 800
	乙产品	6 000	0.12	7 800
合　计		10 000	0.12	12 000

根据制造费用分配表编制的会计分录如下。

借：生产成本——基本生产成本——甲产品　　4 800

　　　　　　　　　　　　　　——乙产品　　7 200

　贷：制造费用　　12 000

通过以上各种费用的分配和归集，应计入本月产品成本的各种产品的费用都已记入“生产成本——基本生产成本”账户的借方，并已在各种产品之间划分清楚，而且按成本项目分别登记在各自的产品成本计算单(基本生产成本明细账)中了。

四、生产费用在完工产品和在产品之间的分配

通过上述各项费用的归集和分配，基本车间在生产过程中发生的各项费用，已经集中反映在“生产成本——基本生产成本”账户及其明细账的借方。这些费用都是当月发生的产品费用，并不是当月完工产成品成本。要计算出当月产成品成本，还要将当月发生的产品费用，加上月初在产品成本，然后再将其在当月完工产品和月末在产品之间进行划分，以求得当月产成品成本。也就是前面讲到的要划清完工产品和月末在产品之间的费用界限。

当月发生的产品费用和月初、月末在产品及当月完工产品成本的关系可用下列公式表达：

月末在产品成本 ＝ 月初在产品成本＋当月发生产品费用 － 当月完工产品成本

当月完工产品成本 ＝ 月初在产品成本 ＋ 当月发生产品费用 － 月末在产品成本

由于公式中等号右侧前两项是已知数，所以，在完工产品与月末在产品之间分配费用的方法有两种；①将前两项之和按一定比例在后两项之间进行分配，从而求得完工产品与月末在产品的成本；②先确定月末在产品成本，再计算求得完工产品的成本。但无论采用哪一类方法，都必须取得在产品数量的核算资料，因为它们是价值核算的基础。

产品费用在完工产品与产品之间的分配，是成本计算工作中一个重要而又比较复杂的问题。企业应当根据产品的生产特点和企业管理的要求，选择既合理又简便的分配方法。常用的方法有以下几种。

(1) 不计算在产品成本。这种方法是当月发生的产品费用，全部由其完工产品成本负担。它一般适用于各月末的在产品数量很少的情况。这种情况下算不算在产品成本对完工产品成本影响不大，为了简化核算工作，可以不计算在产品成本。

(2) 在产品成本按年初数固定计算。这种方法与第一种方法类似。因为在产品成本每月都按年初数计算固定不变，也就是说，每月月初在产品成本与月末在产品成本相等，产品当月发生的费用全部由当月完工产品成本负担。只有在年终时，才根据实际盘点在产品数量，重新计算在产品成本，这样做是为了避免在产品年初与年末的实际数相差过大，而影响成本计算的准确性。这种方法一般是在各月末在产品数量比较稳定且相差不多的情况下应用。

(3) 在产品成本按其所耗用的原材料费用计算。这种方法是在产品成本按其所耗用的原材料费用计算，其他费用全部由完工产品成本负担。这种方法是在原材料费用在产品成本中占的比重大，而且原材料是在生产开始时一次就全部投入的情况下使用。为了简化核算工作，月末在产品可以只计算原材料费用，其他费用全部由完工产品负担。

(4) 约当产量法。这种方法适用于在产品数量较多、各个月份之间的产品数量变化又较大，且原材料费用和其他各项费用在成本中所占比重相差不多的企业。为了提高成

本计算的正确性,在产品应该既计算原材料费用,又计算其他费用,因此就应当采用约当产量法在完工产品和在产品之间分配费用。

(5) 在产品成本按定额成本计算。这种方法是事先经过调查研究、技术测定或按定额资料,对各个加工阶段上的在产品直接确定一个定额单位成本,月终根据在产品数量分别乘以各项定额单位成本,即可计算出月末在产品的定额成本。将月初在产品成本加上当月发生费用,减去月末在产品的定额成本,就可算出产成品的总成本。产成品总成本除以产成品产量,即为产成品单位成本。

五、成本计算的方法

产品成本计算方法是指根据成本核算的要求,按照一定的对象,归集构成产品成本的生产费用,并按期计算出各种产品总成本及单位成本的方法。企业采用的产品成本计算方法应当根据企业生产特点和成本管理要求确定。不同的企业,生产特点不同,成本管理要求不同,成本计算方法也会不同。会计实务中,成本计算的基本方法有品种法、分批法和分步法。

(一) 品种法

品种法适用于大量大批生产的单步骤生产,如发电、采煤等。在大量大批生产的多步骤生产中,如果生产规模小或者车间是封闭式的(从原材料投入到产品出产的全部生产过程,都在一个车间内进行),或者生产是按流水线组织的,管理上不要求按照生产步骤计算产品成本,也可以采用品种法计算产品成本。如小型水泥厂,虽然是多步骤生产,但也可以采用品种法计算产品成本。又如大量大批生产的铸件熔铸和玻璃制品的熔制等,如果管理上不要求分熔炼与铸造或制造两个生产步骤计算产品成本,也可以采用品种法计算产品成本。此外,辅助生产的供水、供气、供电等单步骤的大量生产,也可以采用品种法计算成本。

(二) 分批法

分批法是指以产品批别为成本计算对象归集分配生产费用、计算产品成本的方法。这种方法适用于单件小批生产的企业,如造船、重型机械设备、精密仪器制造等。

在分批法下,所有生产费用都要按产品批别或订单来归集,成本计算对象是购买者事先订货的订单或企业规定的产品批别,按照每一张订单或每一批产品,设置产品成本明细账(即成本计算单),分别按成本项目登记所发生的生产费用。月末未完工的订单就是在产品,生产成本明细账上归集的成本费用就是在产品成本。订单完工后,生产成本明细账上归集的成本费用就是产成品的成本。因此,这种方法一般只需要在各批产品之间分配费用,不存在将费用在完工产品和在产品之间进行分配的问题。也就是说,分批法下一般成本计算与产品生产周期是保持一致的，而与会计核算期不一定一致。

（三）分步法

产品成本计算的分步法是按照产品的生产步骤计算产品成本的一种方法。它适用于大量大批的多步骤生产，如冶金、纺织、造纸，以及大量大批生产的机械制造等。在这些生产企业中，产品生产可以分为若干个生产步骤进行。例如，钢铁企业可分为炼铁、炼钢、轧钢等步骤；纺织企业可分为纺纱、织布等步骤；造纸企业可分为制浆、制纸、包装等步骤；机械企业可分为铸造、加工、装配等步骤。为了加强各生产步骤的成本管理，往往不仅要求按照产品品种计算成本，而且还要求按照生产步骤计算成本，以便为考核和分析各种产品及其各生产步骤的成本计划的执行情况提供资料。

分步法下，根据成本管理对各生产步骤成本资料的不同要求（是否要计算半成品成本），以及简化计算的需要，各生产步骤成本计算和结转的方法有两种，即逐步结转分步法和平行结转分步法。

逐步结转分步法是指按照产品加工顺序，逐步计算并结转半成品成本，直到最后加工步骤才能计算出产成品成本的方法。它是按照产品加工顺序先计算出第一个加工步骤的半成品成本，然后结转给第二个加工步骤，第二个加工步骤将第一个加工步骤转来的半成品成本加上本步骤耗用的材料和加工费用，计算出第二个加工步骤的半成品成本，如此顺序转移累计，直到最后一个步骤计算出产成品成本。逐步结转分步法是为了分步计算半成品成本而采用的一种分步法，它能提供各步骤半成品成本资料。

平行结转分步法是在计算各步骤成本时，不计算各步骤半成品成本，也不计算各步骤所耗上一步骤的半成品成本，而只计算本步骤发生的各项费用，以及这些费用应计入产品成本的份额，然后将相同产品在各步骤份额平行汇总，就是这种产品的成本。

第三节　费用与成本的核算

为了规范企业费用的计算，国家统一规定：工业企业的费用按其是否计入产品成本分为可计入产品成本的生产费用和不计入产品成本的期间费用。就销售环节来看，费用包括已销产品的生产成本、其他业务支出、营业税金及附加和企业的期间费用。

一、已销产品生产成本的结转

在工业企业中，已销产品的生产成本是营业费用的主体。为了核算已销产品的生产成本，需设置“主营业务成本”账户。该账户借方反映结转已销产品的生产成本，贷方反映销售退回以及期末转入“本年利润”账户的已销产品的成本。期末结转后，该账户无余额。

企业结转已销产品的生产成本时，借记“主营业务成本”账户，贷记“库存商品”账户。

期末结转本年利润时，借记“本年利润”账户，贷记“主营业务成本”账户。

二、其他业务支出的账务处理

其他业务支出是指除产品销售以外的其他业务所发生的支出。企业设置“其他业务支出”账户，用来核算其他销售业务或其他业务发生的各项支出，包括耗用的原材料、应负担的各种费用、应负担各种税金等。“其他业务支出”账户借方反映实际发生的其他业务支出，贷方反映期末转入“本年利润”账户的其他业务支出；期末“其他业务支出”账户结转“本年利润”账户后无余额。“其他业务支出”账户，应按其他业务的种类设置明细账进行明细核算，如可以设置“材料销售”、“技术使用权转让”、“包装物出租”等账户。

企业发生的其他业务支出，借记“其他业务支出”账户，贷记“原材料”、“包装物”、“累计折旧”、“生产成本”、“应付职工薪酬”、“银行存款”、“应交税费”、“其他应交款”等有关账户；期末，将“其他业务支出”账户的余额转入本年利润，借记“本年利润”账户，贷记“其他业务支出”账户。

三、营业税金及附加的核算

企业产品销售收入应缴纳的各种税金(除增值税以外)，均在“营业税金及附加”账户核算。“营业税金及附加”账户的借方反映企业产品销售应缴纳的消费税、资源税、教育费附加、城市维护建设税等，贷方反映期末转入“本年利润”账户的销售税金；期末，“营业税金及附加”账户结转“本年利润”账户后无余额。

企业产品销售，按规定应负担的销售税金及附加，借记“营业税金及附加”账户，贷记“应交税费”、“其他应交款”等账户。期末，将“营业税金及附加”账户余额转入本年利润，借记“本年利润”账户，贷记“营业税金及附加”账户。

四、期间费用的核算

如前所述，期间费用是指与产品生产没有直接关系，不能计入产品成本，而从其当期损益中扣除的费用，包括管理费用、销售费用和财务费用。

(一) 管理费用

管理费用是指企业为组织和管理生产经营活动而发生的各种费用，具体包括企业在筹建期间内发生的开办费、董事会和行政管理部门在企业的经营管理中发生的或者应由企业统一负担的公司经费(包括行政管理部门职工工资及福利费、物料消耗、低值易耗品摊销、办公费和差旅费等)、工会经费、董事会费(包括董事会成员津贴、会议费和差旅费等)、聘请中介机构费、咨询费(含顾问费)、诉讼费、业务招待费、房产税、车船税、土地使用税、印花税、技术转让费、矿产资源补偿费、研究费用、排污费以及企业行政管理部门等发生的固定资产修理费用等。

企业发生的管理费用在“管理费用”账户中核算，并按费用项目设明细账，进行明细核算。“管理费用”账户的借方反映本期实际发生的各项管理费用，贷方反映期末转入“本年利润”账户的管理费用；“管理费用”账户结转“本年利润”后，应无余额。

企业发生的各项管理费用借记“管理费用”账户，贷记“现金”、“银行存款”、“原材料”、“应付职工薪酬”、“无形资产”、“累计折旧”、“应交税费”等账户。期末，将“管理费用”账户借方归集的管理费用全部由“管理费用”账户的贷方转入“本年利润”账户的借方，计入当期损益。

（二）销售费用

销售费用是指企业在销售商品和材料、提供劳务的过程中发生的各种费用，包括企业在销售商品过程中发生的保险费、包装费、展览费和广告费、商品维修费、预计产品质量保证损失、运输费、装卸费等，以及为销售本企业商品而专设的销售机构（含销售网点、售后服务网点等）的职工薪酬、业务费、折旧费、固定资产修理费用等费用。

企业发生的销售费用在“销售费用”账户中核算，并按费用项目设置明细账，进行明细核算。“销售费用”账户的借方反映本期实际发生的各项销售费用，贷方反映期末转入“本年利润”账户的销售费用；“销售费用”账户结转“本年利润”后无余额。

企业发生的各项销售费用借记“销售费用”账户，贷记“现金”、“银行存款”、“应付职工薪酬”等账户；期末，将借方归集的销售费用全部由“销售费用”账户的贷方转入“本年利润”账户的借方，计入当期损益。

金融企业应将“销售费用”账户改为“业务及管理费”账户，核算金融企业在业务经营和管理过程中所发生的各项费用。

（三）财务费用

财务费用是指企业筹集生产经营所需资金而发生的费用，具体包括利息支出（减利息收入后的支出）、汇兑损失（减汇兑收益后的损失）以及相关的手续费、企业发生的现金折扣或收到的现金折扣等。

企业发生的财务费用在“财务费用”账户中核算，并按费用项目设置明细账，进行明细核算。“财务费用”账户的借方反映本期实际发生的财务费用，贷方反映期末转入“本年利润”账户的财务费用；“财务费用”账户结转“本年利润”后无余额。

企业发生的各项财务费用借记“财务费用”账户，贷记“银行存款”、“应付利息”等账户；企业发生的利息收入、汇兑收益借记“银行存款”等账户，贷记“财务费用”账户。期末，将借方归集的财务费用全部由“财务费用”账户的贷方转入“本年利润”账户的借方，计入当期损益。

思考题

1. 什么是费用？什么是成本？费用和成本有何区别和联系？

2. 如何对费用进行分类？

3. 生产成本核算包括哪些程序？成本核算设置哪些主要账户？

4. 生产费用怎样进行归集和分配？

5. 生产费用如何在完工产品和期末在产品之间进行分配？分配的方法一般有哪几种？

6. 成本计算的方法主要有哪几种？

7. 如何根据企业的生产特点和管理要求确定成本计算方法？

8. 管理费用主要内容有哪些？

9. 企业的费用就销售环节看应包括哪几个方面的内容？

练习题

练习1

一、目的

掌握制造费用的分配方法。

二、资料

某企业的第一生产车间当月共发生制造费用 51 820 元，其中折旧费和修理费为 26 880 元，其他费用制造费用为 24 940 元。该车间共生产甲、乙两种产品，甲产品机器工时为 300 小时，乙产品机器工时为 200 小时。甲产品生产工时为 2 500 小时，乙产品生产工时为 1 800 小时。

三、要求

根据上述资料，折旧费和修理费采用机器工时比例法，其他费用采用生产工时比例法分配制造费用。

练习2

一、目的

掌握制造费用的分配方法。

二、资料

某公司 2006 年 6 月各要素费用资料如下。

1. 本月生产 A、B、C 三种产品，直接用于产品生产的主要材料是直接费用，可以直接计入这三种产品成本的“原材料”项目。用于产品生产的辅助材料，属于间接费用，应按直接计入的主要材料费用的比例分配。其主要材料费用为：A 产品 4 800 元，B 产品 6 400 元，C 产品 3 600 元。三种产品共同耗用的辅助材料费用为 1 480 元。

2. 直接用于生产 A、B、C 三种产品的燃料费用共为 680 元，按燃料的定额费用比例分配。根据耗用燃料的产品数量和单位产品的燃料费用定额算出的燃料定额费用为：A 产品 260 元，B 产品 160 元，C 产品 300 元。

3. 直接用于生产 A、B、C 三种产品的外购动力(电力)费用共为 1 750 元，没有分产品安装电表，规定按生产工时比例分配。其生产工时为：A 产品 2 400 小时，B 产品 2 800 小时，C 产品 1 800 小时。

4. A、B、C 三种产品的生产工人工资中，应直接计入的分别为 428 元、360 元、260 元，需要按生产工时比例分配计入的共为 280 元。

三、要求

根据以上资料，计算各种要素费用的分配额，并编制有关的会计分录。

练习 3

一、目的

掌握品种法的成本计算。

二、资料

某企业采用品种法计算产品成本。该企业生产 A、B 两种产品，月末在产品成本只包括原材料价值，不分摊工人工资和其他费用。A、B 两种产品的共同费用按工人工资的比例分配。该企业 2013 年 6 月 A 产品的在产品实际成本为 3 080 元，B 产品无在产品，6 月末 A 产品在产品应负担的原材料为 4 760 元，B 产品全部完工。6 月发生下列经济业务：

1. 基本生产车间领用原材料，实际成本为 18 480 元，其中 A 产品耗用 14 000 元，B 产品耗用 4 480 元。

2. 基本生产车间领用低值易耗品，实际成本 700 元。该企业低值易耗品采用一次摊销法摊销。

3. 计提的固定资产折旧 1 160 元，其中车间折旧费 1 372 元，厂部管理部门折旧 238 元。

4. 应付职工工资 7 000 元，其中生产工人工资 4 200 元(生产 A 产品工人的工资为 2 520 元，生产 B 产品工人的工资为 1 680 元)，车间管理人员工资 700 元，厂部管理人员工资 2 100 元。

5. 提取职工福利费 980 元，其中，生产工人福利费 588 元(A 产品为 352.80 元，B 产品为235.20元),车间管理人员福利费98元,厂部管理人员福利费294元。

三、要求

1. 根据上述经济业务,编制会计分录。

2. 归集并分配本月份制造费用。

3. 计算A、B两种产品总成本及A产品在产品成本,结转完工产品成本。

第十章　收　入

本章要点

(1) 收入的特点及分类。

(2) 销售商品收入的确认与计量、会计处理。

(3) 提供劳务收入的确认与分类、会计处理。

(4) 让渡资产使用权收入的内容及会计处理。

企业从事生产经营活动的主要目的是为了获取利润，而收入是获得利润的前提，并通过获取的收入补偿为此而发生的成本费用，以获得一定的利润。收入作为利润构成的主要来源，受到企业以及企业的投资者和其他相关方面的重视。因此，收入的确认、计量正确与否，直接关系到企业经营业绩的准确性。本章主要讨论收入的概念、特点、分类，收入的确认条件及相关的会计核算要求。

第一节　收入概述

一、收入的概念和特点

收入是指企业在日常活动中形成的、会导致所有者权益增加的、与所有者投入资本无关的经济利益的总流入。收入包括销售商品收入、提供劳务收入和让渡资产使用权收入、建造合同收入等。收入的概念有广义和狭义之分。广义的收入概念不仅包括营业收入，还包括营业外收入，本章中收入的概念拟与我国《企业会计准则》保持一致，采用狭义的收入概念。

收入的特点归纳起来有以下几点：

(1) 收入从企业的日常活动中产生。这种经营活动具有经常性、重复性和可预见性的特点。如企业销售商品、提供劳务产生的收入等，均属于日常活动。有些交易或事项也能为企业带来经济利益，但属于企业的非日常活动，其流入的经济利益是利得，而不是收入。如企业出售生产用的固定资产，则不属于日常活动。因为企业购入固定资产是为了使用，而不是为了出售，因此，出售固定资产获得的净收益不构成收入，而是利得。

(2) 收入会导致企业所有者权益的增加。与收入相关的经济利益的流入应当会导致所有者权益的增加,不会导致所有者权益增加的经济利益的流入不符合收入的定义,不应确认为收入。例如,企业向银行借入款项,尽管也导致了企业经济利益的流入,但该流入并不导致所有者权益的增加,反而使企业承担了一项现时义务。企业对于因借入款项所导致的经济利益的增加,不应将其确认为收入,应当确认为一项负债。

(3) 收入是与所有者投入资本无关的经济利益的总流入。收入应当会导致经济利益的流入,从而导致资产的增加或负债的减少。收入可能表现为企业资产的增加,如增加银行存款、应收账款等;也可能表现为企业负债的减少,如以商品或劳务抵偿债务;或者二者兼而有之。但是在实务中,经济利益的流入有时是所有者投入资本的增加所导致的,所有者投入资本的增加不应当确认为收入,应当将其直接确认为所有者权益。

(4) 收入只包括本企业经济利益的流入,不包括为第三者或客户代收的款项。代收的款项,一方面增加企业的资产;另一方面增加企业的负债,不导致企业所有者权益的增加,也不属于本企业的经济利益,不能作为本企业的收入。

二、收入的分类

(一) 按照收入的性质和内容划分

按照收入的性质和内容,收入可以分为销售商品收入、提供劳务收入和让渡资产使用权收入等。

1. 销售商品收入

销售商品收入是指以取得货币性资产的方式销售商品以及正常情况下以商品清偿债务的交易等取得的收入。这里的商品主要包括企业为销售而生产或购进的商品,如工业企业生产的产品、商品流通企业购进的商品等。企业销售的其他存货如原材料、包装物等也视同商品。

2. 提供劳务收入

提供劳务收入是指企业通过提供劳务实现的收入,如咨询公司提供的咨询服务、软件开发企业为客户开发软件、安装公司提供安装服务等实现的收入。

3. 让渡资产使用权收入

企业让渡资产使用权所获取的收入,包括因他人使用本企业现金而取得的利息收入,主要包括:金融企业存、贷款形成的利息收入,同业之间往来形成的利息收入;因他人使用本企业的无形资产而形成的使用费收入;因他人使用本企业固定资产、包装物而取得的租金收入等。

(二) 按照收入的主次划分

按照企业经营业务的主次,收入可以分为主营业务收入和其他业务收入。

1. **主营业务收入**

主营业务收入是指企业为完成经营目标而从事的经常性活动实现的收入。主营业务收入在企业营业收入总额中所占的比重较大。不同性质企业的经营项目会有较大的差别,对主营业务收入的名称也各有不同。在制造业企业中,主营业务收入主要是产品销售收入,包括销售产成品、自制半成品和提供工业性劳务等所取得的收入;商品流通企业的主营业务收入一般称为商品销售收入;利息收入是金融企业的重要主营业务收入;租金收入则是租赁企业的主营业务收入。在实际工作中,企业的主营业务可以参照"企业营业执照"上注明的主要业务范围来确定。

2. **其他业务收入**

其他业务收入是指与企业为完成其经营目标所从事的经常性活动相关的活动实现的收入。其他业务在企业经营活动中一般不经常发生,产生的收入在企业的营业收入中所占的比重较小且不太稳定。在制造业企业中,其他业务收入是指除了产品销售和提供工业性劳务以外的材料销售、包装物出租和提供非工业性劳务等其他业务带来的收入。此外,不同企业之间也有一些共同性的其他业务收入,如转让技术使用权、商标使用权等无形资产带来的收入。

主营业务收入和其他业务收入都是来自企业正常的、可持续的经营活动,这一点有别于营业外收入,因此,主营业务收入与其他业务收入通常合称为营业收入。

第二节 销售商品收入

一、销售商品收入的确认

所谓收入确认,就是根据一定的收入实现标准将企业发生的经济利益流入登记入账,并在期末正式列入会计报表。销售的实质是商品所有权的转移和销售方向客户方收取货款。所以,商品销售确认的首要条件是商品所有权的转移,而不是商品是否发出。准确地确认营业收入额,对于正确计算企业经营成果、评价企业经营业绩有着十分重要的意义。

企业销售商品时,如果同时符合以下五个条件,即确认收入:

1. **企业已将商品所有权上的主要风险和报酬转移给买方**

风险主要指商品由于可能发生减值或毁损等而造成的损失。报酬是指商品中包含的未来经济利益,包括商品因价值增值或通过使用商品等形成的经济利益。如果一项商品发生的任何损失均不需要本企业承担,带来的经济利益也不归本企业所有,则意味着该商品所有权上的风险和报酬已转移出该企业。

判断企业是否已将商品所有权上的主要风险和报酬转移给购货方,应当关注交易的实质,并结合所有权凭证的转移或实物的交付进行判断。通常情况下,转移商品所有权凭证并交付实物后，商品所有权上的主要风险和报酬随之转移，如大多数零售商品。某些情况下，转移商品所有权凭证或交付实物后，商品所有权上的主要风险和报酬随之转移，企业只保留了次要风险和报酬，如以交款提货方式销售商品，在这种情况下应当视为商品所有权上的风险和报酬已经转移。有时，已交付实物但未转移商品所有权凭证，商品所有权上的主要风险和报酬未随之转移，如采用支付手续费方式委托代销的商品，此时企业销售商品的收入是否取得取决于买方是否已将商品销售出去。

2. 企业既没有保留通常与所有权相联系的继续管理权，也没有对已售出的商品实施有效控制

企业对已售出的商品，根据合同有关条款，仍然保留通常与所有权相联系的继续管理权，或仍然对售出的商品实施控制，说明此项交易行为没有最终完成，销售不能成立，因而不能确认收入。

3. 收入的金额能够可靠地计量

收入的金额能够可靠地计量，是指收入的金额能够合理地估计。如果收入的金额不能够合理估计，就无法确认收入。企业在销售商品时，商品销售价格通常已经确定。但是，由于销售商品过程中某些不确定因素的影响，也有可能存在商品销售价格发生变动的情况。在这种情况下，新的商品销售价格未确定前通常不应确认销售商品收入。

4. 相关的经济利益很可能流入企业

经济利益是指直接或间接流入企业的现金或现金等价物。在销售商品的交易中，与交易相关的经济利益即为销售商品的价款。销售商品的价款能否有把握收回，是收入确认的一个重要条件。当销售商品价款收回的可能性大于不能收回的可能性，即销售商品价款收回的可能性超过50%时，意味着与销售商品相关的经济利益能够流入企业。

5. 相关的已发生或将发生的成本能够可靠地计量

通常情况下，与销售商品相关的已发生或将发生的成本能够合理地估计，如库存商品的成本等。如果库存商品是本企业生产的，其生产成本能够可靠计量；如果是外购的，购买成本能够可靠计量。

二、销售商品收入的计量

企业应当按照从购货方已收或应收的合同或协议价款确定销售商品收入金额，但已收或应收的合同或协议价款不公允的除外。从购货方已收或应收的合同或协议价款，通常为公允价值。但在某些情况下，合同或协议明确规定，销售商品需要延期收取价款，如分期收款销售商品，实质上具有融资性质，应当按照应收的合同或协议价款的公允价值确定收入金额。应收的合同或协议价款的公允价值，通常应当按照其未来现金流量现值或商品现销价格计算确定。应收的合同或协议价款与其公允价值之间的差额，应当在合同或协议期间，按照应收款项的摊余成本和实际利率计算确定的金额进行摊销，冲减财务费用。应收的合同或协议价款与其公允价值之间的差额，按照应收款项的摊余成本和实际利率进行摊销，与直线法摊销结果相差不大的，也可以采用直线法进行摊销。

已收或应收的合同或协议价款不公允的，应当按照公允的交易价格确定收入金额，已收或应收的合同或协议价款与公允的交易价格之间的差额，不应当确认收入。判断已收或应收的合同或协议价款是否公允时，应当关注企业与购货方之间的关系。通常情况下，关联方关系的存在可能导致已收或应收的合同或协议价款不公允。

三、销售商品收入的核算

企业销售商品，应在收入确认时，按确认的收入金额和应收取的增值税，借记"银行存款"、"应收账款"、"应收票据"等账户，按确定的收入金额，贷记"主营业务收入"、"其他业务收入"等账户，按应收取的增值税，贷记"应交税费——应交增值税(销项税额)"账户。同时，还要汇总结转已销商品的实际成本，按结转的实际成本，借记"主营业务成本"账户，贷记"库存商品"等账户。在资产负债表日，按应缴纳的消费税、资源税、城市维护建设税、教育费附加等税费金额，借记"营业税金及附加"账户，贷记"应交税费——应交消费税"(或"应交资源税"、"应交城市维护建设税"等)账户。

如果售出商品不符合收入确认条件，则不应确认收入，已经发出的商品，应当通过"发出商品"账户进行核算。

营业收入及相关成本的核算，由于采用的销售方式不同，其会计处理也有差别。

1. 现款销售商品

企业使用现金、支票一次收回货款的销售称为现款销售。采用这种销售形式，只要货款收到，发票账单和提货单已交给购货方，无论商品是否从仓库提走，都符合销售收入确认的五个条件，应确认为收入。在这种销售方式下，企业应于收到货款并将发票账单和提货单交给购货单位时入账。

【例 10-1】 某企业出售甲产品 1 000 件，每件售价 200 元，产品单位成本 120 元，购货单位用银行存款支付货款，企业已将提货单和发票账单提交给购货单位。该企业适用的增值税税率为 17%。编制会计分录如下。

① 借：银行存款　　234 000
　　贷：主营业务收入　　200 000
　　　　应交税费——应交增值税(销项税额)　　34 000

② 结转已出售主营业务成本：

借：主营业务成本　　120 000
　贷：库存商品——甲产品　　120 000

2. 委托代销方式下的会计处理

代销商品分以下情况确认收入：

(1) 视同买断。即由委托方和受托方签订合同或协议。委托方按合同或协议价收取代销的货款,实际售价可由受托方自定,实际售价与合同或协议价之间的差额归受托方所有。如果合同协议中明确说明无论受托方是否能够卖出、是否获利,均与委托方无关,那么这种委托销售与将商品直接销售给受托方没有实质区别,应当在符合收入确认条件的时候确认相关的销售商品收入。如果合同协议明确标明,将来受托方如果没能将商品销售出去时可以将商品退回给委托方,或者受托方因销售商品发生的亏损可以由委托方补偿,那么应当在委托方收到受托方销售商品的清单时再确认相关的商品销售收入。

(2) 收取手续费。收取手续费即受托方根据所代销的商品数量向委托方收取手续费,这对受托方来说实际上是一种劳务收入。与视同买断方式相比,这种代销方式的主要特点是:受托方通常应按照委托方规定的价格销售,不得自行改变售价。在这种代销方式下,委托方应在受托方将商品销售后,并向委托方开具代销清单时确认收入;受托方在商品销售后,按应收取的手续费确认收入。

【例 10-2】 A 企业委托 D 企业代销一批商品 100 件,该商品成本为 45 元/件。A 企业要求 D 企业按每件 100 元的价格出售商品,A 企业按售价的 20%支付给 D 企业手续费。D 企业实际销售时,即向买方开具了一张增值税专用发票,发票上注明商品售价 10 000 元,增值税 1 700 元。A 企业收到 D 企业交来的代销清单时,向 D 企业开具了一张相同金额的增值税发票。

A 企业的会计分录如下。

① 将商品交付 D 企业

借:委托代销商品　　4 500

　贷:库存商品　　4 500

② 收到代销清单

借:应收账款——D 企业　　11 700

　贷:主营业务收入　　10 000

　　应交税费——应交增值税(销项税额)　　1 700

③ 结转主营业务成本

借:主营业务成本　　4 500

　贷:委托代销商品　　4 500

④ 结算手续费

借:销售费用　　2 000

　贷:应收账款——D 企业　　2 000

⑤ 收到 D 企业汇来的货款净额 9 700 元(11 700－2 000)

借:银行存款　　9 700

　贷:应收账款——D 企业　　9 700

D企业的会计分录如下。

① 收到A企业代销商品

借：受托代销商品　　10 000

　贷：受托代销商品款　　10 000

② 实际销售商品

借：银行存款　　11 700

　贷：应付账款　　10 000

　　　应交税费——应交增值税(销项税额)　　1 700

③ 收到A企业的增值税发票，按可抵扣的进项税额进行抵扣

借：应交税费——应交增值税(进项税额)　　1 700

　贷：应付账款　　1 700

④ 借：受托代销商品款　　10 000

　　贷：受托代销商品　　10 000

⑤ 归还A企业货款并确认代销手续费收入

借：应付账款　　11 700

　贷：银行存款　　9 700

　　　其他业务收入　　2 000

3. 具有融资性质的分期收款方式销售商品

分期收款销售商品是指商品已经交付，货款分期收回。分期收款销售的商品主要是房产、汽车、重型设备等价值较高的商品。一般来说，分期收款销售商品的收款期限较长，如果延期收取的货款具有融资性质，其实质是企业向购货方提供免息的信贷，企业应当按照应收的合同或协议价款的公允价值确定收入金额。应收的合同或协议价款的公允价值，通常应当按照其未来现金流量现值或商品现销价格计算确定。而对于应收的合同或协议价款与其公允价值之间的差额，应当在合同或协议期间内，按照应收款项的摊余成本和实际利率计算确定的金额进行摊销，作为财务费用的抵减处理。应收的合同或协议价款与其公允价值之间的差额，按照实际利率法摊销，与直线法摊销结果相差不大的，也可以采用直线法进行摊销。

要说明的是，这里的实际利率是指具有类似信用等级的企业发行类似金融工具的现时利率，或者将应收的合同或协议价款折现为商品现销价格时的折现率等。

【例10-3】 B公司于2013年1月1日销售一套大型设备，该套设备现销价格为400 000元，成本为300 000元。B公司与购货方协商采用分期收款方式。合同约定分5年分期收款，每年年末收取100 000元，共计500 000元。假设增值税发票在发出商品时开出，税额为85 000元，已收到并存入银行。

分析：B公司应收金额的公允价值为400 000元，与名义金额500 000元差额较大，则

确认收入时应采用公允价值计量。

年金现值系数$(P/A, r, 5)=400\ 000\div 100\ 000=4$，通过查年金现值系数表，可知：

当$r=7\%$时，$(P/A, 7\%, 5)=4.100\ 2$；

当$r=8\%$时，$(P/A, 8\%, 5)=3.992\ 7$。

因此，$7\%<r<8\%$。用插值法计算得出$r=7.93\%$。

即将名义金额折现为当前售价的利率为7.93%。相关计算如表10-1所示。

表10-1 财务费用和已收本金计算表 单位：元

日期	未收的本金 (1)=上年(1)−(3)	利息收益 (2)=(1)×7.93%	收取的本金 (3)=(4)−(2)	收取的本利和 (4)
2013-01-01	400 000	0	0	0
2013-12-31	400 000	31 720	68 280	1 00 000
2014-12-31	331 720	26 305.4	73 694.6	100 000
2015-12-31	258 025.4	20 461.41	79 538.59	1 00 000
2016-12-31	178 486.81	14 154	85 846	100 000
2017-12-31	92 640.81	7 359.19	92 640.81	100 000
总额		100 000	400 000	500 000

B公司的会计分录如下。

① 销售实现

借：长期应收款　　500 000
　　银行存款　　85 000
　贷：主营业务收入　　400 000
　　应交税金——应交增值税(销项税额)　　85 000
　　未实现融资收益　　100 000
借：主营业务成本　　300 000
　贷：库存商品　　300 000

② 第一年年末

借：银行存款　　100 000
　贷：长期应收款　　100 000
借：未实现融资收益　　31 720
　贷：财务费用　　31 720

2014年年末到2017年年末的账务处理方法与上面的相同，只是金额不同。

4. 以旧换新销售商品

以旧换新是指销售方在销售商品的同时回收与所售商品相同的旧商品。在这种销售方式下，销售的商品按照商品销售的方法确认收入，回收的商品作为购进商品处理。

企业在销售商品过程中，有时会代第三方或客户收取一些款项。例如，企业代国家收取增值税，旅行社代客户购买门票、飞机票而收取票款等。这些代收款应作为暂收款记入相关的负债类账户，不作为企业的收入处理。

5. 售后回购

售后回购是指销售商品的同时，销售方同意日后再将同样或类似的商品购回的销售方式。在这种方式下，销售方应根据合同或协议条款判断企业是否已将商品所有权上的主要风险和报酬转移给购货方，以确定是否确认销售商品收入。在大多数情况下，回购价格固定或等于原售价加合理回报。售后回购交易属于融资交易，商品所有权上的主要风险和报酬没有转移，收到的款项应确认为负债；回购价格大于原售价的差额，企业应在回购期间按期计提利息，计入财务费用。

四、销售商品收入的抵减项目

企业在商品销售过程中，会发生销售退回、销售折让和商业折扣等情况。企业发生这些情况，应作为营业收入的抵减项目处理。抵减是指用销售退回、折让和折扣的金额，减少主营业务收入，以反映主营业务收入的实际数额。

（一）销售退回

销售退回是指企业销售出去的商品由于质量、品种不符合要求等原因而发生的退货。销售退回可能发生在企业确认收入之前，也可能发生在企业确认收入之后。因此，销售退回应当分情况处理：

(1) 未确认收入的已发出商品的销售退回。对于发生在企业确认收入之前的销售退回，应将发出商品的成本转回，从“发出商品”账户转入“库存商品”账户。

(2) 已确认收入的销售商品退回。如果企业确认收入后，又发生销售退回，一般是应冲减退回当期的销售收入，同时冲减当期销售商品成本。如果该项销售退回已发生现金折扣，应同时调整相关财务费用的金额；如果该项销售退回允许扣减增值税额，应同时调整应交增值税销项税额的相应金额。

【例 10-4】 2013 年 11 月 20 日，A 公司向 B 公司销售一批商品，开出的增值税专用发票上注明的销售价格为 100 000 元，增值税税额为 17 000 元。该批商品成本为 52 000 元。为及早收回货款，A 公司和 B 公司约定的现金折扣条件为“2/10、1/20、*n*/30”，B 公司在 2013 年 11 月 30 日支付货款。2013 年 12 月 20 日，该批商品因质量问题被 B 公司退回。假定计算现金折扣时不考虑增值税，销售退回不属于资产负债表日后事项，企业尚未支付退货款项。A 公司的账务处理如下：

① 2013 年 11 月 20 日销售实现并确认收入

借：应收账款　　　　　　　　　　117 000

贷：主营业务收入　　100 000
　应交税费——应交增值税(销项税额)　　17 000

借：主营业务成本　　52 000
　贷：库存商品　　52 000

② 2013 年 11 月 30 日收到货款

A 公司提供的现金折扣 = 100 000 × 2% = 2 000(元)

A 公司实际收款 = 117 000 − 2 000 = 115 000(元)

借：银行存款　　115 000
　财务费用　　2 000
　贷：应收账款　　117 000

③ 2013 年 12 月 20 日发生销售退回

借：主营业务收入　　100 000
　应交税费——应交增值税(销项税额)　　17 000
　贷：应付账款　　115 000
　　财务费用　　2 000

借：库存商品　　52 000
　贷：主营业务成本　　52 000

(3) 属于资产负债表日后事项的已确认收入的售出商品发生的销售退回。属于资产负债表日后事项的，应当按照有关资产负债表日后事项的相关规定进行会计处理。

(二) 销售折让

销售折让是指企业因售出的商品质量不合格等原因而在售价上给予的减让。销售折让可能发生在企业确认收入之前，也可能发生在企业确认收入之后。如为前者，说明其相当于商业折扣，因而可以采用与处理商业折扣相同的方法进行处理。关于销售折让发生在企业确认收入后时的处理，存在不同做法：

(1) 不属于资产负债表日后事项的已确认销售收入的售出商品发生销售折让，应在发生时冲减当期销售商品收入。如按规定允许扣减增值税额的，还应冲减已确认的应交增值税销项税额。

(2) 已确认收入的销售折让属于资产负债表日后事项的，应当按照有关资产负债表日后事项的相关规定进行处理。

【例 10-5】 某公司销售一批商品，增值税专用发票上注明的销售价格为 1 000 000 元，增值税税额为 170 000 元。货运到后，购货方发现商品质量不合格，要求在价格上给予 5%的折让。假定已获得税务部门开具的索取折让证明单，并开具了红字增值税专用发票。有关账务处理如下。

① 销售实现

借：应收账款　　　　　　　　　　　　　　　1 170 000

　贷：主营业务收入　　　　　　　　　　　　　1 000 000

　　　应交税费——应交增值税(销项税额)　　　　170 000

② 发生销售折让

借：主营业务收入　　　　　　　　　　　　　50 000

　　应交税费——应交增值税(销项税额)　　　8 500

　贷：应收账款　　　　　　　　　　　　　　　5 8500

③ 实际收到款项

借：银行存款　　　　　　　　　　　　　　　1 111 500

　贷：应收账款　　　　　　　　　　　　　　　1 111 500

(三) 商业折扣

商业折扣是指企业为促销而在商品的标价上给予的扣除。如商品打折、批量销售就是商业折扣的例子。反映在会计处理上,由于商业折扣发生在销售时而不是像现金折扣那样发生在销售收入确认之后,因此,企业在确认收入时,确认的收入额应是扣除了商业折扣的金额。

第三节　提供劳务收入

一、劳务及劳务收入的分类

提供劳务收入是指不以实物形式而是以提供服务的形式满足他人某种特殊需要而取得的收入。

企业提供劳务的种类有很多,如旅游、运输、饮食、广告、理发、照相、洗染、咨询、代理、培训、产品安装等。有关劳务划分的标准也有多种,为了便于会计核算,一般以提供的劳务是否跨年度作为划分标准,分为不跨年度的劳务和跨年度的劳务。不跨年度的劳务是指劳务的开始和完成在同一个年度;跨年度的劳务是指劳务的开始和完成分别在不同的年度。基于对劳务的这种划分,劳务收入也分为不跨年度的劳务收入和跨年度的劳务收入。

二、提供劳务收入的确认和会计处理

提供一项劳务取得的总收入,一般按照企业与接受劳务方签订的合同或协议的金额确定。如果有现金折扣,应在实际发生时计入财务费用。劳务收入应分别按下列情况确认和计量：一是在同一会计年度内开始并完成的劳务，企业应在劳务完成时确认，确认的金额为合同或协议总金额，确认方法可参照商品销售收入的确认原则；二是劳务的开始和完成分属不同的会计年度，对此类跨年度的劳务收入，应在资产负债表日视劳务的结果是否能可靠估计来区别处理。

（一）劳务完成时确认收入

对于开始和结束均在同一会计年度且一次完成的劳务，企业应在提供劳务完成时按所确定的收入金额确认收入；发生与之相关的支出，计入主营业务成本。

对于持续一段时间但在同一会计期间内开始并完成的劳务，企业应在提供劳务完成时确认收入；有关支出确认为费用之前，企业可列入劳务成本，待确认为费用时，再将劳务成本转入主营业务成本。

【例 10-6】 2013 年 6 月 1 日，某公司施工企业接受一项设备安装，该安装需要持续 5 个月后于 2013 年 10 月 31 日完成，合同总收入为 110 000 元，尚未结算；实际发生成本 70 000 元，任务完成时，该公司编制如下会计分录。

借：应收账款　　110 000
　贷：主营业务收入　　110 000
借：主营业务成本　　70 000
　贷：劳务成本　　70 000

（二）提供劳务的结果能够可靠估计——完工百分比法

劳务的开始和完成分属不同的会计年度，在资产负债表日，如果提供劳务的结果能够可靠估计，则应采用完工百分比法确认收入和费用。如果交易的结果能同时满足以下三个条件，则可以认为提供劳务的交易结果能够可靠估计：

(1) 收入的金额能够可靠地计量，即提供劳务收入的总额能够合理地估计。

(2) 与交易相关的经济利益能够流入企业。

(3) 劳务的完成程度能够可靠地确定。

完工百分比法是指按照劳务的完成程度确认收入和费用的方法。用完工百分比法确认收入，仅适用于提供劳务的交易。当劳务的开始和完成分属不同的会计年度时，为准确反映每一会计年度的收入、费用和利润情况，企业应在资产负债表日按劳务的完成程度确认收入和相关费用。

本年确认的收入 ＝ 劳务总收入 × 本年末止劳务的完成程度 － 以前年度已确认的收入

本年确认的费用 ＝ 劳务总成本 × 本年末止劳务的完成程度 － 以前年度已确认的费用

【例 10-7】 甲企业于 2013 年 11 月 1 日提供一项产品安装劳务，安装期为 3 个月，合同总收入为 300 000 元，截至年底已预收款项 220 000 元，实际发生成本 140 000 元，估计还会发生 60 000 元的成本。

企业首先按实际发生的成本占估计总成本的比例确定劳务的完成程度：

实际发生的成本占估计总成本的比例 = 140 000 ÷ (140 000 + 60 000) = 70%

所以，2013 年应确认的收入 = 300 000 × 70% − 0 = 210 000(元)

2013 年结转成本 = 200 000 × 70% − 0 = 140 000(元)

甲企业编制会计分录如下。

① 实际发生成本

借：劳务成本　　140 000

　贷：应付职工薪酬　　140 000

② 预收账款

借：银行存款　　220 000

　贷：预收账款　　220 000

③ 确认收入

借：预收账款　　210 000

　贷：主营业务收入　　210 000

④ 结转成本

借：主营业务成本　　140 000

　贷：劳务成本　　140 000

（三）提供劳务的交易结果不能可靠估计——其他方法

企业在资产负债表日提供劳务交易结果不能够可靠估计的，则不能按完工百分比法确认收入。这时企业应正确预计已经发生的劳务成本能够得到补偿和不能得到补偿，分别进行会计处理：

(1) 已经发生的劳务成本预计能够得到补偿的，应按已收或预计能够收回的金额确认提供劳务收入，并结转已经发生的劳务成本。

(2) 已经发生的劳务成本预计全部不能得到补偿的，应将已经发生的劳务成本计入当期损益，不确认提供劳务收入。

（四）同时销售商品和提供劳务交易

企业与其他企业签订的合同或协议包括销售商品和提供劳务时，销售商品部分和提供劳务部分能够区分且能够单独计量的，应当将销售商品的部分作为销售商品处理，将提供劳务的部分作为提供劳务处理。

销售商品部分和提供劳务部分不能够区分，或虽能区分但不能够单独计量的，应当将销售商品部分和提供劳务部分全部作为销售商品处理。

【例 10-8】 A 公司与 B 公司签订合同，A 公司向 B 公司销售一台设备并负责安装。A 公司开出的增值税专用发票上注明的价款合计为 1 000 000 元，其中设备销售价格为 980 000 元，安装费为 20 000 元，增值税税额为 170 000 元。设备的制造成本为 760 000 元。电梯安装过程中发生安装费 12 000 元，均为安装人员薪酬。假定电梯已经安装完成并经验收合格，款项尚未收到；安装工作是销售合同的重要组成部分。A 公司的账务处理如下。

① 电梯发出时

借：发出商品　　760 000

　贷：库存商品　　760 000

② 实际发生安装费用 12 000 元时

借：劳务成本　　12 000

　贷：应付职工薪酬　　12 000

③ 电梯销售实现确认收入 980 000 元并结转电梯成本 760 000 元时

借：应收账款　　1 150 000

　贷：主营业务收入　　980 000

　　应交税费——应交增值税（销项税额）　　170 000

借：主营业务成本　　760 000

　贷：发出商品　　760 000

④ 确认安装费收入 20 000 元并结转安装成本 12 000 元时

借：应收账款　　20 000

　贷：主营业务收入　　20 000

借：主营业务成本　　12 000

　贷：劳务成本　　12 000

【例 10-9】 沿用例 10-8 的资料，同时假定设备销售价格和安装费用无法区分。A 公司的账务处理如下：

(1) 电梯发出时

借：发出商品　　760 000

　贷：库存商品　　760 000

(2) 发生安装费用 12 000 元时

借：劳务成本　　12 000

　贷：应付职工薪酬　　12 000

(3) 销售实现确认收入 1 000 000 元并结转成本 772 000 元时

借：应收账款　　1 170 000

　贷：主营业务收入　　1 000 000

　　应交税费——应交增值税（销项税额）　　170 000

借：主营业务成本　　772 000

　贷：发出商品　　760 000

　　　劳务成本　　12 000

（五）特殊劳务收入的确认

(1) 安装费收入。如果安装费用是与商品销售分开的，则应在年度终了时根据安装的完工程度确认收入；如果安装费用是商品销售的一部分，则应与所销售的商品同时确认收入。

(2) 广告费收入。宣传媒介的佣金收入应在相关的广告或商品行为开始出现于公众面前时予以确认。广告的制作佣金收入则应在年度终了时根据项目的完成程度确认。

(3) 入场费收入。因艺术表演、招待宴会以及其他特殊活动而产生的收入，应在这些活动发生时予以确认。如果是一笔预收几项活动的费用，则这笔预收款应合理分配给每项活动。

(4) 申请入会费和会员费只允许取得会籍，所有其他服务或商品都要另行收费的，通常应在款项收回不存在重大不确定性时确认为收入。申请入会费和会员费能使会员在会员期内得到各种服务或出版物，或者以低于非会员的价格销售商品或提供服务的，通常应在整个受益期内分期确认为收入。

(5) 特许权费收入。特许权费收入包括提供初始及后续服务、设备和其他有形资产及专门技术等方面的收入。其中，属于提供设备和其他有形资产的部分，应在这些资产的所有权转移时确认为收入。属于初始及后续服务的部分，在提供服务时确认为收入。

(6) 订制软件收入。订制软件主要是指为特定客户开发软件，不包括开发通用软件。订制软件收入应在资产负债表日根据开发的完工程度确认收入。

(7) 包括在商品售价内的服务费。如商品的售价内包括可区分的在售后一定期限内的服务费，企业应在商品销售实现时，按售价扣除服务费后的余额确认为商品销售收入。服务费是递延至提供服务的期间内确认为收入。

(8) 长期为客户提供重复劳务收取的劳务费，通常在相关劳务活动发生时确认收入。

第四节　让渡资产使用权收入

一、让渡资产使用权收入的内容

让渡资产使用权收入是指其他企业、单位和个人使用本企业资产而形成的收入。包括以下几项：

(1) 利息收入，是指金融企业存、贷款形成的利息收入以及同业之间发生往来形成的利息收入。

(2) 使用费收入，是指因使用本企业的专利权、商标权、专营权、版权和计算机软件等无形资产而形成的收入。

二、让渡资产使用权收入的确认

与销售商品和提供劳务相比，他人使用本企业资产的交易比较简单，不需要考虑诸如所售商品所有权上的主要风险和报酬是否已转移、提供劳务交易的结果是否可以可靠地估计等问题。反映在收入确认上，他人使用本企业的资产形成的收入，只要符合以下原则即可确认：

(1) 与交易相关的经济利益很可能流入企业；

(2) 收入的金额能够可靠地计量。

三、让渡资产使用权收入的会计处理

(一) 利息收入

利息收入按照他人使用本企业货币资金的时间和实际利率计算确定利息收入金额。按计算确定的利息收入金额，借记"应收利息"、"银行存款"等账户，贷记"利息收入"、"其他业务收入"等账户。

【例 10-10】 甲商业银行于 2013 年 10 月 1 日向乙公司发放一笔贷款 100 万元，期限为 1 年，年利率为 5%。甲商业银行发放贷款时没有发生交易费用，该贷款合同利率与其实际利率相同。假定甲商业银行按季度编制财务报表，不考虑其他因素。甲商业银行的会计处理如下。

① 2013 年 10 月 1 日对外贷款

借：贷款	1 000 000	
贷：吸收存款		1 000 000

② 2013 年 12 月 31 日确认利息收入

借：应收利息(1 000 000×5%÷4)	12 500	
贷：利息收入(1 000 000×5%÷4)		12 500

(二) 使用费收入

使用费收入应按有关合同或协议规定的收费时间和方法确认。如果合同、协议规定使用费一次支付，且不提供后期服务的，收到使用费时确认收入；如果提供后期服务的，应在合同、协议规定的有效期内分期确认收入。如果合同规定分期支付使用费，应按合同规定的收款时间和金额或合同规定的收费方法计算的金额分期确认收入。使用费收入在确认时，应按确定的收入金额借记“应收账款”。

【例 10-11】 甲企业向乙企业转让其商标使用权，合同规定乙企业每年年末按年销售收入的10%支付给甲企业使用费，使用期10年。假设第一年乙企业销售收入为2 000 000元，第二年销售收入为3 000 000元，这两年的使用费按期支付。甲企业编制会计分录如下。

① 第一年年末确认使用费收入时

借：银行存款(2 000 000×10%)　　200 000

　贷：其他业务收入(2 000 000×10%)　　200 000

② 第二年末确认使用费收入时

借：银行存款(3 000 000×10%)　　300 000

　贷：其他业务收入(3 000 000×10%)　　300 000

思 考 题

1. 收入有哪些特点？收入如何分类？
2. 确认销售商品收入应同时具备哪些条件？
3. 存在现金折扣、商业折扣时，如何确定销售商品收入的金额？
4. 销售退回的情况有哪几种？各种情况下如何进行会计处理？
5. 在同一会计期间内开始并完成的提供劳务如何确认收入？如何进行具体会计处理？
6. 采用完工百分比法确认劳务收入的条件是什么？在完工百分比法下，本期确认的收入和费用如何计算？如何进行会计处理？
7. 让渡资产使用权收入包括哪些内容？如何确认和计量？

练 习 题

练习1

一、目的

掌握现金折扣的账务处理。

二、资料

A公司在2013年6月1日向B公司销售一批商品，开出的增值税专用发票上注明的销售价款为30 000元，增值税税额为5 100元。为了及早收回货款，A公司和B公司约定的现金折扣条件为“2/10、1/20、n/30”。假定计算现金折扣时不考虑增值税额。

三、要求

分别编制当B公司在6月8日付清货款、在6月19日付清货款以及在6月底付清货款时A公司的会计分录。

练习2

一、目的

掌握销售折让的账务处理。

二、资料

A公司销售一批商品给B公司，开出的增值税专用发票上注明的售价为200 000元，增值税税额为34 000元。该批商品的成本为140 000元。货到后，B公司发现商品质量不合格，要求A公司在价格上给予5%的折让。B公司提出的销售折让要求符合原合同的约定，A公司同意并办妥了相关手续，开具了增值税专用发票(红字)。假定此前A公司已确认该批商品的销售收入，销售款项尚未收到，发生的销售折让不允许扣减当期增值税销项税额。

三、要求

编制A公司销售折让的会计分录。

练习3

一、目的

掌握劳务收入的账务处理。

二、资料

甲公司于2013年10月1日与乙公司签订合同，为乙公司订制一项软件，工期大约5个月，合同总收入为8 000 000元。截至2013年12月31日，甲公司已发生成本4 400 000元(假定均为开发人员薪酬)，预收账款5 000 000元。甲公司预计开发该软件还将发生成本1 600 000元。2013年12月31日，经专业测量师测量，该软件的完工进度为60%。假定甲公司按季度编制财务报表。

三、要求

1. 计算甲公司2013年该项目应确认的收入和费用。
2. 编制甲公司2013年收到项目款、确认收入和费用的会计分录。

第十一章 利 润

本章要点

(1) 利润的含义及构成。

(2) 利润的形成及会计处理。

(3) 所得税的计算与会计处理。

(4) 利润分配的会计处理。

利润是企业一定时期生产经营成果的最终体现,反映了企业一定时期的盈利能力,也是衡量企业经营绩效的综合性指标。企业只有最大限度地获取利润,才能为企业的发展提供源泉,也才能提供回报给投资者。利润的计算和分配直接关系到企业与有关各方的利益。本章主要讨论企业利润形成、所得税的确定和利润分配的相关会计问题。

第一节 利润的形成

一、利润及其构成

利润是企业在一定会计期间的经营成果,包括收入减去费用后的净额、直接计入当期利润的利得和损失等。直接计入当期利润的利得和损失,是指应当计入当期损益、会导致所有者权益发生增减变动的、与所有者投入或者向所有者分配利润无关的经济利益的流入和经济利益的流出。利润金额取决于收入和费用、直接计入当期利得和损失的计量。企业经营范围不同,利润的构成也不同,但一般包括营业利润和营业外收支净额两部分。利润的有关计算公式如下。

(一) 营业利润

营业利润是指企业某一会计期间日常活动所产生的利润,是企业利润的最重要组成部分。它是企业日常活动的营业收入、公允价值变动收益、投资收益等收入扣除日常活动中与其相关所发生的营业成本、营业税金、期间费用、资产减值损失、公允价值变动损失、投资损失等费用、成本的结果,是企业利润的主要来源。其中,营业收入包括主营业务收入和其他业务收入，营业成本包括主营业务成本和其他业务成本。

营业利润 = 营业收入 − 营业成本 − 营业税金及附加 − 销售费用
− 管理费用 − 财务费用 − 资产减值损失
± 公允价值变动损益 ± 投资损益

通过营业利润指标，可以较为恰当地反映企业管理者的经营业绩，有助于投资者、债权人进行盈利预测，并做出正确决策。

（二）利润总额

利润总额是企业生产经营成果的综合反映，是企业会计核算的重要组成部分。企业在生产经营过程中，通过销售过程将商品卖给购买方，实现收入，收入扣除当初的投入成本以及其他一系列费用，再加减非经营性质的收支，即为企业的利润总额或亏损总额。

利润总额 = 营业利润 + 营业外收入 − 营业外支出

（三）净利润

净利润是指企业的利润总额减去所得税费用后的金额。

净利润 = 利润总额 − 所得税费用

二、营业外收支

营业外收支是指企业发生的与日常活动无直接关系的各项收支。营业外收支虽然与企业生产经营活动没有多大的关系，但从企业主体来考虑，同样带来收入或形成企业的支出，也是增加或减少利润的因素，对企业的利润总额及净利润产生影响。

（一）营业外收支的内容

1. 营业外收入的内容

营业外收入是指企业发生的与日常活动无直接关系的各项利得。主要内容包括非流动资产处置利得、非货币性资产交换利得、债务重组利得、捐赠利得、政府补助、盘盈利得等。

(1) 非流动资产处置利得。包括固定资产处置利得和无形资产出售利得。固定资产处置利得是指固定资产处置后的净收益，出售、报废和毁损的固定资产在清理后，所收回出售固定资产的价款、所得报废及毁损固定资产的残料价值或变价收入以及赔偿金等扣除固定资产净值、清理费用等后的余额。无形资产出售利得是指企业出售无形资产所取得价款扣除出售无形资产的账面价值及相关税费的净收益。

(2) 非货币性资产交换利得。这是指在非货币性交易中，以公允价值为基础计量换入资产价值时，其公允价值大于换出资产的账面价值的差额，扣除相关费用后计入营业外收入的金额。

(3) 债务重组利得。这是指企业在债务重组过程中，债务人因为债权人让步、改变偿债条件或偿债方式而出现的重组债务的账面价值大于实际支付的现金、转让的非现金资产公允价值、转为股权的公允价值的差额。

(4) 捐赠利得。这是指企业接受捐赠而获得的利得。

(5) 政府补助。这是指企业取得的与资产相关的政府补助，在相关资产使用寿命内平均分配而计入当期损益的利得；或企业取得的与收益相关的政府补助，用于补偿以后期间的相关费用或损失而于确认相关费用期间计入当期损益的利得；或企业取得的与收益相关的政府补助，用于补偿已发生的相关费用或损失而直接计入当期损益的利得。

(6) 盘盈利得。这是指企业对于现金等资产清查盘点中盘盈的资产，报经批准后计入营业外收入的金额，一般指现金盘盈。

2. 营业外支出的内容

营业外支出是指企业发生的与日常活动无直接关系的各项损失。主要内容包括非流动资产处置损失、非货币性资产交换损失、债务重组损失、公益性捐赠支出、非常损失等。

(1) 非流动资产处置损失。包括固定资产处置损失和无形资产出售损失。固定资产处置损失是指企业出售固定资产所取得价款或报废固定资产的残料价值和变价收入等，不足以抵补处置固定资产的账面价值、清理费用、处置相关税费后的净损失。无形资产出售损失是指企业出售无形资产所取得价款，不足以抵补出售无形资产的账面价值、出售相关税费后的净损失。

(2) 非货币性资产交换损失。这是指在非货币性交易中，以公允价值为基础计量换入资产价值时，其公允价值小于换出资产的账面价值的差额，扣除相关费用后计入营业外支出的金额。

(3) 债务重组损失。即企业在债务重组过程中，债权人让步并改变偿债条件或偿债方式而出现的重组债务的账面价值小于实际支付的现金、转让的非现金资产公允价值或转为股权的公允价值的差额。

(4) 公益性捐赠支出。这是指国内重大救灾或慈善事业的救济性捐赠支出。其他捐赠支出应由企业税后留利列支。

(5) 非常损失。这是指企业对于客观因素(如自然灾害等)造成的各项资产净损失(扣除保险赔款及残值)，以及由此造成的停工损失和善后清理费用。

(二) 营业外收支的核算

企业营业外收支的核算是通过设置“营业外收入”账户和“营业外支出”账户进行的。“营业外收入”账户的贷方登记企业发生的与日常活动无直接关系的各项营业外收入数额，借方登记期末转入“本年利润”账户的营业外收入，结转后“营业外收入”账户无余额。其明细账应按“营业外收入”项目设置。

"营业外支出"账户借方登记企业发生的与日常活动无直接关系的各项营业外支出数额,贷方登记期末转入"本年利润"账户的营业外支出,结转后"营业外支出"账户无余额。其明细账应按"营业外支出"项目设置。

三、政府补助

(一) 政府补助的概念和形式

政府补助是指企业从政府无偿取得的货币性资产或非货币性资产,但不包括政府作为企业所有者投入的资本。这里所讲的"政府"包括各级人民政府以及政府组成部门(如财政部门、卫生部门)、政府直属机构(如税务部门、环保部门)等。

政府补助主要有以下几种形式:

(1) 财政拨款。财政拨款是政府无偿拨付给企业的资金,通常在拨款时明确规定了资金用途,如财政部门拨给企业用于购建固定资产或技术改造的专项资金、粮食定额补贴、研发补贴等。

(2) 财政贴息。财政贴息是政府为支持特定领域或区域发展,根据国家宏观经济形势和政策目标,对承贷企业的银行贷款利息给予的补贴,如向中小企业贴息贷款、向高新产业贴息贷款等。

(3) 税收返还。按照国家有关规定采取先征后返(退)、即征即退等办法向企业返还的税款,属于以税收优惠给予的政府补助。增值税出口退税不属于政府补助。此外,直接免税、减征、抵免、增加计税抵扣额等也不属于政府补助范围。

(4) 无偿划拨非货币性资产。如行政划拨土地使用权、天然起源的天然林等。

(二) 政府补助的核算

1. 与资产相关的政府补助的核算

与资产相关的政府补助是指企业取得的、用于购建或以其他方式形成长期资产的政府补助。

企业取得的与资产相关的政府补助,不能直接全额确认为当期损益,应当确认为递延收益,自相关资产达到预定可使用状态时起,在该资产使用寿命内平均分配,分次计入以后各期的营业外收入。相关资产在使用寿命结束前被出售、转让、报废或发生毁损的,应将尚未分配的递延收益余额一次性转入资产处置当期的损益。

企业应设置"递延收益"账户,核算企业根据政府补助准则确认的应在以后期间计入当期损益的政府补助金额。其明细账应当按照政府补助的种类设置。

【例 11-1】 2013 年 2 月 1 日,W 公司收到政府拨付的财政拨款 6 000 000 元,款项已存入银行,要求进行设备技术改造。2013 年 3 月 1 日,W 公司用财政拨款购入不需安装的设备一台，设备购置成本为 6 600 000，其中 600 000 元以自有资金支付。设备使用寿命为 10 年，采用直线法计提折旧(假设无残值)。编制会计分录如下。

① 收到拨款

借：银行存款　　6 000 000

　贷：递延收益　　6 000 000

② 购入设备

借：固定资产　　6 600 000

　贷：银行存款　　6 600 000

③ 自 2013 年 4 月起每月计提折旧，同时分摊递延收益

借：管理费用　　55 000

　贷：累计折旧　　55 000

借：递延收益　　50 000

　贷：营业外收入　　50 000

2. 与收益相关的政府补助的核算

与收益相关的政府补助是指除与资产相关的政府补助之外的政府补助。与收益相关的政府补助通常以银行转账的方式拨付，应当在实际收到款项时按照到账的实际金额确认和计量。只有存在确凿证据表明该项补助是按照固定的定额标准拨付的，才可以在这项补助成为应收款时予以确认并按照应收的金额计量。

与收益相关的政府补助用于补偿企业已发生费用或损失的，取得时直接计入当期营业外收入。用于补偿企业以后期间费用或损失的，在取得时先确认为递延收益，然后在确认相关费用的期间计入当期营业外收入。

【例 11-2】 按照国家相关规定，D 公司生产的产品适用增值税先征后返政策，即先按规定征收增值税，然后按实际缴纳的增值税税额返还 70%。2013 年 6 月，该公司实际缴纳增值税 3 000 000 元。2013 年 7 月，该公司实际收到返还的增值税 2 100 000。D 公司收到返还的增值税时，编制会计分录如下。

借：银行存款　　2 100 000

　贷：营业外收入　　2 100 000

有些情况下，企业可能不容易分清与收益相关的政府补助是用于补偿已发生的费用，还是用于补偿以后将发生的费用。根据重要性原则，企业通常可以将与收益相关的政府补助直接计入当期营业外收入，对于金额较大的政府补助，可以分期计入营业外收入。

政府补助为非货币性资产的，如果该资产附带有关文件、协议、发票、报关单等凭证注明的价值与公允价值差异不大的，应当以有关凭证中注明的价值作为公允价值；如果没有注明价值或注明价值与公允价值差异较大，但有活跃市场的，应当根据有确凿证据表明的同类或类似资产市场价格作为公允价值；如果没有注明价值且没有活跃市场，不能可靠取

得公允价值的，应当按照名义金额计量。名义金额为 1 元。

四、本年利润

企业实现的利润（或亏损）总额，应设置“本年利润”账户进行核算。期末将各损益类账户的余额转入“本年利润”账户，其中将收入账户的余额转入“本年利润”账户的贷方，将支出账户的余额转入“本年利润”账户的借方。结转后，“本年利润”账户如为贷方余额，即为本期利润总额；“本年利润”账户如为借方余额，即为本期亏损总额。

企业应按月度、年度计算利润总额。会计实务中，利润总额形成的方法有账结法和表结法两种。每月月末，企业可根据实际情况自行选择；年终，应采用账结法。

账结法是指通过编制记账凭证来完成损益结转工作的方法。采用账结法确定本年利润，应在期末将该期间各损益类账户的余额转入“本年利润”账户，通过“本年利润”账户算出本期的利润总额或亏损总额。

结转收入类账户时，借记“主营业务收入”、“其他业务收入”、“投资收益”、“公允价值变动损益”、“营业外收入”等账户，贷记“本年利润”账户。

结转费用类账户时，借记“本年利润”账户，贷记“主营业务成本”、“营业税金及附加”、“其他业务成本”、“销售费用”、“管理费用”、“财务费用”、“资产减值损失”、“投资收益”、“公允价值变动损益”、“营业外支出”、“所得税费用”等账户。结转后，期末各损益类账户应无余额，“本年利润”账户如为贷方余额，反映企业自年初至期末累计实现的净利润；如为借方余额，反映企业自年初至期末累计发生的净亏损。

采用账结法编制结转损益分录的工作量较大，一般适用于年末结算。

【例 11-3】 2013 年 12 月 31 日，Z 公司结账前各损益类账户余额如表 11-1 所示。

表 11-1 各损益类账户余额

账户	贷方余额	借方余额
主营业务收入	2 590 000	
其他业务收入	74 000	
投资收益	52 500	
公允价值变动损益	49 000	
营业外收入	15 300	
主营业务成本		1 540 800
其他业务成本		42 000
营业税金及附加		90 300
销售费用		62 400
管理费用		35 000
财务费用		25 000
资产减值损失		33 000
营业外支出		9 400

根据上述资料，企业应做如下会计处理：

① 结转本年收入

借：主营业务收入　　2 590 000

　　其他业务收入　　74 000

　　投资收益　　52 500

　　公允价值变动损益　　49 000

　　营业外收入　　15 300

　贷：本年利润　　2 780 800

② 结转业务成本、税金、费用及损失

借：本年利润　　1 837 900

　贷：主营业务成本　　1 540 800

　　　其他业务成本　　42 000

　　　营业税金及附加　　90 300

　　　销售费用　　62 400

　　　管理费用　　35 000

　　　财务费用　　25 000

　　　资产减值损失　　33 000

　　　营业外支出　　9 400

经过结账后，“本年利润”账户贷方发生额为 2 780 800 元，“本年利润”账户借方发生额为 1 837 900 元，企业实现的利润总额为 942 900 元。

③ 假设本期的所得税费用为 254 400 元

借：本年利润　　254 400

　贷：所得税费用　　254 400

④ 计算并结转本年净利润

$$净利润=942\,900-254\,400=688\,500(元)$$

借：本年利润　　688 500

　贷：利润分配——未分配利润　　688 500

五、综合收益

综合收益包括其他收益和综合收益总额。其他综合收益，具体分为“以后会计期间不能重分类进损益的其他综合收益项目”和“以后会计期间在满足规定条件时将重分类进损益的其他综合收益项目”两类，并以扣除相关所得税影响后的净额列报。综合收益总额，则是净利润加上其他综合收益税后净额。

综合收益不但能够反映企业净利润对经营成果的影响，而且能够反映没有计入当期净利润但是在未来各期可能影响企业净利润的金额，对于投资者和相关利益各方据此作出正确的经济决策具有一定的意义。

第二节 所 得 税

一、所得税与会计利润

（一）所得税的含义

所得税是企业为了取得一定的收益而导致的资产流出，是国家依据税法对企业的生产经营所得课征的税收，具有强制性、无偿性等特征，无论国家对企业是否拥有所有权，只要企业有所得，就必须向国家缴纳所得税，因而应将其作为费用处理。也就是说，企业要实现税后净利润，所得税就是一项必不可少的支出。将所得税作为费用处理，符合配比原则的要求。从利润总额中扣除了所得税以后的余额，才是企业可以分配的净利润。企业应根据如下公式计算企业各个会计期间的净利润：

净利润＝利润总额－所得税

（二）会计利润与应税所得

会计利润是指根据财务会计准则的规定、通过财务会计程序确认的、在扣减当期所得税费用之前的利润总额，因而会计利润也称为税前账面收益。会计利润是遵循会计准则和会计制度确认的，用以正确反映企业一定会计期间经营成果的财务信息。

应税所得也称为应纳税所得额，是根据税法规定计算的，作为企业所得税的计税基础。计算应税所得的目的是正确确定企业应缴纳的所得税。

会计准则和税法在目标、原则和计算方法等方面的差异，导致依据会计制度确定的会计利润与依据税法确定的应纳税所得额（简称应税所得，下同）存在差异，进而导致会计上确定的所得税费用与税法要求的应交所得税也存在差异。

二、与所得税相关的概念

（一）资产负债表债务法

按照我国《企业会计准则》的规定，企业要采用资产负债表债务法对所得税进行核算。

资产负债表债务法就是在资产负债表日，对资产或负债按照会计准则规定确定的账面价值与按照税法规定确定的计税基础的不同而产生的差异，确认为递延所得税资产或递延所得税负债，并在此基础上确认所得税费用的方法。这一方法侧重于从资产和负债的角度分析其账面价值与计税基础产生的差异对所得税的影响，揭示的是某个时点上存在的差异。显然，在这一方法下确认的递延所得税资产或递延所得税负债符合资产或负债的定义，更能真实、准确地反映企业资产负债表日的财务状况。

（二）资产和负债的计税基础

1. 资产的计税基础

资产的计税基础是指企业收回资产账面价值的过程中，计算应纳税所得额时按照税法规定可以自应税经济利益中抵扣的金额。如果这些经济利益不需要纳税，那么该资产的计税基础即为其账面价值。资产的计税基础就是将来收回资产时可以抵税的金额。如某项环保设备，原价为 1 000 万元，使用年限为 10 年，会计处理时按照直线法计提折旧，税收处理允许加速折旧，企业在计税时对该项资产按双倍余额递减法计列折旧，净残值为零。计提了 2 年的折旧后，会计期末，企业对该项固定资产计提了 80 万元的固定资产减值准备。

$$\text{账面价值} = 1\,000 - 100 - 100 - 80 = 720(\text{万元})$$
$$\text{计税基础} = 1\,000 - 200 - 160 = 640(\text{万元})$$

2. 负债的计税基础

负债的计税基础是指负债的账面价值减去未来期间计算应纳税所得额时按照税法规定可予抵扣的金额。负债的计税基础就是将来支付时不能抵税的金额。如甲公司某年末预计负债账面金额为 100 万元，全部为预提产品保修费用，假设产品保修费用在实际支付时可抵扣，则该预计负债计税基础为 0 万元。

（三）暂时性差异及其分类

暂时性差异是指资产或负债的账面价值与其计税基础之间的差额；未作为资产和负债确认的项目，按照税法规定可以确定其计税基础的，该计税基础与其账面价值之间的差额也属于暂时性差异。

按照暂时性差异对未来期间应税金额的影响，暂时性差异可分为应纳税暂时性差异和可抵扣暂时性差异（表 11-2）。

表 11-2　暂时性差异分类

项　　目	资　　产	负　　债
账面价值＞计税基础	应纳税暂时性差异（递延所得税负债）	可抵扣暂时性差异（递延所得税资产）
账面价值＜计税基础	可抵扣暂时性差异（递延所得税资产）	应纳税暂时性差异（递延所得税负债）

（1）应纳税暂时性差异，是指在确定未来收回资产或清偿负债期间的应纳税所得额时，将导致产生应税金额的暂时性差异。

（2）可抵扣暂时性差异，是指在确定未来收回资产或清偿负债期间的应纳税所得额时，将导致产生可抵扣金额的暂时性差异。

三、所得税的核算

（一）所得税会计核算的一般程序

采用资产负债表债务法进行所得税核算时，一般应遵循以下程序：

1. 计算应交所得税

应交所得税＝应纳税所得额×所得税率

2. 计算暂时性差异的影响额

(1) 确定资产和负债项目的账面价值。按照《企业会计准则》的规定，确定资产负债表中资产和负债项目（递延所得税负债和递延所得税资产除外）的账面价值。

(2) 确定资产、负债项目的计税基础。按照《企业会计准则》中对于资产和负债计税基础的确定方法，以适用的税收法规为基础，确定资产负债表中有关资产、负债项目的计税基础。

(3) 计算资产、负债的账面价值与其计税基础之间的差异，确定递延所得税负债和递延所得税资产的金额或应予转销的金额。

比较资产、负债的账面价值与其计税基础，对于两者之间存在差异的，分析其性质，分为应纳税暂时性差异和可抵扣暂时性差异，确定该资产负债表日与应纳税暂时性差异及可抵扣暂时性差异相关的递延所得税负债和递延所得税资产的应有金额，并将该金额与期初递延所得税负债和递延所得税资产的余额相比，确定当期应予进一步确认的递延所得税负债和递延所得税资产的金额或应予转销的金额，作为构成利润表中所得税费用的递延所得税。

3. 确定利润表中的所得税费用

利润表中的所得税费用包括当期所得税和递延所得税，其中，当期所得税是指当期发生的交易或事项按照适用的税法规定计算确定的当期应交所得税；递延所得税是当期确认的递延所得税资产和递延所得税负债金额或予以转销的金额。企业在计算确定了当期所得税和递延所得税后，两者之和（或之差）是利润表中的所得税费用。

计算确定了当期所得税及递延所得税以后，利润表中应予确认的所得税费用为两者之和，即

所得税费用（收益）＝ 当期所得税 ＋ 递延所得税

递延所得税 ＝（递延所得税负债期末余额 － 递延所得税负债期初余额）

－（递延所得税资产期末余额 － 递延所得税资产期初余额）

计入当期损益的所得税费用或收益不包括企业合并和直接在所有者权益中确认的交易或事项产生的所得税影响。与直接计入所有者权益的交易或者事项相关的当期所得税

和递延所得税，应当计入所有者权益。所得税费用应当在利润表中单独列示。

（二）所得税的会计处理

1. 账户设置

“所得税费用”账户用来核算企业确认的应从当期利润总额中扣除的所得税费用，可按“当期所得税费用”和“递延所得税费用”进行明细核算。“所得税费用”账户借方反映当期所得税费用和递延所得税费用之和，贷方反映所得税费用的结转，期末无余额。

“应交税费——应交所得税”账户用来核算企业按税法规定计算应缴纳的所得税。贷方反映实际应纳所得税，借方反映实际已纳所得税，余额反映欠缴所得税。

“递延所得税资产”账户用来核算企业由于可抵扣暂时性差异确认的递延所得税资产，以及按能够结转后期的尚可抵扣的亏损和税款抵减的未来应税利润确认的递延所得税资产。该账户的借方反映确认的各类递延所得税资产，贷方反映当企业确认递延所得税资产的可抵扣暂时性差异情况发生回转时转回的所得税影响额，以及税率变动或开征新税调整的递延所得税资产。余额反映尚未转回的递延所得税资产。

“递延所得税负债”账户用来核算企业由于应纳税暂时性差异确认的递延所得税负债。该账户的贷方反映确认的各类递延所得税负债，借方反映当企业确认递延所得税负债的应税暂时性差异情况发生回转时转回的所得税影响额，以及税率变动或开征新税调整的递延所得税负债。余额反映尚未转回的递延所得税负债。

2. 账务处理

【例 11-4】 2013 年度，S 公司利润表中利润总额为 4 750 000 元，该公司适用的所得税税率为 25%。2013 年发生的有关交易和事项中，会计处理与税收处理存在的差别有：

(1) 2013 年 1 月 2 日开始计提折旧的一项固定资产，成本为 2 500 000 元，使用年限为 10 年，净残值为零，会计处理按双倍余额递减法计提折旧，税收处理按直线法计提折旧。假定税法规定的使用年限及净残值与会计规定相同。

(2) 向关联企业提供现金捐赠 840 000 元。

(3) 当年发生研究开发支出 2 000 000 元，其中 1 200 000 元资本化计入无形资产成本。税法规定按该企业的情况，可按实际发生研究开发支出的 150%加计扣除。其中，符合资本化条件后发生的支出为 1 200 000 元，假定所开发无形资产于期末达到预定可使用状态。

(4) 应付违反环保法规定罚款 400 000 元。

(5) 期末对持有的存货计提了 120 000 元的存货跌价准备。

(6) 期末，资产负债表中有关资产、负债的账面价值与其计税基础情况如表 11-3 所示。假设期初递延所得税负债为 395 500 元，期初递延所得税资产为 118 000 元。

表 11-3　资产负债表有关数据　　　　单位：元

项　目	账面价值	计税基础	差　　异
存货	6 300 000	6 620 000	320 000(可抵扣)
固定资产	1 450 000	1 910 000	460 000(可抵扣)
无形资产	1 080 000	0	1 080 000(应纳税)
预计负债	400 000	0	400 000(可抵扣)

根据上述资料,S公司所得税的会计处理过程如下。

① 计算 2013 年度当期应交所得税

应纳税所得额 = 4 750 000 + 250 000 + 840 000 − [2 000 000 × 150%
　　　　　　　− (2 000 000 − 1 200 000)] + 400 000 + 120 000
　　　　　　= 4 160 000(元)

应交所得税 = 4 160 000 × 25% = 1 040 000(元)

② 计算 2013 年度递延所得税

期末递延所得税负债 = 1 080 000 × 25% = 270 000(元)

递延所得税负债减少 = 395 500 − 270 000 = 125 500(元)

期末递延所得税资产 = [(6 620 000 − 6 300 000) + (1 910 000
　　　　　　　　　　− 1 450 000) + 400 000] × 25% = 295 000(元)

递延所得税资产增加 = 295 000 − 118 000 = 177 000(元)

递延所得税费用(收益) =− 125 500 − 177 000 =− 302 500(元)

③ 确认所得税费用

所得税费用 = 1 040 000 − 302 500 = 737 500(元)

借：所得税费用　　737 500
　　递延所得税资产　　177 000
　　递延所得税负债　　125 500
　贷：应交税费——应交所得税　　1 040 000

第三节　利 润 分 配

一、利润分配的内容

企业实现的净利润,应当按照规定进行分配。企业的利润分配的过程和结果,既关系到投资者的利益是否得到保护,又关系到企业能否长期、稳定发展。

企业本年实现的净利润加上年初未分配利润(或减去年初未弥补亏损)后余额,作为可供分配的利润。企业利润分配的程序和核算内容如下。

(1) 提取法定盈余公积。企业应按当年税后利润(弥补亏损后)的一定比例提取法定盈余公积。

(2) 提取任意盈余公积。这是指企业按股东大会决议提取的任意盈余公积。

(3) 应付现金股利或利润。这是指企业按照利润分配方案分配给股东的现金股利和利润,也包括非股份有限公司分配给投资者的利润。

(4) 转作资本(或股本)的股利。这是指企业按照利润分配方案以分派股票股利的形式转作的资本(或股本)。

可供投资者分配的利润经过上述分配后,为未分配利润(或未弥补亏损)。未分配利润可留待以后年度进行分配。企业如果发生亏损,可以按照规定由以后年度利润进行弥补。

企业以前年度亏损未弥补完,不得提取法定盈余公积金;在提取法定盈余公积金之前,不得向投资者分配利润;企业必须按当年税后利润(减弥补亏损)的10%提取法定盈余公积金,当法定盈余公积金已达到注册资本的50%时可不再提取。利用法定盈余公积转增资本的,转增后的法定盈余公积不应少于转增前注册资本的25%,任意盈余公积转增资本的,没有相应的限制。

外商投资企业按净利润的一定比例提取的储备基金、企业发展基金,也作为盈余公积核算。但其提取的职工奖励及福利基金,则作为应付职工薪酬核算。

二、利润分配的会计处理

为了核算企业年度内利润的分配(或亏损的弥补)和历年分配(或弥补)后的结存余额,应设置"利润分配"账户。该账户属于损益类账户,其借方登记利润的各种分配数或年末从"本年利润"账户转入的待弥补亏损数,贷方登记年末从"本年利润"账户转入的净利润或已经弥补亏损数。年末若为贷方余额,表示历年积存的未分配利润;若为借方余额,表示历年积存的未弥补亏损。"利润分配"账户应根据利润分配的内容以及年终利润结算的需要,设置下列明细账户:①提取法定盈余公积;②应付优先股股利;③提取任意盈余公积金;④应付现金股利或利润;⑤转作资本(或股本)的普通股股利;⑥未分配利润。

"未分配利润"明细账户,核算企业全年实现的净利润(或净亏损)、利润分配和尚未分配利润(或尚未弥补的亏损)。年度终了,企业将全年实现的净利润,自"本年利润"账户转入"利润分配"账户,借记"本年利润"账户,贷记"利润分配"账户(未分配利润);如为净亏损,做相反的会计分录。同时,将"利润分配"账户下的其他明细账户的余额转入"利润分配"账户的"未分配利润"明细账户,结转后,除"未分配利润"明细账户外,"利润分配"账户的其他明细账户无余额。年度终了,"利润分配"账户下的"未分配利润"账户如为贷方余额,反映企业历年积存的尚未分配的利润;如为借方余额,反映企业累计尚未弥补的亏损。

【例 11-5】 甲公司 2013 年实现净利润 4 000 000 元，公司当年利润分配方案如下：按规定提取法定盈余公积 400 000 元，并决定提取任意盈余公积 200 000 元、分配现金股利 500 000 元、分配股票股利 1 000 000 元。根据以上方案做如下会计处理。

① 结转本年利润

借：本年利润　　4 000 000

　贷：利润分配——未分配利润　　4 000 000

② 提取法定盈余公积、任意盈余公积

借：利润分配——提取法定盈余公积　　400 000

　　利润分配——提取任意盈余公积　　200 000

　贷：盈余公积——法定盈余公积　　400 000

　　　盈余公积——任意盈余公积　　200 000

③ 分配股利

借：利润分配——应付现金股利　　500 000

　贷：应付股利　　500 000

④ 分配股票股利，已办妥增资手续

借：利润分配——转作股本的股利　　1 000 000

　贷：股本　　1 000 000

⑤ 将利润分配的各明细账户转入“未分配利润”明细账户

借：利润分配——未分配利润　　2 100 000

　贷：利润分配——提取法定盈余公积　　400 000

　　　利润分配——提取任意盈余公积　　200 000

　　　利润分配——应付现金股利　　500 000

　　　利润分配——转作股本的股利　　1 000 000

思考题

1. 利润总额的组成内容有哪些？
2. 营业外收入和营业外支出的主要内容分别有哪些？
3. 什么是政府补助？其形式有哪些？
4. 会计利润和应纳税所得额的差异有哪些？
5. 什么是资产、负债的计税基础？
6. 暂时性差异的类型有哪几种？
7. 如何计算利润表中的所得税费用？

8. 净利润应如何进行分配?

练 习 题

练习1

一、目的

练习本年利润的计算及结转。

二、资料

假设某公司于某会计期末各有关损益类账户余额如下:

产品销售收入 4 520 000 元(贷方),产品销售成本 3 140 000 元(借方),营业税金及附加 9 800 元(借方),其他业务收入 270 400 元(贷方),其他业务支出 207 000 元(借方),销售费用 11 600 元(借方),管理费用 8 900 元(借方),财务费用 11 500 元(借方),投资收益 625 000 元(贷方),营业外收入 46 800 元(贷方),营业外支出 53 800 元(借方)。

三、要求

计算该公司本年利润总额及营业利润额,编制年末损益结转的会计分录。

练习2

一、目的

练习所得税的核算。

二、资料

某企业一台设备原价 300 000 元,残值率为 5%,企业按直线法计提折旧,折旧 6 年;税法按年数总和法计提折旧,折旧 5 年,该企业适用的所得税税率为 25%。假设 2013—2018 年每年税前会计利润为 450 000 元,且无其他纳税调整事项。

三、要求

计算各年应缴纳的所得税并编制有关会计分录。

第十二章 财务报告

本章要点

(1) 财务报告的内容、分类及列报要求。
(2) 资产负债表的作用、结构及编制方法。
(3) 利润表的作用、格式及编制方法。
(4) 现金流量表的作用、结构及编制方法。
(5) 所有者权益的作用、结构及编制方法。
(6) 会计报表附注的意义及内容 。

财务会计的目标是向企业外部的信息使用者提供有用的会计信息,财务报告是综合反映企业某一特定时期的财务状况和某一会计期间的经营成果、现金流量等会计信息的文件。财务报告包括财务报表及其附注以及其他应当应披露的其他相关信息。财务报告既可以满足会计信息使用者进行经济决策的需求,同时又能反映企业管理层受托责任履行的情况。

第一节 财务报告概述

一、财务报告的内容

财务报告是指企业对外提供的反映企业某一特定日期的财务状况和某一会计期间的经营成果、现金流量等会计信息的文件。财务报告包括财务报表及其附注以及其他应当在财务报告中披露的相关信息和资料。

财务报表是以企业的会计凭证、会计账簿和其他会计资料为依据,按照规定的格式、内容和填制要求定期编制并对外报送的书面报告文件,它是以货币为计量单位总括地反映企业财务状况、经营成果和现金流量的报告文件。企业通过日常的会计核算工作,将经济业务分类、系统地登入账簿。在账簿中记录会计信息虽然比会计凭证所反映的信息更加条理化、系统化,但账簿记录独立分散,不能集中反映该会计期间的财务状况和经营成果的全貌。所以,有必要根据账簿记录,编制财务报表,并辅以注释说明,补充揭示财务报表中无法反映的重要信息，满足信息使用者的需求。

财务报表至少应当包括下列组成部分：资产负债表、利润表、现金流量表、所有者权益（或股东权益）变动表、附注等。资产负债表是指反映企业在某一特定日期的财务状况的报表，通过提供资产负债表可以反映企业在某一特定日期所拥有或控制的经济资源、所承担的现时义务和所有者对净资产的要求权。利润表是指反映企业在一定会计期间的经营成果的报表，通过提供利润表可以反映企业在一定会计期间的收入、费用、利润或亏损的数额构成情况。现金流量表是指反映企业在一定会计期间现金和现金等价物流入和流出的报表，通过现金流量表可以为报表使用者提供企业一定会计期间内现金和现金等价物流入和流出的信息。所有者权益（或股东权益）变动表全面反映企业的股东权益在年度内的变化情况，便于会计信息使用者深入分析企业股东权益的增减变化情况。

财务报表附注是财务报告中不可缺少的部分，是对财务报表本身难以充分表达或无法表达的内容和项目，以另一种形式所做的补充说明和详细解释，有助于报表使用者更好地了解财务报表且可以随同财务报表一同报出的重要信息。附注是对在资产负债表、利润表、现金流量表和所有者权益变动表等报表中列示项目的文字描述或明细资料，以及对未能在这些报表中列示项目的说明等。

二、财务报表的种类

财务报表是对企业财务状况、经营成果和现金流量的结构性表述，至少应当包括下列组成部分：资产负债表、利润表、现金流量表、所有者权益（或股东权益）变动表、附注。

财务报表可以按照不同的标准进行分类：

(1) 按照财务报表反映的信息状态，财务报表可以分为静态财务报表和动态财务报表。静态财务报表是综合反映在一定时点上有关项目存量信息的报表。资产负债表就是反映企业期末财务状况的静态财务报表。动态财务报表是反映企业在一定时期内有关项目流量信息的报表。利润表和现金流量表属于动态财务报表。现金流量表汇总反映企业在一定期间的有关经营活动、筹资活动和投资活动引起的现金流入和流出总额，而利润表反映的是企业一个时期内的经营成果。

(2) 按照编报时间，财务报表可以分为月报、季报、中期报告和年报等。其中，月报编制间隔期较短，要求简明扼要、反映及时，只报送主要信息；年报则要求披露完整、反映全面，以适应广大使用者多方面的需要；季报在财务信息的详细程度方面介于月报和年报之间。另外，股份有限公司还应按有关法规的要求编制中期财务报告、财务报表。

(3) 按照编制财务报表的主体不同，财务报表可以分为个别财务报表与合并财务报表。个别财务报表是指反映单个企业本身的财务状况、经营成果和现金流量等方面的财务报表。合并财务报表是指在企业对外进行权益性投资，企业拥有被投资企业控制权的情况下，将被投资企业与本企业视为一个整体而编制的财务报表，是由投资企业在企业个别财务报表的基础上对企业之间的内部交易进行抵销后编制的财务报表。合并报表将投资企业和被投资企业作为一个整体，合并反映其财务状况、经营成果和现金流量等信息。

三、财务报表列报的基本要求

为了使会计报表的使用者准确地了解企业的财务状况、经营业绩和现金流量情况，会计报表的编制应遵循以下基本要求：

1. 依据各项会计准则确认和计量的结果编制财务报表

企业应当根据实际发生的交易和事项，按照各项具体会计准则的规定进行确认和计量，并在此基础上编制财务报表。企业应当在“附注”中对这一情况做出声明，只有遵循了企业会计准则的所有规定，财务报表才应当被称为“遵循了企业会计准则”。

2. 以持续经营为基础列报要求

企业应当以持续经营为基础，编制财务报表。

在编制财务报表时，企业管理层应当对企业的持续经营能力进行评价，综合考虑企业经营风险、企业当前和长期的盈利能力、偿债能力、财务弹性，以及企业管理层改变经营策略的意向等因素。如果评价后对企业持续经营能力产生严重怀疑的，应在报表附注中披露导致对持续经营能力产生重大怀疑的重要的不确定因素。

企业正式决定或被迫在当期以及将在下一个会计期间进行清算或停止营业的，表明其处于非持续经营状态，应当采用其他基础编制财务报表，并在附注中声明财务报表未以持续经营为基础编制，披露未以持续经营为基础编制的原因和财务报表的编制基础。

3. 一致性列报要求

财务报表项目的列报应当在各个会计期间保持一致，不得随意变更，但下列情况除外：会计准则要求改变财务报表项目的列报；企业经营业务的性质发生重大变化后，变更财务报表项目的列报能够提供更可靠、更相关的会计信息。

4. 重要性列报要求

若财务报表某项目的错报或漏报会影响使用者据此做出的经济决策，则该项目具有重要性。也就是说，在财务报表列报时，对那些相对比较重要的项目予以全面和尽可能详细的披露；相反，不重要或与决策无关的项目则可以简要的方式披露，甚至不予披露。

在评价某些项目重要与否时，很大程度上还取决于会计人员的职业判断。其处理的原则一是对于性质或功能不同的项目，一般应该单列(即为重要项目)，但对不重要的项目可以合并列报。二是对性质或功能类似的项目，一般要合并列报，但对重要的类别应该单列。

5. 报表项目金额间抵销问题列报要求

财务报表所涉及的资产和负债、收益和费用在列报时不能相互抵销，而以总额列报。但下列情况不属于抵销，可以净额列示：一是资产项目按扣除减值准备后的净额列示，不属于抵销。二是非日常活动产生的损益，以收入扣减费用后的净额列示，不属于抵销。

6. 比较编报要求

企业在列报当期财务报表时，至少应当提供所有列报项目上一可比会计期间的比较数据，以及与理解当期财务报表相关的说明，但其他会计准则另有规定的除外。目的是向报表使用者提供对比数据，提高信息在会计期间的可比性，以反映会计信息的发展趋势，提高报表使用者的判断能力和决策能力。

在财务报表项目的列报确实需要发生变更时，企业应当对上期比较数据按照当期的列报要求进行调整，并在附注中披露调整的原因和性质，以及调整的各项目金额。如对上期比较数据的调整不切实可行，应在附注中披露不能调整的原因。

7. 其他列报要求

除上述的具体要求之外，在编制财务报表时还应该注意以下要求：

(1) 表头要素。企业应当在财务报表中以显著的方式列示编报企业的名称、资产负债表日或财务报表涵盖的会计期间、人民币金额单位，财务报表是合并财务报表的，应当予以标明。

(2) 报表期间。企业至少应当按年编制和列示会计准则所要求的全部财务报表，并在规定的期间内对外提供。如果年度财务报表涵盖的期间短于一年，则企业应当披露：财务报表涵盖的期间，以及年度财务报表涵盖期间短于一年的原因。

第二节 资产负债表

一、资产负债表的概念与作用

资产负债表是指反映企业在某一特定日期财务状况的会计报表。它是根据“资产＝负债＋所有者权益”的会计恒等式，按照一定的分类标准和一定的顺序，将企业在一定日期的资产、负债和所有者权益项目予以适当的排列，按照一定的要求编制而成的。

资产负债表是企业财务报表体系中的主要报表，它能提供丰富的信息。其作用主要表现在以下方面：

1. 反映企业资产、负债、股东权益的总体规模

资产负债表中的资产、负债和股东权益这三个指标是衡量企业在一定会计期间公司规模的重要指标。资产总额越大，表明公司拥有或控制的经济资源就越多，公司的生产经营的规模就越大，实力越强。负债是公司的一个重要资金来源，负债总额的大小，反映了公司利用他人资金进行生产经营的能力高低，也反映了公司筹资的能力高低和举债的规模大小。股东权益反映了公司自有资金的规模，体现股东拥有公司净资产的权益状况，也反映了股东财富的总规模。

2. 提供了企业的资金来源和融资结构情况，也反映了所面临的财务风险

企业的资金来源以负债和股东权益的形式显示在资产负债表的右方，资金来源的种类及其金额一目了然，这有助于投资者了解公司资金来源状况及其结构的合理性。资金结构合理是非常重要的，因为它是公司负债经营和提高股东投资收益的重要条件，也是维护股东和债权人合法权益、减少投资风险的重要保证。一般而言，公司的负债比例越大，债权人的投资风险就越大，而股东承受的投资风险就越小，但公司的偿债能力就会降低，财务风险将增加；反之亦然。适度的负债，有利于发挥财务杠杆的作用，提高股东的投资收益率。合理的资金结构，既有利于股东，又有利于债权人，是股东和债权人利益结合的集中体现。投资者阅读资产负债表，可以结合公司的实际情况，对公司的融资结构做出合理的评价。

3. 提供了企业的资产分布状况和资产结构情况

企业资产的种类和金额都反映在资产负债表的左方，为投资者了解公司资产的分布状况、评价资产结构提供了重要信息。资产结构是指各项资产在全部资产中所占的比重。评价资产结构主要是分析公司的资产结构是否符合行业特征和公司的生产经营活动的实际情况。一般来说，生产性公司的固定资产比重较大，商品流通企业存货中的库存商品较多，而金融、保险公司的固定资产、存货所占比重则较小。公司的资产结构不合理，说明公司的资产没有物尽其用，可能会造成某些资产的大量浪费，而另一些资产则不能满足公司正常生产经营的需要。

4. 提供了企业的偿债能力和资产管理能力

企业的偿债能力主要体现在资产的变现能力上，也体现在长期、短期债务与资产，特别是流动资产的耦合关系上。公司用于还债的资产，主要是在资产中变现能力强的流动资产，特别是流动资产中的货币资金以及短期投资、应收账款、应收票据等项目。公司急需归还的债务应是短期负债，公司有没有能力去偿还，关系到公司今后的筹资渠道是否畅通、筹资能力能否加强、能否再筹资，形成良性的资金循环。

5. 提供了企业资本保值增值的情况

资本保值增值是企业实现简单再生产和扩大再生产的基本条件。资本保值增值率是评价公司及其经营者经营业绩的一个重要财务指标。资产负债表中股东权益的期初数和期末数的比较，可以揭示公司各期资本保值增值的具体情况。

6. 反映企业财务状况的发展趋势

投资者可以利用前后若干期的资产负债表进行对比分析，揭示公司资产分布和结构的发展趋势、资金来源和结构的发展趋势及偿债能力的发展趋势等。

二、资产负债表的结构

资产负债表的结构由表头和基本内容组成。

（一）表头

表头包括报表名称、编制单位、编制日期、货币种类和金额单位等。

（二）基本内容

基本内容部分是资产负债表的核心，它以账户式或报告式分项列示企业的资产、负债和所有者权益。

1. 账户式资产负债表

账户式资产负债表是指报表用左右排列成“T”字账户基本结构的形式，反映资产、负债和所有者权益的基本状况。资产项目列示在报表的左方，负债和所有者权益项目列示在报表的右方。左方资产总额等于右方负债和所有者权益总额之和。

在账户式资产负债表中，有关资产、负债和所有者权益项目平行列示，各项目之间内在对应关系比较明显和直观。所以，账户式资产负债表，有利于人们对资产负债表的分析。账户式资产负债表的简明格式如表 12-1 所示。

表 12-1 账户式资产负债表

资 产		权 益	
流动资产	×××	流动负债	
⋮		⋮	
非流动资产		非流动负债	
		所有者权益	
		⋮	
资产合计	×××	负债和所有者权益合计	×××

2. 报告式资产负债表

报告式资产负债表又称垂直式或上下结构式资产负债表，是将资产负债表的项目自上而下排列，首先列示资产数额，然后列示负债数额，最后列示所有者权益数额。报告式资产负债表的基本格式如表 12-2 所示。

根据财务报表列报准则的规定，企业需要提供比较资产负债表，以便报表使用者通过比较不同时点资产负债表的数据，掌握企业财务状况的变动情况及发展趋势。所以，资产负债表中应当把各项目再分为“年初余额”和“期末余额”两栏，以反映和比较不同时期资产、负债和所有者权益增减变化的状况。报告式资产负债表的优点在于便于编制比较资产负债表。

表 12-2　报告式资产负债表

	资产	
流动资产	×××	
非流动资产	×××	
|	|	
资产合计		×××
	负债	
流动负债	×××	
非流动负债	×××	
|	|	
		×××
所有者权益	所有者权益	
|	×××	
负债和所有者权益合计	×××	×××

三、资产负债表的编制

1. 试算准备工作

企业在正式编制资产负债表之前，应当根据总账的期末余额先编制“账户余额试算平衡表”，对日常账簿记录的正确性进行复核、检查，在试算平衡以后，再根据“账户余额试算平衡表”和有关的明细账户，正式编制资产负债表，以便尽量减少编制过程中的差错。“账户余额试算平衡表”的格式如表 12-4 所示。

2. “年初余额”栏的填列

“年初余额”栏内各项目数字，应根据上年末资产负债表“期末余额”栏内所列数字填列。如果本年度资产负债表规定的各个项目的名称和内容同上年度不相一致，应对上年末资产负债表中各项目的名称和数字按本年度的规定进行调整，按调整后的数字填入资产负债表“年初余额”栏内。

3. “期末余额”栏的填列

资产负债表中“期末余额”栏的各项数字，一般应根据资产类账户、负债类账户和所有者权益类账户的期末余额填列。具体填列方法如下。

(1) 根据总账账户余额直接填列。资产负债表中的有些项目，可根据有关总账账户的余额直接填列，这样的项目有“交易性金融资产”、“应收利息”、“应收股利”、“固定资产清理”、“长期待摊费用”、“递延所得税资产”、“短期借款”、“交易性金融负债”、“应付票据”、“应付职工薪酬”、“应交税费”、“应付利息”、“应付股利”、“递延所得税负债”、“实收资本”、“资本公积”、“盈余公积”等。

表 12-3 资产负债表(账户式)

编制单位 ________年____月____日 单位:元

资产	行次	金额	负债和所有者权益	行次	金额
流动资产:			流动负债:		
货币资金	1		短期借款	32	
交易性金融资产	2		交易性金融负债	33	
应收票据	3		应付票据	34	
应收账款	4		应付账款	35	
预付账款	5		预收账款	36	
应收利息	6		应付职工薪酬	37	
应收股利	7		应交税费	38	
其他应收款	8		应付利息	39	
存货	9		应付股利	40	
一年内到期的非流动资产	10		其他应付款	41	
其他流动资产	11		一年内到期的非流动负债	42	
流动资产合计	12		其他流动负债	43	
非流动资产:			流动负债合计	44	
可供出售金融资产	13		非流动负债:		
持有至到期投资	14		长期借款	45	
长期应收款	15		应付债券	46	
长期股权投资	16		长期应付款	47	
投资性房地产	17		专项应付款	48	
固定资产	18		预计负债	49	
在建工程	19		递延所得税负债	50	
工程物资	20		其他非流动负债	51	
固定资产清理	21		非流动负债合计	52	
生产性生物资产	22		负债合计	53	
油气资产	23		所有者权益(或股东权益):		
无形资产	24		实收资本(或股本)	54	
开发支出	25		资本公积	55	
商誉	26		减:库存股	56	
长期待摊费用	27		盈余公积	57	
递延所得税资产	28		未分配利润	58	
其他非流动资产	29		所有者权益合计	59	
非流动资产合计	30			60	
资产总计	31		负债及所有者权益总计	61	

(2) 根据总账账户余额合并汇总填列。如“货币资金”项目,可以根据“库存现金”、“银行存款”、“其他货币资金”三个总账账户余额加总填列;“未分配利润”项目,可以根据“本年利润”和“利润分配”总账账户余额汇总填列。

(3) 根据明细账户余额计算填列。如“应付账款”项目,应根据“应付账款”和“预付账款”两个账户所属明细账户的期末贷方余额加总填列;而“预付账款”项目,应根据“应付账款”和“预付账款”两个账户所属明细账户的期末借方余额之和为基础填列。“预收账款”项目,应根据“应收账款”和“预收账款”两个账户所属明细账户的期末贷方余额加总填列;而“应收账款”项目,应根据“应收账款”和“预收账款”两个账户所属明细账户的期末借方余额之和为基础填列。

(4) 根据总账账户和明细账户余额分析计算填列。如持有至到期投资项目,需要根据“持有至到期投资”总账账户余额扣除“持有至到期投资”账户所属明细账户中将于一年内到期的投资计算填列,扣除金额列示在“一年内到期的非流动资产”项目;“可供出售金融资产”中的债权投资也按相同的方法填列。又如“长期借款”项目,需要根据“长期借款”总账账户余额扣除“长期借款”账户所属明细账户中将在一年内到期,且企业不能自主地将清偿义务展期的长期借款后的金额计算填列,扣除金额列示于“一年内到期的非流动负债”项目;其他的长期负债也按相同的方法填列。

(5) 根据资产账户余额减去有关备抵账户余额后的净额填列。如“应收账款”、“应收票据”、“预付账款”、“其他应付款”、“长期应收款”项目,应按总账账户余额或上述第三种方法确定的基础减去各自计提的“坏账准备”后的余额填列;“持有至到期投资”、“长期股权投资”、“投资性房地产”、“在建工程”、“工程物资”、“商誉”等项目,应以各总账账户余额减去各自计提的减值准备后的净额列示;“固定资产”项目应以“固定资产”账户余额减去“累计折旧”、“固定资产减值准备”后的净额填列;“无形资产”项目,应以“无形资产”账户余额减去“累计摊销”、“无形资产减值准备”后的净额填列。

(6) 综合运用上述方法分析填列。如资产负债表中的“存货”项目,可以根据“在途物资”“材料采购”、“原材料”、“委托加工物资”、“周转材料”、“发出商品”、“生产成本”、“材料成本差异”、“商品进销差价”等账户的期末余额合计,减去“存货跌价准备”账户余额填列。

【例 12-1】 海龙股份有限公司 2012 年 12 月 31 日有关账户的余额如表 12-4 所示。

表 12-4 账户余额试算平衡表 单位:元

账户名称	借方余额	账户名称	贷方余额
货币资金	52 451 417	短期借款	733 177 870
交易性金融资产	862 000	应付账款	7 506 991
应收票据	8 898 385	预收账款	3 366 552
应收账款	13 228 768	应付职工薪酬	13 994 108
预付账款	32 259 646	应交税费	34 423 443
其他应收款	308 170 170	应付利息	576 543
存货	143 947 345	其他应付款	1 038 725 816
长期股权投资	267 591 870	其他非流动负债	41 500 000

续表

账户名称	借方余额	账户名称	贷方余额
固定资产	1 482 096 242	实收资本	863 977 948
在建工程	54 859 661	资本公积	578 373 068
工程物资	2 013 830	盈余公积	212 588 237
无形资产	228 098 693	未分配利润	—810 245 445
递延所得税资产	123 487 103		
合　计	2 717 965 131	合　计	2 717 965 131

根据上述所给资料，可以编制该企业 2012 年 12 月 31 日的资产负债表，如表 12-5 所示。

表 12-5　资产负债表

编制单位：海龙股份有限公司　　2012 年 12 月 31 日　　单位：元

资　产	期末余额	年初余额	负债及所有者权益	期末余额	年初余额
流动资产：			流动负债：		
货币资金	52 451 417	249 138 903	短期借款	733 177 870	2 123 725 677
交易性金融资产	862 000	1 000 000	交易性金融负债		
应收票据	8 898 385	14 160 913	应付票据		296 240 998
应收账款	13 228 768	37 940 822	应付账款	7 506 991	528 007 298
预付账款	32 259 646	181 477 911	预收账款	3 366 552	144 176 753
应收利息			应付职工薪酬	13 994 108	48 294 528
应收股利			应交税费	34 423 443	8 266 104
其他应收款	308 170 170	447 083 533	应付利息	576 543	92 223 254
存货	143 947 345	280 497 949	应付股利		8 096 033
一年内到期的非流动资产			其他应付款	1 038 725 816	144 944 311
其他流动资产			一年内到期的非流动负		
流动资产合计	559 817 732	1 211 300 031	其他流动负债		
非流动资产：			流动负债合计	1 831 771 323	3 523 974 956
可供出售金融资产			非流动负债：		
持有至到期投资			长期借款		281 900 000
长期应收款			应付债券		415 850 000
长期股权投资	267 591 870	796 095 770	长期应付款		223 809 267
投资性房地产			专项应付款		
固定资产	1 482 096 242	1 571 903 302	预计负债		
在建工程	54 859 661	68 138 920	递延所得税负债		
工程物资	2 013 830	431 879	其他非流动负债	41 500 000	42 350 000
固定资产清理			非流动负债合计	41 500 000	963 909 267

续表

资　　产	期末余额	年初余额	负债及所有者权益	期末余额	年初余额
生产性生物资产			负债合计	1 873 271 323	4 496 884 223
油气资产			所有者权益(股东权益):		
无形资产	228 098 693	236 191 500	实收资本(或股本)	863 977 948	863 977 948
开发支出			资本公积	578 373 068	58 074 492
商誉			减:库藏股		
长期待摊费用			盈余公积	212 588 237	127 945 489
递延所得税资产	123 487 103	90 790 572	未分配利润	−810 245 445	−1 572 030 177
其他非流动资产			所有者权益合计	844 693 807	−522 032 248
非流动资产合计	2 158 147 398	2 763 551 944			
资产总计	2 717 965 131	3 974 851 975	负债及所有者权益总计	2 717 965 131	3 974 851 975

补充资料：公司采用备抵法核算坏账损失，按应收账项期末余额的5%计提坏账准备。

第三节　利　润　表

一、利润表的概念及其作用

利润表是反映企业一定期间内经营成果的报表。它将企业一定时期内的收入与同一会计期间的相关费用、成本进行配合比较，计算出企业一定时期的税后净利润。通过利润表提供的收入、成本和费用信息，可以反映企业成本费用的耗费水平，可以反映企业收入的主要来源渠道，分析企业营业收入和非营业收入的比例关系，判断收入的成长性如何。此外，将利润表不同时期的有关数字进行比较，可以分析、测定企业利润的发展趋势和获利能力，评估企业的偿债能力，考核企业管理当局的经营业绩。

利润表既是企业经营业绩的综合体现，又是进行经营成果分配的主要依据，是企业的基本的财务报表之一，利润表的主要作用有：

1. 反映企业的盈利能力

盈利能力是企业赚取利润的能力，通常体现了公司利润数额的大小与水平的高低。盈利能力的指标是衡量公司经营效果的重要指标。盈利能力既可以用绝对数表示，如利润总额、净利润，也可以用各种相对指标予以体现，如资产收益率、净资产收益率、成本收益率等。通过当期利润表数据可反映一个企业当期的经营成果和获利能力；通过比较和分析同一企业不同时期、不同企业同一时期的收益情况，可据以评价企业经营成果的好坏和盈利能力的高低。

2. 反映企业的成本费用管理水平

利润表反映了一定会计期间的费用耗费情况,如耗费的营业成本有多少,营业税费有多少,销售费用、管理费用、财务费用各有多少,营业外支出有多少,等等。利润表上的成本费用项目也体现了企业的成本费用管理水平。当营业成本的增长低于营业收入的增长时,公司的成本管理有了成效,实现了增产节约;当期间费用的增长低于营业收入的增长时,说明公司控制费用支出较好,实现了增收节支。也就是说,当企业的收入增长速度高于成本费用的增长速度,提高了企业的成本费用管理水平,公司的利润水平才能提高。

3. 可作为企业经营成果分配的重要依据

利润表直接反映企业的经营成果,在一定的经济政策、法律规定和企业分配制度的前提下,利润额的多少决定了各利害关系人的分享额,如国家税收收入、股东的股利、员工和管理人员的奖金等。

4. 可作为分析和预测企业未来盈利趋势的依据

在利润表中,不仅列示了企业营业利润、利润总额和净利润构成情况,还反映了上年度和本年度全年累计实际发生的数据资料。会计信息使用者可以通过对不同年度相同指标的比较,分析企业盈利水平的变动,预测企业经营成果的发展趋势以及未来的收益能力。

二、利润表的格式

利润表是根据“收入－费用＝利润”这一公式编制的。通过一定表格来反映企业的经营成果,其结构或格式因企业的不同而不同,但大体上可分为单步式利润表和多步式利润表两种。

1. 单步式利润表

单步式利润表是指将本期所有的收入加在一起,再把本期所有费用支出加在一起,收支相抵后一次计算企业利润。单步式利润表比较直观、简单,编制方便。但它没有揭示出收入与费用之间的不同联系,不便于报表使用者进行具体分析,也不利于同行业之间报表的比较评价。单步式利润表的格式如表 12-6 所示。

2. 多步式利润表

多步式利润表是指将利润表的内容做多项分类,采用上下加减的报告式格式,通过多步计算确定本期的利润总额和净利润额的一种形式。在多步式利润表中,从营业收入到净利润的计算中间经过多道环节,故称之为多步式利润表。多步式利润表的格式如表 12-7 所示。多步式利润表计算分为三个部分:第一部分计算出企业的营业利润;第二部分计算出利润总额;第三部分计算出企业净利润。

表 12-6　利润表(单步式)

一、收入		
营业收入	×××	
投资收益	×××	
营业外收入	×××	
⋮	⋮	
收入合计		×××
二、费用、税金		
营业成本	×××	
期间费用	×××	
营业外支出	×××	
⋮	⋮	
费用、税金合计		×××
三、净利润		×××

表 12-7　利润表(多步式)

项　目	行次	本月数	本年累计数
一、营业收入			
减：营业成本			
营业税金及附加			
销售费用			
管理费用			
财务费用			
资产减值损失		(略)	
加：公允价值变动收益(损失以“－”号填列)			
投资收益(损失以“－”号填列)			
其中：对联营企业和合营企业的投资收益			
二、营业利润(损失以“－”号填列)			
加：营业外收入			
减：营业外支出			
其中：非流动资产处置损失			
三、利润总额(亏损总额以“－”号填列)			
减：所得税费用			
四、净利润(净亏损以“－”号填列)			
五、每股收益			
(一) 基本每股收益			
(二) 稀释每股收益			
六、其他综合收益			
七、综合收益总额			

按照规定，我国利润表格式应采用多步式利润表，它具有层次清楚的特点，有利于会计信息使用者分析企业利润的构成及其影响因素，预测企业未来的盈利能力。

利润表的格式内容包括表头和正表两部分组成。表头列示的内容包括报表的名称、编制单位、编制日期、报表编号和计量单位等。正表是利润表的主体部分，主要反映收入、费用和利润等各项目的具体内容及其相互关系。

三、利润表的编制

1. "上年累计数"栏的填列

"上年累计数"栏内各项数字，应根据上年度利润表"本年累计数"栏内所列数字填列。如果上年度利润表规定的各个项目的名称和内容同本年度不相一致，应对上年度利润表各项目的名称和数字按本年度的规定进行调整，填入本表"上年累计数"栏内。

2. 利润表各项目的内容和填列方法

(1) "营业收入"项目，反映企业营业活动中所取得的收入总额，是构成利润的主要来源。本项目应根据"主营业务收入"和"其他业务收入"账户的发生额填列。如果该账户的借方记录有销售退回等事项，应抵销本期的销售收入，按其销售收入的净额填列。

(2) "营业成本"项目，反映企业营业活动中发生的实际成本。本项目应根据"主营业务成本"和"其他业务成本"账户的发生额填列。如果该账户的贷方记录有销售退回等事项，应抵销借方发生额，按已销产品的实际成本填列。

(3) "营业税金及附加"项目，反映企业营业活动中应负担的营业税、消费税、城市维护建设税、资源税、土地增值税和教育费附加等，但不包括增值税。本项目应根据"营业税金及附加"账户的发生额填列。

(4) "销售费用"项目，反映企业在销售商品过程中发生的包装费、广告费等费用，以及为销售本企业商品而专设的销售机构的职工薪酬、业务费等经营费用。本项目应根据"销售费用"账户的发生额填列。

(5) "管理费用"项目，反映企业行政管理部门为组织和管理生产经营活动而发生的各项管理性费用。本项目应根据"管理费用"账户的发生额填列。

(6) "财务费用"项目，反映企业在筹资过程中发生的各项财务性费用。本项目应根据"财务费用"账户的发生额填列。

(7) "资产减值损失"项目，反映企业计提各项资产减值准备所形成的损失，包括应收账款、存货、长期股权投资、持有至到期投资、固定资产、在建工程、无形资产等资产。本项目应根据"资产减值损失"账户的发生额填列。

(8) "公允价值变动收益"项目，反映企业交易性金融资产、交易性金融负债，以及采用公允价值模式计量的投资性房地产、衍生工具、套期保值业务等公允价值变动形成的应计入当期损益的利得或损失。本项目应根据"公允价值变动收益"账户发生额填列。如果为损失，则以“－”号填列。

(9)“投资收益”项目，反映企业对外投资所得扣除投资损失后的净收益，包括交易性金融资产、持有至到期投资、可供出售金融资产和长期股权投资在持有期间和处置过程中所获得的收益。本项目应根据“投资收益”账户的发生额填列。如果为投资净损失，则本项目以“－”号填列。

(10)“营业外收入”项目和“营业外支出”项目，反映企业发生的与其生产经营无直接关系的各项收入和支出。本项目应根据“营业外收入”项目和“营业外支出”账户的发生额填列。

(11)“利润总额”项目，反映企业实现的利润总额。如为亏损，以“－”号填列。

(12)“所得税费用”项目，反映企业按规定从本期利润中扣除的所得税。本项目应根据“所得税费用”账户的发生额填列。

(13)“净利润”项目，反映企业税后净利润。如为亏损，以“－”号填列。

(14)“每股收益”为公开发行普通股以及正处于公开发行普通股公司的列报项目。基本每股收益为企业应当按照归属于普通股股东的当期净利润除以发行在外普通股的加权平均数。当企业存在稀释性潜在普通股的，应当计算稀释每股收益。潜在普通股主要包括：可转换公司债券、认股权证和股票期权等。存在稀释性潜在普通股的企业，应当分别调整归属于普通股股东的当期净利润和发行在外普通股的加权平均数，并据以计算稀释每股收益。

(15)“其他综合收益”项目，具体分为“以后会计期间不能重分类进损益的其他综合收益项目”和“以后会计期间在满足规定条件时可以重分类进损益的其他综合收益项目”两类，并以扣除相关所得税影响后的净额列报。如为亏损，以“－”号填列。

(16)“综合收益总额”项目，反映企业净利润与其他综合收益的合计金额。如为亏损，以“－”号填列。

【例 12-2】 海龙股份有限公司 2012 年的有关损益类账户发生额资料如表 12-8 所示。

表 12-8 有关损益类账户发生额 单位：元

项目	金额
营业收入	839 679 117
营业成本	1 001 782 936
营业税金及附加	1 065 004
销售费用	2 908 175
管理费用	159 434 831
财务费用	98 329 537

续表

项　　目	金　　额
资产减值损失	508 318 933
公允价值变动收益	－138 000
投资收益	－227 493 571
营业外收入	2 203 805 242
营业外支出	230 282 423
非流动资产处置损失	1 055 018
所得税费用	－32 696 531

根据上述资料，编制该企业2012年损益表，如表12-9所示。

表12-9　损益表

编制单位：海龙股份有限公司　　2012年度　　单位：元

项　　目	行次	本年累计数	上年累计数
一、营业收入	1	839 679 117	2 324 620 121
减：营业成本	2	1 001 782 936	2 464 532 657
营业税金及附加	3	1 065 004	1 163 509
销售费用	4	2 908 175	19 164 170
管理费用	5	159 434 831	130 245 280
财务费用	6	98 329 537	228 493 205
资产减值损失	7	508 318 933	193 457 685
加：公允价值变动收益(损失以“－”填列)	8	－138 000	
投资收益(损失以“－”填列)	9	－227 493 571	－73 642 530
其中：对联营企业和合营企业的投资收益	10		－73 920 773
二、营业利润(损失以“－”填列)	11	－1 159 791 871	－786 078 916
加：营业外收入	12	2 203 805 242	5 554 086
减：营业外支出	13	230 282 423	2 226 741
其中：非流动资产处置损失	14	1 055 018	1 583 704
三、利润总额(亏损总额以“－”填列)	15	813 730 949	－782 751 571
减：所得税费用	16	－32 696 531	
四、净利润(净亏损以“－”填列)	17	846 427 480	－782 751 571
五、每股收益	18		
(一) 基本每股收益	19	0.979 7	－0.906
(二) 稀释每股收益	20	0.979 7	－0.906
六、其他综合收益			
七、综合收益总额		846 427 480	－782 751 571

第四节 现金流量表

现金流量表是反映企业在一定会计期间现金和现金等价物流入和流出的报表。它反映企业一定会计期间有关现金和现金等价物的流入和流出信息。从编制原则上看，现金流量表按照收付实现制原则编制，将权责发生制下的盈利信息调整为收付实现制下的现金流量信息，便于信息使用者了解企业净利润的质量。现金流量表是年报表。

一、现金流量表的作用

现金流量表是以现金的流入与流出来汇总说明企业报告期内经营活动、投资活动及筹资活动的动态报表。

现金流量表的作用主要表现在以下几个方面：

(1) 便于分析企业现金流量的变动及其原因。现金流量表把现金流量划分为经营活动产生的现金流量、投资活动产生的现金流量和筹资活动产生的现金流量三部分，并按照现金流入和流出项目分别反映，以此揭示企业现金流入和流出的原因，使会计信息使用者通过阅读企业现金流量表，能够了解企业现金流入、流出的构成，分析企业现金流量变动的原因。

(2) 便于评价企业的盈余质量。通过利润表，信息使用者可以了解企业的获利能力。但是利润表是以权责发生制为基础的，从而有一定的局限性，若将经营活动产生的现金流量与净利润相比较，就可以从现金流量的角度了解净利润的质量，为投资者分析和判断企业的收益质量提供依据。

(3) 便于预测企业未来获取现金与支付现金的能力。企业的债务绝大多数是以现金来偿付的。对于企业的债权人来说，他们关心企业有多少净资产来对债务进行保障，同时也需要了解企业在债务到期时，是否有能力获得足够的现金偿还债务本息。对于企业的所有者而言，他们不仅关心自己投入企业的资本能否得到维持并产生利润，同时还关心企业获得利润后支付现金股利的能力，而这取决于企业的现金流量。现金流量表可以提供企业在特定会计期间内现金流入和流出的信息，便于报表使用者了解当期企业现金的获取和支付能力，并预测企业的现金流量情况。

二、现金流量表的编制基础

(一) 现金的含义

现金流量表中的现金，是指企业库存现金，可以随时用于支付的存款以及现金等价物。它包括“现金”账户、“银行存款”账户和“其他货币资金”账户等货币资金的内容。

但是，银行存款和其他货币资金中有些不能随时用于支付的存款，不能随时支取的定期存款等，不应作为现金，如被冻结的银行存款。

现金等价物是指企业持有的期限短、流动性强、易于转换为已知金额现金、价值变动风险很小的投资。现金等价物虽然不是现金，但其支付能力与现金的差别不大，可视为现金。一项投资被确认为现金等价物必须同时具备四个条件：期限短、流动性强、易于转换为已知金额现金、价值变动风险很小，其中期限短一般是指从购买日起三个月内到期。因此，企业的现金等价物通常包括三个月内到期的债券投资等。权益性投资变现的金额通常不确定，因而不属于现金等价物。

企业应当根据具体情况，确定现金等价物的范围，并且一贯性地保持其划分标准，如果改变划分标准，应视为会计政策的变更。企业确定现金等价物的原则及其变更应当在会计报表附注中披露。

（二）现金流量的含义

现金流量是指现金和现金等价物的流入量和流出量。现金的流入量和流出量的差额为现金流量净额。现金流量净额可以为正数，也可能是负数。若为正数，则为现金净流入；如果是负数，则为现金净流出。现金流量净额反映了公司各类活动形成的现金流量的最终结果。

企业现金形式的相互转换不会产生现金的流入和流出，如企业从银行提取现金，是企业现金存放形式的转换，并不流出企业，不构成现金流量；同样，现金与现金等价物之间的转换也不属于现金流量，比如，企业用现金购买将于三个月到期的国债。

三、现金流量表的结构

现金流量表由表头、基本内容和补充资料三部分组成。

（一）表头

表头包括报表名称、编制单位、编制日期和货币种类、金额单位等内容。

（二）基本内容

基本内容部分是现金流量表的核心，按照经济活动的性质分为经营活动产生的现金流量、投资活动产生的现金流量和筹资活动产生的现金流量三部分。每一类现金流量，分别按现金流入和现金流出总额反映。

1. 经营活动产生的现金流量

经营活动是指企业投资活动和筹资活动以外的所有交易和事项。各类企业经营活动的范围因其行业特点的不同而异。就工商企业来说，经营活动主要包括：销售商品、提供劳务、经营性租赁、购买商品、接受劳务、广告宣传、推销产品、缴纳税款等。对于商业银行而言，经营活动主要包括吸收存款、发放贷款、同业存放、同业拆借等。对于保险公司而言，经营活动主要包括原保险业务和再保险业务等。对于证券公司而言，经营活动主要包括自营证券、代理承销证券、代理兑付证券、代理买卖证券等。本章以一般工商企业为例，对其经营活动产生现金流量的具体内容进行说明。各类企业由于行业特点不同，对经营活动的认定存在一定差异，在编制现金流量表时，应根据企业的实际情况，对现金流量进行合理的归类。

2. 投资活动产生的现金流量

投资活动是指企业长期资产的购建和不包括在现金等价物范围内的投资及其处置活动。这里所指的长期资产是指固定资产、在建工程、无形资产、其他资产等持有期限在一年或一个营业周期以上的资产。对于一般企业而言，不包括在现金等价物范围内的投资是指交易性金融资产扣除现金等价物后的金额，以及持有至到期投资、可供出售金融资产等长期金融资产。需要注意的是，不同企业对投资活动现金流量的认定，由于所处行业不同而存在差异，如交易性金融资产所产生的现金流量，对于证券公司来说就属于经营活动现金流量，而非投资活动现金流量。

3. 筹资活动产生的现金流量

筹资活动是指导致企业资本及债务规模和构成发生变化的活动。这里所说的资本包括实收资本（股本）、资本溢价（股本溢价）。债务是指对外举债，包括向银行借款、发行债券及偿还债务等。而应付账款、应付票据等商业应付款等属于经营活动。

此外，企业对于日常活动之外的、不经常发生的项目，如灾害损失、保险赔款、捐赠等，对于这些特殊项目应当归并到相关类别中单设一项反映。比如，对于灾害损失和保险赔偿，如果能够确指，属于流动资产的损失，则应当列入经营活动现金流量；属于固定资产损失，则应当列入投资活动现金流量。如果不能确指，则可以列入经营活动现金流量。

4. 汇率变动对现金及现金等价物的影响

编制现金流量表时，企业应将外币现金流量及境外子公司的现金流量折算成记账本位币。由于日常核算时，这部分业务都是以现金流量发生日的即期汇率或按照系统合理的方法确定的、与现金流量发生日即期汇率近似的汇率折算。而现金流量表中“现金及现金等价物净增加额”项目中外币现金增加额是按资产负债表日的即期汇率折算的，两者的差额即为“汇率变动对现金的影响额”。

（三）补充资料

现金流量表的补充资料包括以下三方面内容。

1. 将净利润调节为经营活动现金流量

编制现金流量表时，经营活动现金流量有两种列报方法：一是直接法；二是间接法。

直接法是指通过现金收入和支出的主要类别反映来自企业经营活动的现金流量，如“经营活动产生的现金流量净额”，它是以利润表中的营业收入为起算点，调整与经营活动有关的项目的增减变动，然后计算出经营活动的现金流量。间接法是指以本期净利润为起算点，调整不涉及现金的收入、费用、营业外收支以及有关项目的增减变动，据此计算出经营活动的现金流量。

采用间接法列报经营活动产生的现金流量时，需要对四大类项目进行调整：

(1) 实际没有支付现金的费用；

(2) 实际没有收到现金的收益；

(3) 不属于经营活动的损益；

(4) 经营性应收应付项目的增减变动。

2. 不涉及现金收支的重大投资和筹资活动

有时企业会发生不形成现金收支的投资和筹资活动，如债务转为资本、一年内到期的可转换公司债券以及融资租入固定资产等，这些投资和筹资活动虽然不涉及现金收支，但对以后各期的现金流量有重大影响，对此应在报表附注中披露。

3. 现金及现金等价物净变动情况

现金及现金等价物净增加情况是对现金流量表主表中“现金及现金等价物净增加额”一项的数字来源、计算方法所做的详细说明，两者存在钩稽关系。

现金流量表的格式如表 12-10 所示。

表 12-10　现金流量表

编制单位：海龙股份有限公司　　2012 年度　　单位：元

项　　目	本期金额	上期金额
一、经营活动产生的现金流量		
销售商品、提供劳务收到的现金		
收到的税费返还		
收到其他与经营活动有关的现金		
经营活动现金流入小计		
购买商品、接受劳务支付的现金		
支付给职工以及为职工支付的现金		
支付的各项税费		
支付的其他与经营活动有关的现金		
经营活动现金流出小计		
经营活动产生的现金流量净额		
二、投资活动产生的现金流量		
收回投资所收到的现金		

续表

项目	本期金额	上期金额
取得投资收益收到的现金		
处置固定资产、无形资产和其他长期资产所收回的现金净额		
处置子公司及其他营业单位收到的现金净额		
收到的其他与投资活动有关的现金		
投资活动现金流入小计		
购建固定资产、无形资产和其他长期资产支付的现金净额		
投资支付的现金		
取得子公司及其他营业单位支付的现金净额		
支付其他与投资活动有关的现金		
投资活动现金流出小计		
投资活动产生的现金流量净额		
三、筹资活动产生的现金流量		
吸收投资所收到的现金		
取得借款收到的现金		
收到其他与筹资活动有关的现金		
筹资活动现金流入小计		
偿还债务支付的现金		
分配股利、利润或偿付利息支付的现金		
支付其他与筹资活动有关的现金		
筹资活动现金流出小计		
筹资活动产生的现金流量净额		
四、汇率变动对现金及现金等价物的影响		
五、现金及现金等价物净增加额		
加：期初现金及现金等价物余额		
六、期末现金及现金等价物余额		

补充资料	行次	金额
一、将净利润调节为经营活动现金流量		
净利润	35	
加：资产减值准备	36	
固定资产折旧、油气资产折耗、生产性生物资产折旧	37	
无形资产摊销	38	
长期摊待费用摊销	39	
处置固定资产、无形资产和其他长期资产的损失(收益以“－”号填列)	40	

续表

补充资料	行次	金额
固定资产报废损失(收益以“—”号填列)	41	
公允价值变动损失(收益以“—”号填列)	42	
财务费用(收益以“—”号填列)	43	
投资损失(收益以“—”号填列)	44	
递延所得税资产减少(增加以“—”号填列)	45	
递延所得税负债增加(减少以“—”号填列)	46	
存货的减少(增加以“—”号填列)	47	
经营性应收项目的减少(增加以“—”号填列)	48	
经营性应付项目的增加(增加以“—”号填列)	49	
其他	50	
经营活动产生的现金流量净额	51	
二、不涉及现金收支的重大投资和筹资活动		
债务转为资本	52	
一年内到期的可转换公司债券	53	
融资租入固定资产	54	
三、现金及等价物净变动情况		
现金的期末余额	55	
减:现金的期初余额	56	
加:现金等价物的期末余额	57	
减:现金等价物的期初余额	58	
现金及现金等价物净增加额	59	

四、现金流量表项目的填列

(一)经营活动产生的现金流量的填列

(1)“销售商品、提供劳务收到的现金”项目,反映企业本期销售商品、提供劳务收到的现金,以及前期销售商品、提供劳务本期收到的现金(包括销售收入和应向购买者收取的增值税销项税额)和本期预收的款项,减去本期销售本期退回的商品和前期销售本期退回的商品支付的现金。企业销售材料和代购代销业务收到的现金,也在该项目反映。

(2)“收到的税费返还”项目,反映企业收到返还的增值税、营业税、所得税、消费税、关税和教育费附加返还款等各种税费。

(3)“收到其他与经营活动有关的现金”项目,反映企业收到的罚款收入、经营租赁收到的租金等其他与经营活动有关的现金流入,金额较大的应当单独列示。

(4)“购买商品、接受劳务支付的现金”项目,反映企业本期购买商品、接受劳务实际支付的现金(包括增值税进项税额),以及本期支付前期购买商品、接受劳务的未付款项和本期预付款项,减去本期发生的购货退回收到的现金。

(5)“支付给职工以及为职工支付的现金”项目,反映企业本期实际支付给职工的工资、奖金、各种津贴和补贴等职工薪酬,但是应由在建工程、无形资产负担的职工薪酬以及支付的离退休人员的职工薪酬除外。

(6)“支付的各项税费”项目,反映企业本期发生并支付的、本期支付以前各期发生的以及预缴的教育费附加、矿产资源补偿费、印花税、房产税、土地增值税、车船使用税、营业税等税费,计入固定资产价值、实际支付的耕地占用税、本期退回的增值税、所得税等除外。

(7)“支付的其他与经营活动有关的现金”项目,反映企业支付的罚款支出、差旅费、业务招待费、保险费、经营租赁的现金等其他与经营活动有关的现金流出,金额较大的应当单独列示。

(二)投资活动产生的现金流量填列

(1)“收回投资所收到的现金”项目,反映企业出售、转让或到期收回除现金等价物以外的交易性金融资产、长期股权投资而收到的现金,以及收回长期债权投资本金而收到的现金,但长期债权投资收回的利息除外。

(2)“取得投资收益收到的现金”项目,反映企业因股权性投资而分得的现金股利,从子公司、联营企业或合营企业分回利润而收到的现金,以及因债权性投资而取得的现金利息收入,但股票股利除外。

(3)“处置固定资产、无形资产和其他长期资产所收回的现金净额”项目,反映企业出售、报废固定资产、无形资产和其他长期资产所取得的现金(包括因资产毁损而收到的保险赔偿收入),减去为处置这些资产而支付的有关费用后的净额,但现金净额为负数的除外。

(4)“处置子公司及其他营业单位收到的现金净额”项目,反映企业处置子公司及其他营业单位所取得的现金减去相关处置费用后的净额。

(5)“购建固定资产、无形资产和其他长期资产支付的现金”项目,反映企业购买、建造固定资产、取得无形资产和其他长期资产所支付的现金及增值税款、支付的应由在建工程和无形资产负担的职工薪酬现金支出,但为购建固定资产而发生的借款利息资本化部分、融资租入固定资产所支付的租赁费除外。

(6)“投资支付的现金”项目,反映企业取得的除现金等价物以外的权益性投资和债权性投资所支付的现金以及支付的佣金、手续费等附加费用。

(7)“取得子公司及其他营业单位支付的现金净额”项目,反映企业购买子公司及其他营业单位购买出价中以现金支付的部分,减去子公司或其他营业单位持有的现金和现金等价物后的净额。

(8) “支付其他与投资活动有关的现金”项目，反映企业除上述(1)～(7)项目外支付的其他与投资活动有关的现金流入或流出，金额较大的应当单独列示。

(三) 筹资活动产生的现金流量填列

(1) “吸收投资所收到的现金”项目，反映企业以发行股票、债券等方式筹集资金实际收到的款项，减去直接支付给金融企业的佣金、手续费、宣传费、咨询费、印刷费等发行费用后的净额。

(2) “取得借款收到的现金”项目，反映企业举借各种短期、长期借款而收到的现金。

(3) “偿还债务支付的现金”项目，反映企业以现金偿还债务的本金。

(4) “分配股利、利润或偿付利息支付的现金”项目，反映企业实际支付的现金股利，支付给其他投资单位的利润或用现金支付的借款利息、债券利息。

(5) “收到其他与筹资活动有关的现金”、“支付其他与筹资活动有关的现金”项目，反映企业除上述(1)～(4)项目外，收到或支付的其他与筹资活动有关的现金流入或流出，包括以发行股票、债券等方式筹集资金而由企业直接支付的审计和咨询等费用，为购建固定资产而发生的借款利息资本化部分，融资租入固定资产所支付的租赁费，以分期付款方式购建固定资产以后各期支付的现金等。

(四) 汇率变动对现金及现金等价物的影响填列

(1) 企业外币现金流量及境外子公司的现金流量折算为记账本位币时，所采用的现金流量发生日的即期汇率或按照系统合理的方法确定的、与现金流量发生日即期汇率近似的汇率折算的金额填列。

(2) “现金及现金等价物净增加额”中外币现金净增加额按期末汇率折算的金额填列。

海龙股份有限公司 2012 年度现金流量表如表 12-11 所示。

表 12-11 现金流量表

编制单位：海龙股份有限公司　　2012 年度　　单位：元

项目	本期金额	上期金额
一、经营活动产生的现金流量		
销售商品、提供劳务收到的现金	400 587 732	2 928 892 052
收到的税费返还	51 761	1 809 575
收到其他与经营有关的现金	82 939 040	46 221 709
经营活动现金流入小计	483 578 533	2 976 923 337

续表

项　目	本期金额	上期金额
购买商品、接受劳务支付的现金	434 608 229	3 136 358 847
支付给职工以及为职工支付的现金	221 364 740	203 831 507
支付的各项税费	14 365 234	19 739 777
支付的其他与经营活动有关的现金	380 104 918	92 397 972
经营活动现金流出小计	1 050 443 122	3 452 328.104
经营活动产生的现金流量净额	−566 864 589	−475 404 767
二、投资活动产生的现金流量		
收回投资所收到的现金	33 541 924	1 700 000
取得投资收益收到的现金		
处置固定资产、无形资产和其他长期资产所收回的现金净额	23 000	200 004 228
处置子公司及其他营业单位收到的现金净额		
收到的其他与投资活动有关的现金		
投资活动现金流入小计	33 564 924	201 704 228
购建固定资产、无形资产和其他长期资产支付的现金净额	37 527 233	66 535 748
投资支付的现金		1 900 000
取得子公司及其他营业单位支付的现金净额		
支付其他与投资活动有关的现金		
投资活动现金流出小计	37 527 233	68 435 748
投资活动产生的现金流量净额	−3 962 308	133 268 480
三、筹资活动产生的现金流量		
吸收投资所收到的现金		
取得借款收到的现金	874 577 870	2 661 775 183
发行债券收到的现金		398 000 000
收到其他与筹资活动有关的现金	1 441 622 658	
筹资活动现金流入小计	2 316 200 528	3 059 775 183
偿还债务支付的现金	1 460 575 296	2 617 147 539
分配股利、利润或偿付利息支付的现金	58 352 051	189 137 568
支付其他与筹资活动有关的现金	361 133 770	
筹资活动现金流出小计	1 880 061 117	2 806 285 107
筹资活动产生的现金流量净额	436 139 411	253 490 076
四、汇率变动对现金及现金等价物的影响		
五、现金及现金等价物净增加额	−134 687 486	−88 646 210
加：期初现金及现金等价物余额	187 138 903	275 785 114
六、期末现金及现金等价物余额	52 451 417	187 138 903

第五节　所有者权益变动表

一、所有者权益变动表的作用

所有者权益变动表是反映构成所有者权益的各组成部分当期的增减变动情况的报表。所有者权益变动表全面反映了企业一定时期所有者权益变动的情况，不仅包括所有者权益总量的增减变动，还包括所有者权益增减变动的重要结构性信息，特别是直接计入所有者权益的利得和损失等方面的情况，为会计信息使用者分析企业所有者权益的增减、准确判断企业资本保值增值等情况，提供对决策有用的信息。

二、所有者权益变动表的结构

所有者权益变动表的结构分为表头和基本内容两部分，其格式如表 12-12 所示。表头主要包括报表名称、编制单位、编制时期、金额单位等。

表 12-12　所有者权益变动表

编制单位：海龙股份有限公司　　2012 年 12 月 31 日　　单位：元

项　目	本年金额					上年金额(略)
	股　本	资本公积	盈余公积	未分配利润	所有者权益合计	
一、上年年末余额	863 977 948	58 074 492	127 945 489	−1 572 030 177	−522 032 248	
加：会计政策变更						
前期差错更正						
二、本年年初余额	863 977 948	58 074 492	127 945 489	−1 572 030 177	−522 032 248	
三、本年增减变动（减少以“－”号填列）		520 298 576	84 642 748	761 784 732	1 366 726 056	
（一）净利润				846 427 480	846 427 480	
（二）其他综合收益		−3 454 492			−3 454 492	
上述（一）和（二）小计		−3 454 492		846 427 480	842 972 988	
（三）所有者投入和减少资本		523 753 068			523 753 068	
1. 所有者投入资本						

续表

项目	本年金额					上年金额(略)
	股本	资本公积	盈余公积	未分配利润	所有者权益合计	
2. 股份支付计入所有者权益的金额						
3. 其他		523 753 068			523 753 068	
(四) 利润分配			84 642 748	−84 642 748		
1. 提取盈余公积			84 642 748	−84 642 748		
2. 对所有者(或股东)的分配				−12 340 469	−12 340 469	
3. 其他						
(五) 所有者权益内部结转						
1. 资本公积转增资本(或股本)						
2. 盈余公积转增资本(或股本)						
3. 盈余公积弥补亏损						
4. 其他						
四、本年年末余额	863 977 948	578 373 068	212 588 237	−810 245 445	844 693 807	

所有者权益变动表基本内容部分,采用矩阵形式清楚地列示所有者权益各组成部分当期的增减变动情况。一方面,所有者权益变动表列示导致所有者权益变动的交易或事项,按所有者权益变动的来源对一定时期所有者权益变动情况进行全面反映;另一方面,所有者权益变动表按照所有者权益各组成部分(包括实收资本、资本公积、盈余公积、未分配利润)及其总额列示交易或事项对所有者权益的影响。

三、所有者权益变动表的结构

(一)"上年金额"栏的填列方法

所有者权益变动表"上年金额"栏内的各项数字,应根据上年度所有者权益变动表中的“本年金额”栏数字填列。如果上年度所有者权益变动表规定的各个项目的名称和内容同本年度不相一致，应对上年度所有者权益变动表各项目的名称和金额按本年度的规定进行调整后，再填入本年度所有者权益变动表“上年金额”栏。

（二）“本年金额”栏的填列方法

所有者权益变动表“本年金额”栏内的各项目数字一般应根据“实收资本(或股本)”、“资本公积”、“盈余公积”、“利润分配”、“库存股”、“以前年度损益调整”账户的发生额分别填列。

第六节　会计报表附注

一、会计报表附注的概念及意义

会计报表附注是指对在资产负债表、利润表、所有者权益变动表和现金流量表等报表中列示项目的文字描述，以及对未能在这些报表中列示项目的说明等。

会计报表由于受格式、反映形式等因素的限制，有时所提供的信息不能完全满足报表使用者的需要。对此，利用会计报表附注对会计报表未披露或者披露不详尽的重要内容做进一步的揭示，提高了披露会计信息的利用价值，增强了会计信息的可理解性，提高了披露会计信息的利用价值，完善财务会计报告。

二、会计报表附注的内容

会计报表附注一般应按顺序披露下列内容。

（一）企业的基本情况

企业的基本情况包括：企业注册地、组织形式和总部地址，企业的业务性质和主要经营活动，母公司以及集团最终母公司的名称，财务报告的批准报出者和财务报告批准报出日。

（二）财务报表的编制基础

财务报表的编制基础主要包括会计年度、记账本位币、会计计量所运用的计量基础、现金和现金等价物的构成等内容。

（三）遵循企业会计准则的声明

企业应当声明编制的财务报表符合企业会计准则的要求，真实、完整地反映了企业的财务状况、经营成果和现金流量等有关信息。

(四) 重要会计政策和会计估计

1. 重要会计政策说明

会计政策是指企业在会计确认、计量和报告中所采用的原则、基础和会计处理方法。在实务操作中,某些经济业务可以有多种会计处理方法,即存在着不止一种可供选择的会计政策,企业选择不同的会计处理方法,对财务状况和经营成果会造成不同的影响,所以有必要对所采用的会计政策加以披露。

企业应当披露采用的重要会计政策和会计估计,不重要的会计政策和会计估计可以不披露。企业须对其采纳的会计政策在会计报表附注中应加以披露的主要内容包括:

(1) 合并政策,指企业编制合并会计报表所采纳的原则,如合并范围的确定原则等。

(2) 外币折算,指外币折算所采用的方法,以及汇兑损益的处理。

(3) 收入确认,指收入确认的原则。

(4) 所得税核算,指企业所得税的核算方法,如所得税核算是采用应付税款法,还是采用纳税影响会计法;如采用纳税影响会计法,是采用债务法还是递延法。

(5) 存货计价,指企业的存货计价方法。

(6) 长期投资核算,指长期投资的核算方法。如对长期股权投资是采用权益法核算还是采用成本法核算;对长期债权投资折价或溢价的摊销是采用直线法还是实际利率法。

(7) 坏账损失核算,指坏账损失的核算方法。如对坏账损失是采用直接转销法还是备抵法。

(8) 借款费用核算,指借款费用的处理方法。如借款费用是予以资本化,还是计入当期损益。

2. 重要会计估计说明

会计估计是指企业对结果不确定的交易或者事项以最近可利用的信息为基础所做的判断。企业应当披露会计估计中所采用的关键假设和不确定因素的确定依据,如固定资产可收回金额的确定依据,判断无形资产使用年限不确定的依据等。因为这些关键假设和不确定因素在下一会计期间很可能导致资产、负债账面价值进行重大调整,所以强调这一披露要求,有助于提高财务报表的可理解性。

(五) 会计政策和会计估计变更以及差错更正的说明

1. 会计政策变更说明

为保证会计信息的可比性,使会计报表使用者通过对企业不同期间会计报表的比较,正确判断企业的财务状况、经营成果的发展趋势,一般情况下,企业各期采用的会计政策应当保持一致,不得随意变更。但在下列情况下,企业应变更其会计政策:①法律或会计准则等行政法规、规章要求变更；②会计政策的变更能够提供有关企业财务状况、经营成果的更为可靠、相关的信息。这一情况是指，由于经济环境、客观情况的改变，企业原采用的会计政策所提供的会计信息，已不能恰当反映企业的财务状况和经营成果。企业应当在附注中披露与会计政策变更有关的下列信息：

(1) 会计政策变更的性质、内容和理由。包括：对会计政策变更的阐述、会计政策变更的日期、变更前采用的会计政策、变更后采用的会计政策以及会计政策变更的原因。

(2) 当期和各个列报前期财务报表中受影响的项目名称和调整金额。包括：采用追溯调整法时，计算出的会计政策变更的累积影响数；当期和各个列报前期财务报表中需要调整的净损益及其影响金额，以及其他需要调整的项目名称和调整金额。

(3) 无法进行追溯调整的，说明该事实和原因以及开始应用变更后的会计政策的时点、具体应用情况。包括：无法进行追溯调整的事实；确定会计政策变更对列报前期影响数不切实可行的原因；开始应用新会计政策的时点和具体应用情况。

2. 会计估计变更的说明

企业应当在附注中披露与会计估计变更有关的下列信息：

(1) 会计估计变更的内容和原因，主要包括会计估计变更的内容、变更的日期以及会计估计变更的原因。

(2) 会计估计变更对当期和未来期间的影响数。包括会计估计变更对当期和未来期间损益的影响金额以及对其他各项目的影响金额。

(3) 会计估计变更的影响数不能确定的，披露这一事实和原因。

（六）重要报表项目说明

企业对报表重要项目的说明，应当按照资产负债表、利润表、现金流量表、所有者权益变动表及其项目列示的顺序，采用文字和数字描述相结合的方式进行披露。报表重要项目的明细金额合计，应当与报表项目金额相衔接。

（七）或有事项

或有事项是指过去的交易或事项形成的一种状况，其结果须通过未来不确定事项的发生或不发生予以证实。常见的或有事项有商业票据背书转让或贴现、未决诉讼、未决仲裁、产品质量保证等。对于投资者来说，或有事项的披露有利于他们通过企业的财务报告获取更完整的信息资料，对企业的投资风险和投资价值做出更准确的判断。企业应在附注中披露下列与或有事项有关的信息：

1. 预计负债

(1) 预计负债的种类、形成原因以及经济利益流出不确定性的说明。

(2) 各类预计负债的期初余额、期末余额和本期变动情况。

(3) 与预计负债有关的预期补偿金额和本期已确认的预期补偿金额。

2. 或有负债(不包括极小可能导致经济利益流出企业的或有事项)

(1) 或有负债的种类及其形成原因,包括已贴现商业承兑汇票、未决诉讼、未决仲裁、对外提供担保等形成的或有负债。

(2) 经济利益流出不确定性的说明。

(3) 或有负债预计产生的财务影响以及获得补偿的可能性。无法预计的,应说明原因。

3. 或有资产

企业一般不应在附注中披露或有资产。但或有资产很可能导致未来经济利益流入企业时,应在会计报表附注中披露。披露的内容包括其形成的原因、预计产生的财务影响等。

(八) 资产负债表日后事项

资产负债表日后事项是指资产负债表日至财务报告批准报出日之间发生的有利或不利事项,包括调整事项和非调整事项两类。

调整事项是指对资产负债表日已经存在的情况提供了新的或进一步证据的事项。如资产负债表日后诉讼案件结案,法院判决证实了资产负债表日已经存在的现时义务,则需要调整原先确认的与该诉讼相关的预计负债。非调整事项是指表明资产负债表日后发生的情况的事项。如发生重大诉讼、仲裁,发行股票、债券等。对调整事项,应在报告年度的财务报表中进行反映;对每项重要的资产负债表日后非调整事项,企业应在会计报表附注中披露相关信息,目的是使报表使用者可以全面、及时地了解企业当前的财务状况、经营成果和现金流量信息,更好地进行决策。企业应在附注中披露下列资产负债表日后事项有关的信息:

(1) 财务报告的批准报出者和财务报告批准报出日。

(2) 每项重要的资产负债表日后非调整事项的性质、内容,及其对财务状况和经营成果的影响。无法作出估计的,应说明原因。

(九) 关联方关系及交易

1. 关联方关系

关联方关系是指:①直接或间接地控制其他企业或受其他企业控制,以及同受某一企业控制的两个或多个企业(如母公司、子公司、受同一母公司控制的子公司之间);②合营企业;③联营企业;④主要投资者个人、关键管理人员或与其关系密切的家庭成员;⑤受主要投资者个人、关键管理人员或与其关系密切的家庭成员直接控制的其他企业。

在不存在关联方关系的情况下,企业相互间发生交易时,往往会从各自利益出发,在平等自由的基础上进行公平交易。但企业间存在关联方关系时,它们之间的交易可能不是建立在公平交易的基础上。因此,对关联方交易的充分披露,有助于了解关联方交易的实质,可以在一定程度上杜绝虚假的关联方交易,为进一步提高会计信息质量提供保证。

2. 关联方交易的披露

零星的关联方交易,如果对企业财务状况和经营成果影响较小或几乎没有影响,可以不予以披露。对企业财务状况和经营成果有影响的关联方交易,如果属于重大交易(主要指交易金额较大的,如销售给关联方产品的销售收入占本企业销售收入10%及以上),应当分别按关联方以及交易类型披露。如果属于非重大交易,类型相同的非重大交易可以合并披露,但以不影响会计报表使用者正确理解企业财务状况、经营成果为前提。

企业与关联方发生关联方交易的,应当在附注中披露该关联方关系的性质、交易类型及交易要素。

(1) 关联方关系的性质,是指关联方与该企业的关系,即关联方是该企业的子公司、合营企业、联营企业等。

(2) 交易类型,通常指购买或销售商品、购买或销售除商品以外的其他资产(如设备、建筑物等)、提供或接受劳务、代理(如代理销售货物或代理签订合同等)、租赁、提供资金、担保和抵押、管理方面的合同(如关于由一方管理另一方的财务和日常经营的合同)、研究与开发项目的转移、许可协议(如允许一方使用另一方的商标等)等。

(3) 交易要素,通常包括:交易的金额;未结算项目的金额、条款和条件以及有关提供或取得担保的信息;未结算应收项目坏账准备金额;定价政策等。

思 考 题

1. 财务报告包含哪些主要内容?
2. 如何对财务报表进行分类?
3. 什么是资产负债表?什么是账户式与报告式?
4. 单步式利润表和多步式利润表各有什么特点?
5. 现金流量表的作用是什么?它由哪几部分组成?
6. 现金等价物的特点是什么?
7. 会计报表附注的作用是什么?
8. 为什么要披露资产负债表日后事项?

练 习 题

一、目的

掌握财务报表的编制方法。

二、资料

1. M公司2012年、2013年有关总账账户年末余额资料如表12-13所示。

表12-13 账户余额表

2013年12月31日　　单位：元

账户名称	2012年年末数	2013年年末数	账户名称	2012年年末数	2013年年末数
现金	30 000	24 200	短期借款	1 060 000	1 052 800
银行存款	300 000	304 000	应付票据	220 000	203 600
其他货币资金	170 000	184 200	应付账款	200 100	208 000
交易型金融资产	260 000	262 700	预收账款	——	500
应收票据	426 000	425 000	其他应付款	2 400	2 200
应收账款	622 000	625 000	应付职工薪酬	42 000	41 760
坏账准备	600	500	应付股利	30 000	40 000
预付账款	—	280	应交税费	239 600	237 600
其他应收款	8 400	8 200	长期借款	244 000	243 760
物资采购	—	241 600	长期应付款	4 000	3 760
原材料	2 614 000	2 167 400	应付债券	2 038 600	1 771 880
材料成本差异	—	−4 200	股本	10 000 000	10 100 000
库存商品	260 200	254 340	资本公积	230 300	232 200
长期投资	124 000	125 000	盈余公积	380 000	656 800
固定资产	10 220 000	10 400 000	利润分配	120 000	220 000
累计折旧	240 000	250 000			
在建工程	5 000	5 200			
无形资产	12 000	11 900			
待处理财产损益					
流动资产	—	260			
固定资产	—	280			
生产成本	—	250 000			

2. 2013年年末有关部门明细账账户余额资料如下。

应收账款借方余额　645 000元

应收账款贷方余额　20 000元

应付账款贷方余额　228 000元

应付账款借方余额　20 000元

3. 有关收入、费用账户资料如表12-14所示。

表 12-14 收入、费用账户资料 单位：元

科目	本月发生额		1～11 月累计数	上年数
	借方	贷方		
营业收入				11 600 000
主营业务收入		1 100 000	11 600 000	
其他业务收入		150 000	1 600 000	
营业成本				9 400 000
主营业务成本	88 000		9 300 000	
其他业务支出	110 000		1 200 000	
营业税金及附加	2 000		20 000	33 000
销售费用	60 000		560 000	700 000
管理费用	3 000		28 000	30 000
财务费用	17 000		180 000	160 000
投资收益		5 600	20 000	26 000
营业外收入		4 800	60 000	60 000
营业外支出	6 400		90 000	96 000
所得税	70 000		630 000	546 000

4. 有关利润分配各明细账资料如表 12-15 所示。

表 12-15 利润分配明细表 单位：元

利润分配	2013 年	利润分配	2013 年
提取法定公积金	138 400	支付股利	1 799 200
提取任意公益金	138 400	年末未分配利润	220 000

三、要求：

根据以上资料，编制 M 公司 2013 年 12 月 31 日的资产负债表、2013 年度的损益表。

练习题答案

第二章　会计核算方法

练习1

年末资产总额＝200 000＋300 000＝500 000(元)

年初资产总额＝500 000－100 000＝400 000(元)

年初净资产＝400 000－250 000＝150 000(元)

该年净收益＝300 000－150 000－40 000＝110 000(元)

练习2

资产＝12 861＋92 200－4 200＋23 000＝123 861(元)

负债＝8 645＋10 000＝18 645(元)

所有者权益＝100 000＋26 120－20 904＝105 216(元)

练习3

编制会计分录如下。

1. 借：银行存款　　300 000
　　贷：实收资本　　300 000
2. 借：固定资产　　120 000
　　贷：实收资本　　120 000
3. 借：银行存款　　200 000
　　贷：短期借款　　200 000
4. 借：无形资产　　250 000
　　贷：实收资本　　250 000
5. 借：原材料　　50 000
　　贷：应付账款　　50 000

6. 借：银行存款　　45 000
　　贷：主营业务收入　　45 000
7. 借：应付账款　　50 000
　　贷：银行存款　　50 000
8. 借：其他应收款——李维　　1 000
　　贷：库存现金　　1 000
9. 借：管理费用　　2 000
　　贷：银行存款　　2 000
10. 借：管理费用　　800
　　　　库存现金　　200
　　贷：其他应收款——李维　　1 000

练习 4

1. 开设账户并登记期初余额、各项经济业务、本期发生额及期末余额。

总分类账

会计科目：原材料　　单位：元

××××年		凭证		摘要	借方	贷方	借或贷	余额
月	日	字	号					
7	1			月初余额			借	220 000
				购入	80 000		借	300 000
				生产领用		145 000	借	155 000
				购入	30 000		借	185 000
7	31			本期发生额及期末余额	110 000	145 000	借	185 000

总分类账

会计科目：应付账款　　单位：元

××××年		凭证		摘要	借方	贷方	借或贷	余额
月	日	字	号					
7	1			月初余额			贷	80 000
				归还欠款	35 000		贷	45 000
				购买材料		30 000	贷	75 000
				归还欠款	20 000		贷	55 000
7	31			本期发生额及期末余额	55 000	30 000	贷	55 000

原材料明细分类账

材料名称：A材料　　　　单位：元

××××年		凭证		摘要	收入			发出			结存		
月	日	字	号		数量/千克	单价	金额	数量/千克	单价	金额	数量/千克	单价	金额
7	1			月初余额							400	300	120 000
				购入	200	300	60 000				600	300	180 000
				生产领用				350	300	105 000	250	300	75 000
7	31			本期发生额及期末余额	200	300	60 000	350	300	105 000	250	300	75 000

原材料明细分类账

材料名称：B材料　　　　单位：元

××××年		凭证		摘要	收入			发出			结存		
月	日	字	号		数量/千克	单价	金额	数量/千克	单价	金额	数量/千克	单价	金额
7	1			月初余额							500	200	100 000
				购入	100	200	20 000				600	200	120 000
				生产领用				200	200	40 000	400	200	80 000
				购入	150	200	30 000				550	200	110 000
7	31			本期发生额及期末余额	250	200	50 000	200	200	40 000	550	200	110 000

应付账款明细分类账

应付账款：凯利公司　　　　单位：元

××××年		凭证		摘要	借方	贷方	借或贷	余额
月	日	字	号					
7	1			月初余额			贷	30 000
				归还欠款	20 000		贷	10 000
				购买材料		30 000	贷	40 000
7	31			本期发生额及期末余额	20 000	30 000	贷	40 000

应付账款：兴旺公司 单位：元

××××年		凭证		摘要	借方	贷方	借或贷	余额
月	日	字	号					
7	1			月初余额			贷	50 000
				归还欠款	15 000		贷	35 000
				归还欠款	20 000		贷	15 000
7	31			本期发生额及期末余额	35 000		贷	15 000

2. 编制会计分录

(1) 借：应付账款——凯利公司 20 000
　　应付账款——兴旺公司 15 000
　贷：银行存款 35 000

(2) 借：原材料——A 材料 60 000
　　原材料——B 材料 20 000
　贷：银行存款 80 000

(3) 借：生产成本 145 000
　贷：原材料——A 材料 105 000
　　原材料——B 材料 40 000

(4) 借：原材料——B 材料 30 000
　贷：应付账款——凯利公司 30 000

(5) 借：应付账款——兴旺公司 20 000
　贷：银行存款 20 000

3. 期末核对，如下表所示。

总分类账户与明细分类账户发生额及余额对照表 单位：元

账户名称	月初余额		发生额		月末金额	
	借方	贷方	借方	贷方	借方	贷方
A 材料明细账户	120 000		60 000	105 000	75 000	
B 材料明细账户	100 000		50 000	40 000	110 000	
原材料总分类账户	220 000		110 000	145 000	185 000	

总分类账户与明细分类账户发生额及余额对照表 单位：元

账户名称	月初余额		发生额		月末金额	
	借方	贷方	借方	贷方	借方	贷方
凯利公司应付账款明细账户		30 000	20 000	30 000		40 000
兴旺公司应付账款明细账户		50 000	35 000			15 000
应付账款总分类账户		80 000	55 000	30 000		55 000

第三章　货币资金及应收项目

练习1

编制会计分录如下。

	借方	贷方
1. 借：库存现金	1 500	
贷：银行存款		1 500
2. 借：其他应收款——李斌	1 000	
贷：库存现金		1 000
3. 借：管理费用	80	
贷：库存现金		80
4. 借：原材料	12 000	
贷：银行存款		12 000
5. 借：银行存款	40	
贷：主营业务收入		40
6. 借：管理费用	120	
贷：库存现金		120
7. 借：银行存款	2 500	
贷：财务费用		2 500
8. 借：短期借款	50 000	
贷：银行存款		50 000
9. 借：应付账款	2 000	
贷：银行存款		2 000
10. 借：银行存款	60 000	
贷：应收账款		60 000
11. 借：管理费用	700	
库存现金	300	
贷：其他应收款——李斌		1 000
12. 借：管理费用	500	
贷：银行存款		500

练习2

编制会计分录如下。

1. 借：银行存款——美元账户(6.13×2 500)　　15 325
　　财务费用　　425
　贷：应收账款——A 公司(美元)(6.3×2 500)　　15 750
2. 借：应付账款——W 公司(美元)　　9 450
　贷：银行存款——美元账户　　9 195
　　财务费用　　255
3. 借：银行存款——美元账户　　63 300
　贷：短期借款——美元账户　　61 300
　　财务费用　　2 000
4. 借：应收账款——A 公司(美元)　　9 195
　贷：主营业务收入——A 公司　　9 195

月末调整分录：略。

练习 3

编制会计分录如下。

1. 借：应收账款　　6 000 000
　贷：主营业务收入　　6 000 000
2. 借：银行存款　　5 500 000
　贷：应收账款　　5 500 000
3. 借：坏账准备　　150 000
　贷：应收账款　　150 000
4. 借：应收账款　　8 000
　贷：坏账准备　　8 000

借：银行存款　　8 000
　贷：应收账款　　8 000

2000 年年末应收账款余额＝2 00 000＋6 000 000－5 500 000－150 000＝2 350 000(元)

坏账准备＝2 350 000×5％＝117 500(元)

坏账准备余额＝100 000－150 000＋8000＝－42 000(元)，借方余额 42 000 元

因此提取坏账准备＝112 500＋42 000＝154 500(元)

编制会计分录如下。

借：资产减值损失　　159 500
　贷：坏账准备　　159 500

练习4

编制会计分录如下。

1. 借：应收票据　　58 500
　　贷：主营业务收入　　50 000
　　　　应交税费——应交增值税(销项税额)　　8 500
2. 借：银行存款　　393 600
　　　财务费用　　6 400
　　贷：应收票据　　400 000
3. 借：应收账款　　400 000
　　贷：短期借款　　400 000

练习5

票据到期价值＝40 950×(1＋10％÷360×60)＝41 632.5(元)

票据贴现息＝41 632.5×12％÷12＝416.325(元)

票据贴现净额＝41 632.5－416.325＝41 216.175(元)

编制会计分录如下。

借：应收票据　　40 950
　贷：主营业务收入　　35 000
　　　应交税费——应交增值税(销项税额)　　5 950
借：银行存款　　41 216.175
　贷：应收票据　　40 950
　　　财务费用　　266.175

第四章　存　货

练习1

月末一次加权平均法：

$$存货单位成本=\frac{1\,500\times 40+500\times 42+2\,000\times 43}{1\,500+500+2\,000}=41.75(元/件)$$

本期发出存货成本 ＝ (1 200 ＋ 1 000) × 41.75 ＝ 91 850(元)

期末结存存货成本 ＝ (4 000—2 200) × 41.75 ＝ 75 150(元)

先进先出法：

本期发出存货成本 ＝ 1 200 × 40 ＋ 300 × 40 ＋ 500 × 42 ＋ 200 × 43 ＝ 89 600(元)

期末结存存货成本 = 1 800 × 43 = 77 400(元)

2. 分析说明采用不同计价方法对企业资产、费用、收益的影响。

采用月末一次加权平均法的情况下企业的资产为 75 150 元,费用为 91 850 元;采用先进先出法的情况下企业的资产为 77 400 元,费用为 89 600 元。月末一次加权平均法与先进先出法相比,收益减少了 2 250 元(91 850－89 600)。

练习2

编制的会计分录依次如下。

① 借:库存商品——甲商品　10 200
　　应交税金——应交增值税(进项税额)　1 734
　贷:银行存款　11 934

② 借:库存商品——甲商品　6 606.67
　　库存商品——乙商品　8 258.33
　　应交税金——应交增值税(进项税额)　2 483
　贷:应付账款　17 348

③ 借:应付账款　17 348
　贷:银行存款　17 348

④ 借:银行存款　7 371
　贷:主营业务收入　6 300
　　应交税金——应交增值税(销项税额)　1 071

⑤ 借:应收账款　15 327
　贷:主营业务收入　13 100
　　应交税金——应交增值税(销项税额)　2 227

⑥ 借:银行存款　15 327
　贷:应收账款　15 327

⑦ 借:主营业务成本　15 400
　贷:库存商品——甲商品　13 400
　　库存商品——乙商品　2 000

练习3

借:资产减值损失　300 000
　贷:存货跌价准备　300 000

第五章 投 资

练习1

① 2012 年 4 月 20 日取得投资时

借：交易性金融资产——B 公司	1 200 000	
投资收益	30 000	
贷：银行存款		1 230 000

② 2012 年 12 月 10 日确认应收现金股利时

借：应收股利——B 公司	40 000	
贷：投资收益		40 000

③ 2012 年年末未发生公允价值变动，不做会计处理。

④ 2013 年 2 月 1 日收到现金股利时

借：银行存款	40 000	
贷：应收股利——B 公司		40 000

⑤ 2013 年 3 月 10 日公允价值变动，不做会计处理。

⑥ 2013 年 4 月 2 日处置资产时

借：银行存款	2 360 000	
贷：交易性金融资产——B 公司		1 200 000
投资收益		1 160 000

练习2

(1) 计算实际利率

取得成本低于债券面值，实际利率高于 4%，采用插值法计算实际利率如下：

采用 7%进行测算，查表知 5 期、7%年金现值系数、复利现值系数分别为 4.100 20 和 0.712 99，计算如下：

$$48\,000\times4.100\,20+1\,200\,000\times0.712\,99=1\,052\,397.60>1\,040\,000$$

采用 8%进行测算，查表知 5 期、8%年金现值系数、复利现值系数分别为 3.992 71 和 0.680 58，计算如下：

$$48\,000\times3.992\,71+1\,200\,000\times0.680\,58=1\,008\,346.08<1\,040\,000$$

$$r=r_1+(r_2-r_1)\frac{y-y_1}{y_2-y_1}=7\%+(8\%-7\%)\times\frac{1\,040\,000.00-1\,052\,397.60}{1\,008\,346.08-1\,052\,397.60}$$

$$=7.28\%$$

（2）采用实际利率法确认利息收入

A 公司采用实际利率法确认的利息收入如下表所示。

单位：元

日　期	实际利率	实际利息收入	应计利息	利息调整	摊余成本
2013-01-01					1 040 000
2013-12-31	7.28%	75 712	48 000	27 712	1 067 712
2014-12-31	7.28%	77 729	48 000	29 729	1 097 441
2015-12-31	7.28%	79 893	48 000	31 893	1 129 334
2016-12-31	7.28%	82 215	48 000	34 215	1 163 549
2017-12-31	7.28%	84 451	48 000	36 451	1 200 000

（3）会计处理

① 2013 年 1 月 1 日取得投资时

借：持有至到期投资——B 公司（成本）　1 200 000

　贷：持有至到期投资——B 公司（利息调整）　160 000

　　银行存款　1 040 000

② 2013 年 12 月 31 日确认投资收益时

借：银行存款　48 000

　持有至到期投资——B 公司（利息调整）　27 712

　贷：投资收益　75 712

③ 2014 年 12 月 31 日确认投资收益时

借：银行存款　48 000

　持有至到期投资——B 公司（利息调整）　29 729

　贷：投资收益　77 729

④ 2015 年 12 月 31 日确认投资收益时

借：银行存款　48 000

　持有至到期投资——B 公司（利息调整）　31 893

　贷：投资收益　79 893

⑤ 2016 年 12 月 31 日确认投资收益时

借：银行存款　48 000

　持有至到期投资——B 公司（利息调整）　34 215

　贷：投资收益　82 215

⑥ 2017 年 12 月 31 日

借：银行存款　48 000

　持有至到期投资——B 公司（利息调整）　36 451

贷：投资收益　　84 451

借：银行存款　　1 200 000

贷：持有至到期投资——B公司(成本)　　1 200 000

练习3

① 2010年3月2日购入资产

借：可供出售金融资产——B公司　　2 910 000

贷：银行存款　　2 910 000

② 2010年12月31日确认公允价值变动

借：可供出售金融资产——B公司　　690 000

贷：资本公积——其他资本公积　　690 000

③ 2012年12月31日确认减值损失(持续下跌)

损失额＝(2 910 000＋690 000)－1 100 000－690 000＝1 810 000(元)

借：资产减值损失　　1 810 000

资本公积——其他资本公积　　690 000

贷：可供出售金融资产——B公司　　2 500 000

④ 2013年1月10日处置投资

借：银行存款　　1 050 000

投资收益　　50 000

贷：长期股权投资　　1 100 000

练习4

① 2011年2月1日购入长期股权

借：长期股权投资　　2 400 000

贷：银行存款　　2 000 000

无形资产　　400 000

② 2011年10月5日宣告分派2010年度现金股利

借：应收股利(2 000 000×5%)　　100 000

贷：投资收益　　100 000

③ 2013年4月5日宣告分派2012年度现金股利

借：应收股利　　125 000

贷：投资收益　　125 000

第六章　固定资产、无形资产及其他资产

练习1

编制会计分录如下。

1. 借：固定资产　450 000
　　贷：实收资本　450 000
2. 借：固定资产　60 100
　　贷：营业外收入　60 100
3. 借：在建工程[60 000＋1 000×(1－3%)]　60 930
　　　应交税费——应交增值税(进项税)　10 270
　　贷：银行存款　71 200
　借：在建工程　3 404
　　贷：原材料　1 200
　　　应交税费——应交增值税(进项税额转出)　204
　　　应付职工薪酬　2 000
　借：固定资产　64 334
　　贷：在建工程　64 334
4. 2011年相关会计分录

借：银行存款　200 000
　贷：长期借款　200 000
借：在建工程　189 000
　贷：银行存款　189 000
借：在建工程　18 900
　　财务费用　1 100
　贷：长期借款——应计利息　20 000

2012年相关会计分录：

借：在建工程　135 000
　贷：银行存款　135 000
借：在建工程　13 500
　　财务费用　6 500
　贷：长期借款——应计利息　20 000

完工转入固定资产：

借：固定资产　　356 400

　贷：在建工程　　356 400

2013 年相关会计分录：

借：财务费用　　2 000

　贷：长期借款——应计利息　　20 000

借：长期借款　　260 000

　贷：银行存款　　260 000

5. 分期付款现值＝23 148.15＋12 860.08＋9 259.26＝45 267.5(元)

借：固定资产　　45 267.5

　　未确认融资费用　　4 732.5

　贷：长期应付款　　50 000

未确认融资费用分摊表如下表所示。

单位：元

分期归还本金额	确认的融资费用	应付本金减少额	应付本金余额
			45 267.5
25 000	3 621.4	21 378.6	23 888.9
15 000	1 911.1	13 088.9	10 800
10 000	－800	10 800	0

编制会计分录如下。

借：财务费用　　3 621.4

　贷：未确认融资费用　　3 621.4

借：长期应付款　　25 000

　贷：银行存款　　25 000

借：财务费用　　1 911.1

　贷：未确认融资费用　　1 911.1

借：长期应付款　　15 000

　贷：银行存款　　15 000

借：未确认融资费用　　800

　贷：财务费用　　800

借：长期应付款　　10 000

　贷：银行存款　　10 000

6. 账务处理如下。

(1) 2014 年 1 月 1 日，弃置费用的现值＝200 000 000×(*P*/*F*,6％,40)

＝200 000 000×0.097＝19 400 000(元)

固定资产的成本＝200 000 000＋19 400 000＝219 400 000(元)

借：固定资产　　　　219 400 000

　贷：在建工程　　　　200 000 000

　　　预计负债　　　　19 400 000

(2) 2014 年应负担的利息费用＝19 400 000×6％＝1 164 000(元)

借：财务费用　　　　1 164 000

　贷：预计负债　　　　1 164 000

以后年度，企业应当按照实际利率法计算确定每年财务费用，账务处理略。

练习2

1. 直线法年折旧率＝(1－3％)÷6＝16.17％，月折旧率＝1.35％

年折旧额＝40 425 元，月折旧额＝3 368.75 元

2. 双倍余额递减法折旧计算表如下表所示。

第 *n* 年	折旧率	折旧额/元
第一年	2/6	83 333.3
第二年	2/6	55 555.6
第三年	2/6	37 037.0
第四年	2/6	24 691.4
第五、六年		20 941.35

3. 年数总和法折旧计算表如下表所示。

第 *n* 年	折旧率	折旧额/元
第一年	6/21	69 285.7
第二年	5/21	57 738.1
第三年	4/21	46 190.5
第四年	3/21	34 642.9
第五年	2/21	23 095.2
第六年	1/21	11 547.6

练习3

第五年年初设备的账面价值＝300 000－120 000＝180 000(元)

更新改造后设备的入账价值：

$$180\ 000+45\ 000-48\ 000=177\ 000(元)$$

编制会计分录如下。

借：在建工程 180 000
　　累计折旧 120 000
　贷：固定资产 300 000

借：在建工程 45 000
　贷：银行存款等 45 000

借：营业外支出 48 000
　贷：在建工程 48 000

借：固定资产 177 000
　贷：在建工程 177 000

练习4

编制会计分录如下。

1. 借：固定资产清理 105 000
　　　累计折旧 45 000
　　贷：固定资产 150 000

回收价款：

借：银行存款 120 000
　贷：固定资产清理 120 000

支付清理费用：

借：固定资产清理 8 000
　贷：银行存款 8 000

借：固定资产清理 7 000
　贷：营业外收入 7 000

2. 借：待处理财产损溢 5 000
　　　累计折旧 45 000
　　贷：固定资产 50 000

借：营业外支出——固定资产盘亏 5 000
　贷：待处理财产损溢 5 000

练习5

计提减值准备=230 000－25 000－195 000=10 000(元)

编制会计分录如下。

借：资产减值损失——固定资产减值损失　　10 000

　贷：固定资产减值准备　　10 000

练习6

编制会计分录如下。

借：研发支出——资本化支出　　75 000 000

　　研发支出——费用化支出　　50 000 000

　贷：原材料　　60 000 000

　　　应付职工薪酬　　20 000 000

　　　银行存款　　45 000 000

借：管理费用　　50 000 000

　　无形资产　　75 000 000

　贷：研发支出——资本化支出　　75 000 000

　　　研发支出——费用化支出　　50 000 000

第七章　负　债

练习1

① 计提工资

借：生产成本(11 700×120)　　1 404 000

　　管理费用(11 700×30)　　351 000

　贷：应付职工薪酬　　1 755 000

② 发放福利

借：应付职工薪酬　　1 755 000

　贷：主营业务收入　　1 500 000

　　　应交税费——应交增值税(销项税额)　　255 000

借：主营业务成本　　1 200 000

　贷：库存商品　　1 200 000

练习2

消费税税额＝360 000×10％＝36 000(元)

营业税税额＝350 000×3％＝10 500(元)

增值税税额＝(360 000＋350 000)×17％＝120 700(元)

城市维护建设税＝(36 000＋10 500＋120 700)×7％＝11 704(元)

教育费附加＝(36 000＋10 500＋120 700)×3％＝5 016(元)

编制会计分录如下。

① 计提税金

借：营业税金及附加　　63 220

　贷：应交税费——应交消费税　　36 000

　　应交税费——应交营业税　　10 500

　　应交税费——应交城市维护建设税　　11 704

　　其他应付款——应交教育费附加　　5 016

② 缴纳营业税时

借：应交税费——应交营业税　　10 000

　贷：银行存款　　10 000

练习3

① 2012 年 1 月 1 日借入款项

借：银行存款　　15 000 000

　贷：长期借款　　15 000 000

② 2012 年年底计提并支付利息

借：在建工程　　1 050 000

　贷：应付利息　　1 050 000

借：应付利息　　1 050 000

　贷：银行存款　　1 050 000

③ 2013 年 5 月底计提利息

借：在建工程(15 000 000×7％×5/12)　　437 500

　贷：应付利息　　437 500

④ 2013 年年底计提并支付利息

借：财务费用(15 000 000×7％×7/12)　　612 500

　贷：应付利息　　612 500

借：应付利息　　1 050 000
　贷：银行存款　　1 050 000

⑤ 2014 年年底还本付息

借：财务费用　　1 050 000
　　长期借款　　15 000 000
　贷：银行存款　　16 050 000

练习 4

1. 发行价格

① 市场利率为 5%时

债券价格 $=1\,000\,000\times7\%\times(P/A,5\%,3)+1\,000\,000\times(P/F,5\%,3)$
$=1\,054\,424$(元)

② 市场利率为 9%时

债券价格 $=1\,000\,000\times7\%\times(P/A,9\%,3)+1\,000\,000\times(P/F,9\%,3)$
$=949\,391$(元)

2. 债券发行分录

① 市场利率为 5%时

借：银行存款　　1 054 424
　贷：应付债券——面值　　1 000 000
　　　应付债券——利息调整　　54 424

② 市场利率为 9%时

借：银行存款　　949 391
　　应付债券——利息调整　　50 609
　贷：应付债券——面值　　1 000 000

3. 计算每期利息并摊销折价或溢价

① 市场利率为 5%，采用直线法摊销

每年应摊销的溢价 $=54\,424\div3=18\,141.33$(元)

每年的应计利息 $=70\,000-18\,141.33=51\,858.67$(元)

编制会计分录如下。

借：财务费用　　51 858.67
　　应付债券——利息调整　　18 141.33
　贷：应付利息　　70 000

② 市场利率为5%，采用实际利率法摊销，如下表所示。

单位：元

付息日期	支付利息	利息费用	摊销的溢价	应付债券摊余成本
2012-01-01				1 054 424
2012-12-31	70 000	52 721.20	17 278.80	1 037 145.20
2013-12-31	70 000	51 857.26	18 142.74	1 019 002.46
2014-12-31	70 000	50 997.54	19 002.46	1 000 000

编制会计分录如下(以2013年12月31日为例)。

借：财务费用　　51 857.26

　　应付债券——利息调整　　18 142.74

　贷：应付利息　　70 000

③ 市场利率为9%，采用直线法摊销

$$每年应摊销的折价 = 50\,609 \div 3 = 16\,869.67(元)$$

$$每年应付利息 = 70\,000 + 16\,869.67 = 86\,869.67(元)$$

编制会计分录如下。

借：财务费用　　86 869.67

　贷：应付债券——利息调整　　70 000

　　　应付债券——应付利息　　16 869.67

④ 市场利率为9%，采用实际利率法摊销，如下表所示。

单位：元

付息日期	支付利息	利息费用	摊销的折价	应付债券的摊余成本
2012-01-01				949 391
2012-12-31	70 000	85 445.19	15 445.19	964 836.19
2013-12-31	70 000	86 835.26	16 835.26	981 671.45
2014-12-31	70 000	88 328.55	18 325855	1 000 000

编制会计分录如下(以2013年12月31日为例)。

借：财务费用　　86 835.26

　贷：应付债券——利息调整　　16 835.26

　　　应付利息　　70 000

4. 支付利息

借：应付利息　　70 000

　贷：银行存款　　70 000

5. 支付本金

借：应付债券——面值　　1 000 000
　贷：银行存款　　1 000 000

第八章　所有者权益

练习1

借：银行存款　　3 460 000
　贷：股本——普通股　　800 000
　　　资本公积——股本溢价　　2 660 000

练习2

① 以0.8元价格回购并注销

借：库存股　　9 600 000
　贷：银行存款　　9 600 000
借：股本　　12 000 000
　贷：库存股　　9 600 000
　　　资本公积——股本溢价　　2 400 000

② 以2元价格回购并注销

借：库存股　　24 000 000
　贷：银行存款　　24 000 000
借：股本　　12 000 000
　　资本公积——股本溢价　　12 000 000
　贷：库存股　　24 000 000

③ 以3元价格回购并注销

借：库存股　　36 000 000
　贷：银行存款　　36 000 000
借：股本　　12 000 000
　　资本公积——股本溢价　　20 000 000
　　盈余公积　　4 000 000
　贷：库存股　　36 000 000

第九章　费用与成本

练习1

1. 折旧费和修理费的分摊

甲产品应分摊额 = 26 880 × 300/(300 + 200) = 16 128(元)

乙产品应分摊额 = 26 880 × 200/(300 + 200) = 10 752(元)

2. 其他制造费用的分摊

甲产品分摊额 = 24 940 × 2 500/(2 500 + 1 800) = 14 500(元)

乙产品分摊额 = 24 940 × 1 800/(2 500 + 1 800) = 10 440(元)

练习2

1. 辅助材料的分配

A 产品分摊额 = 1 480 × 4 800/(4 800 + 6 400 + 3 600) = 480(元)

B 产品分摊额 = 1 480 × 6 400/(4 800 + 6 400 + 3 600) = 640(元)

C 产品分摊额 = 1 480 × 3 600/(4 800 + 6 400 + 3 600) = 360(元)

2. 燃料费用的分配

A 产品分摊额 = 680 × 260/(260 + 160 + 300) = 245.56(元)

B 产品分摊额 = 680 × 160/(260 + 160 + 300) = 151.11(元)

C 产品分摊额 = 680 × 300/(260 + 160 + 300) = 283.33(元)

3. 电力费用的分配

A 产品分摊额 = 1 750 × 2 400/(2 400 + 2 800 + 1 800) = 600(元)

B 产品分摊额 = 1 750 × 2 800/(2 400 + 2 800 + 1 800) = 700(元)

C 产品分摊额 = 1 750 × 1 800/(2 400 + 2 800 + 1 800) = 450(元)

4. 间接工资的分配

A 产品分摊额 = 280 × 2 400/(2 400 + 2 800 + 1 800) = 96(元)

B 产品分摊额 = 280 × 2 400/(2 400 + 2 800 + 1 800) = 112(元)

C 产品分摊额 = 280 × 2 400/(2 400 + 2 800 + 1 800) = 72(元)

5. 编制会计分录如下。

借：生产成本——A 产品	6 649.56	
生产成本——B 产品	8 363.11	
生产成本——C 产品	5 025.33	
贷：原材料		14 800

应付职工薪酬 1 048
制造费用——辅助材料 1 480
制造费用——间接人工 280
制造费用——燃料费用 680
制造费用——动力费用 1 750

练习3

1. 编制会计分录如下。

(1) 基本生产车间领用原材料

借：生产成本——A 产品 14 000
  生产成本——B 产品 4 480
 贷：原材料 18 480

(2) 领用低值易耗品

借：制造费用 700
 贷：低值易耗品 700

(3) 计提折旧

借：制造费用 1 372
  管理费用 238
 贷：累计折旧 1 600

(4) 计提工资

借：生产成本——A 产品 2 520
  生产成本——B 产品 1 680
  制造费用 700
  管理费用 2 100
 贷：应付职工薪酬——工资 7 000

(5) 计提福利费

借：生产成本——A 产品 352.80
  生产成本——B 产品 235.20
  制造费用 98
  管理费用 294
 贷：应付职工薪酬——福利费 980

2. 制造费用的归集与分配

本月制造费用总额 ＝ 700 ＋ 1 372 ＋ 700 ＋ 98 ＝ 2 870(元)

A 产品应分配的制造费用 ＝ 2 870 × 2 520/(2 520 ＋ 1 680) ＝ 1 722(元)

B产品应分配的制造费用 = 2 870 × 1 680/(2 520 + 1 680) = 1 148(元)

编制会计分录如下：

借：生产成本——A产品　　1 722

　　生产成本——B产品　　1 148

　贷：制造费用　　2 870

3. 成本的分配

A产品总成本 = 14 000 + 2 520 + 352.80 + 1 722 + 3080 = 21 674.80(元)

A月末在产品成本 = 4 760(元)

A月末完工产品成本 = 21 674.80 − 4760 = 16 914.80(元)

B产品总成本 = 4 480 + 1 680 + 235.20 + 1 148 = 7 543.20(元)

编制会计分录如下。

借：产成品——A产成品　　16 914.80

　　产成品——B产成品　　7 543.20

　贷：生产成本——A产成品　　16 914.80

　　　生产成本——B产成品　　7 543.20

第十章　收　入

练习1

(1) 6月1日销售实现时，按销售总价确认收入

借：应收账款　　35 100

　贷：主营业务收入　　30 000

　　　应交税费——应交增值税(销项税额)　　5 100

(2) 如果B公司在6月8日付清贷款，则按总价30 000元的2%享受现金折扣600元，实际付款34 500元(35 100−600)。

借：银行存款　　34 500

　　财务费用　　600

　贷：应收账款　　35 100

(3) 如果B公司在6月19日付清贷款，则按总价30 000元的1%享受现金折扣300元，实际付款34 800元(35 100−300)。

借：银行存款　　34 800

　　财务费用　　300

　贷：应收账款　　35 100

(4) 如果B公司在6月底付清货款,则按全额付款:

借:银行存款　　35 100

　贷:应收账款　　35 100

练习2

① 销售实现时

借:应收账款　　234 000

　贷:主营业务收入　　200 000

　　　应交税费——应交增值税(销项税额)　　34 000

借:主营业务成本　　140 000

　贷:库存商品　　140 000

② 发生销售折让时

借:主营业务收入　　10 000

　　应交税费——应交增值税(销项税额)　　1 700

　贷:应收账款　　11 700

③ 实际收到款项时

借:银行存款　　222 300

　贷:应收账款　　222 300

练习3

(1) 2013年应确认的收入:8 000 000×60%=4 800 000(元)

2013年应确认的费用:(4 400 000+1 600 000)×60%=3 600 000(元)

(2) 收到项目款时

借:银行存款　　5 000 000

　贷:预收账款　　5 000 000

确认收入、费用时

借:预收账款　　4 800 000

　贷:主营业务收入　　4 800 000

借:劳务成本　　4 400 000

　贷:应付职工薪酬　　4 400 000

借:主营业务成本　　3 600 000

　贷:劳务成本　　3 600 000

第十一章 利 润

练习1

根据上述资料，企业应做如下会计处理。

① 结转本年收入

借：主营业务收入 4 520 000
　　其他业务收入 270 400
　　投资收益 625 000
　　营业外收入 46 800
　贷：本年利润 5 462 200

② 结转业务成本、税金、费用及损失

借：本年利润 3 442 600
　贷：主营业务成本 3 140 000
　　　其他业务成本 207 000
　　　营业税金及附加 9 800
　　　销售费用 11 600
　　　管理费用 8 900
　　　财务费用 11 500
　　　营业外支出 53 800

经过结账后，“本年利润”账户贷方发生额为 5 462 200 元，“本年利润”账户借方发生额为 3 442 600 元，企业实现的利润总额为 2 019 600 元；营业利润＝利润总额＋营业外支出－营业外收入＝2 019 600＋53 800－46 800＝2 026 600(元)。

练习2

设备计提折旧相关数据如下表所示。

年份	直线法		年数总和法		应纳税暂时性差异	递延所得税负债发生额
	计提折旧	账面价值	计提折旧	计税基础		
2013	47 500	252 500	95 000	205 000	47 500	11 875
2014	47 500	205 000	76 000	129 000	76 000	7 125
2015	47 500	157 500	57 000	72 000	85 500	2 375
2016	47 500	110 000	38 000	34 000	76 000	－2 375
2017	47 500	62 500	19 000	15 000	47 500	－7 125
2018	47 500	15 000	0	15 000	0	－11 875

2013 年：应交所得税＝(450 000－47 500)×25％＝100 625(元)

编制会计分录如下。

借：所得税费用　　112 500

　贷：应交税费——应交所得税　　100 625

　　　递延所得税负债　　11 875

2014 年：应交所得税＝(450 000－28 500)×25％＝105 375(元)

编制会计分录如下。

借：所得税费用　　112 500

　贷：应交税费——应交所得税　　105 375

　　　递延所得税负债　　7 125

2015 年：应交所得税＝(450 000－9 500)×25％＝110 125(元)

编制会计分录如下。

借：所得税费用　　112 500

　贷：应交税费——应交所得税　　110 125

　　　递延所得税负债　　2 375

2016 年：应交所得税＝(450 000＋9 500)×25％＝114 875(元)

编制会计分录如下。

借：所得税费用　　112 500

　　递延所得税负债　　2 375

　贷：应交税费——应交所得税　　114 875

2017 年：应交所得税＝(450 000＋28 500)×25％＝119 625(元)

编制会计分录如下。

借：所得税费用　　112 500

　　递延所得税负债　　7 125

　贷：应交税费——应交所得税　　119 625

2018 年：应交所得税＝(450 000＋47 500)×25％＝124 375(元)

编制会计分录如下。

借：所得税费用　　112 500

　　递延所得税负债　　11 875

　贷：应交税费——应交所得税　　124 375

第十二章　财务报告

M 公司 2013 年 12 月 31 日资产负债表如下表所示：

资产负债表

编制单位：M公司　　2013年12月31日　　单位：元

资　　产	期末余额	年初余额		期末余额	年初余额
流动资产：			流动负债：		
货币资金	512 400	500 000	短期借款	1 052 800	1 060 000
交易性金融资产	262 700	260 000	交易性金融负债		
应收票据	425 000	426 000	应付票据	203 600	220 000
应收账款	624 500	621 400	应付账款	228 000	200 100
预付款项	20 280	0	预收款项	20 500	0
应收利息			应付职工薪酬	41 760	42 000
应收股利			应交税费	237 600	239 600
其他应收款	8 200	8 400	应付利息		
存货	2 909 140	2 874 200	应付股利	40 000	30 000
一年内到期的非流动资产			其他应付款	2 200	2 400
其他流动资产	260		一年内到期的非流动负债		
流动资产合计	4 762 480	4 690 000	其他流动负债		
非流动资产：			流动负债合计	1 826 460	1 794 100
可供出售金融资产			非流动负债：		
持有至到期投资			长期借款	243 760	244 000
长期应收款			应付债券	1 771 880	2 038 600
长期股权投资	125 000	124 000	长期应付款	3 760	4 000
投资性房地产			专项应付款		
固定资产	10 150 280	9 980 000	预计负债		
在建工程	5 200	5 000	递延所得税负债		
工程物资			其他非流动负债		
固定资产清理			非流动负债合计	2 019 400	2 286 600
生产性生物资产			负债合计	3 845 860	4 080 700
油气资产			所有者权益(股东权益)：		
无形资产	11 900	12 000	实收资本(或股本)	10 100 000	10 000 000
开发支出			资本公积	232 200	230 300
商誉			减：库藏股		
长期待摊费用			盈余公积	656 800	380 000

续表

资　　产	期末余额	年初余额		期末余额	年初余额
递延所得税资产			未分配利润	220 000	120 000
其他非流动资产			所有者权益合计	11 209 000	10 730 300
非流动资产合计	10 292 380	10 121 000			
资产总计	15 054 860	14 811 000	负债及所有者权益总计	15 054 860	14 811 000

M 公司 2013 年度的损益表如下表所示。

损益表

编制单位：M 公司　　　　2013 年度　　　　单位：元

项　　目	行次	本年累计数	上年累计数
一、营业收入	1	14 450 000	11 600 000
减：营业成本	2	10 698 000	9 400 000
营业税金及附加	3	22 000	33 000
销售费用	4	620 000	700 000
管理费用	5	31 000	30 000
财务费用	6	197 000	160 000
资产减值损失	7		
加：公允价值变动收益(损失以“－”号填列)	8		
投资收益(损失以“－”号填列)	9	25 600	26 000
其中：对联营企业和合营企业的投资收益	10		
二、营业利润(损失以“－”号填列)	11		
加：营业外收入	12	64 800	60 000
减：营业外支出	13	96 400	96 000
其中：非流动资产处置损失	14		
三、利润总额(亏损总额以“－”号填列)	15		
减：所得税费用	16	700 000	546 000
四、净利润(净亏损以“－”号填列)	17	2 176 000	721 000
五、每股收益	18		
(一) 基本每股收益	19		
(二) 稀释每股收益	20		
六、其他综合收益			
七、综合收益总额			

附　录

复利现值系数表

期数	1%	2%	3%	4%	5%	6%	7%	8%	9%	10%	11%	12%
1	0.990 1	0.980 4	0.970 9	0.961 5	0.952 4	0.943 4	0.934 6	0.925 9	0.917 4	0.909 1	0.900 9	0.892 9
2	0.980 3	0.961 2	0.942 6	0.924 6	0.907	0.89	0.873 4	0.857 3	0.841 7	0.826 4	0.811 6	0.797 2
3	0.970 6	0.942 3	0.915 1	0.889	0.863 8	0.839 6	0.816 3	0.793 8	0.772 2	0.751 3	0.731 2	0.711 8
4	0.961	0.923 8	0.888 5	0.854 8	0.822 7	0.792 1	0.762 9	0.735	0.708 4	0.683	0.658 7	0.635 5
5	0.951 5	0.905 7	0.862 6	0.821 9	0.783 5	0.747 3	0.713	0.680 6	0.649 9	0.620 9	0.593 5	0.567 4
6	0.942	0.888	0.837 5	0.790 3	0.746 2	0.705	0.666 3	0.630 2	0.596 3	0.564 5	0.534 6	0.506 6
7	0.932 7	0.870 6	0.813 1	0.759 9	0.710 7	0.665 1	0.622 7	0.583 5	0.547	0.513 2	0.481 7	0.452 3
8	0.923 5	0.853 5	0.789 4	0.730 7	0.676 8	0.627 4	0.582	0.540 3	0.501 9	0.466 5	0.433 9	0.403 9
9	0.914 3	0.836 8	0.766 4	0.702 6	0.644 6	0.591 9	0.543 9	0.500 2	0.460 4	0.424 1	0.390 9	0.360 6
10	0.905 3	0.820 3	0.744 1	0.675 6	0.613 9	0.558 4	0.508 3	0.463 2	0.422 4	0.385 5	0.352 2	0.322
11	0.896 3	0.804 3	0.722 4	0.649 6	0.584 7	0.526 8	0.475 1	0.428 9	0.387 5	0.350 5	0.317 3	0.287 5
12	0.887 4	0.788 5	0.701 4	0.624 6	0.556 8	0.497	0.444	0.397 1	0.3555	0.318 6	0.285 8	0.256 7
13	0.878 7	0.773	0.681	0.600 6	0.530 3	0.468 8	0.415	0.367 7	0.326 2	0.289 7	0.257 5	0.229 2
14	0.87	0.757 9	0.661 1	0.577 5	0.505 1	0.442 3	0.387 8	0.340 5	0.299 2	0.263 3	0.232	0.204 6
15	0.861 3	0.743	0.641 9	0.555 3	0.481	0.417 3	0.362 4	0.315 2	0.274 5	0.239 4	0.209	0.182 7
16	0.852 8	0.728 4	0.623 2	0.533 9	0.458 1	0.393 6	0.338 7	0.291 9	0.251 9	0.217 6	0.188 3	0.163 1
17	0.844 4	0.714 2	0.605	0.513 4	0.436 3	0.371 4	0.316 6	0.270 3	0.231 1	0.197 8	0.169 6	0.145 6
18	0.836	0.700 2	0.587 4	0.493 6	0.415 5	0.350 3	0.295 9	0.250 2	0.212	0.179 9	0.152 8	0.13
19	0.827 7	0.686 4	0.570 3	0.474 6	0.395 7	0.330 5	0.276 5	0.231 7	0.194 5	0.163 5	0.137 7	0.116 1
20	0.819 5	0.673	0.553 7	0.456 4	0.376 9	0.311 8	0.258 4	0.214 5	0.178 4	0.148 6	0.124	0.103 7
21	0.811 4	0.659 8	0.537 5	0.438 8	0.358 9	0.294 2	0.241 5	0.198 7	0.163 7	0.135 1	0.111 7	0.092 6
22	0.803 4	0.646 8	0.521 9	0.422	0.341 8	0.277 5	0.225 7	0.183 9	0.150 2	0.122 48	0.100 7	0.082 6
23	0.795 4	0.634 2	0.506 7	0.405 7	0.325 6	0.261 8	0.210 9	0.170 3	0.137 8	0.111 7	0.090 7	0.073 8
24	0.787 6	0.621 7	0.491 9	0.390 1	0.310 1	0.247	0.197 1	0.157 7	0.126 4	0.101 5	0.081 7	0.065 9
25	0.779 8	0.609 5	0.477 6	0.375 1	0.295 3	0.233	0.184 2	0.146	0.116	0.092 3	0.073 6	0.058 8

复利终值系数表

期数	1%	2%	3%	4%	5%	6%	7%	8%	9%	10%	11%	12%
1	1.01	1.02	1.03	1.04	1.05	1.06	1.07	1.08	1.09	1.1	1.11	1.12
2	1.020 1	1.040 4	1.060 9	1.081 6	1.102 5	1.123 6	1.144 9	1.166 4	1.188 1	1.21	1.232 1	1.254 4
3	1.030 3	1.061 2	1.092 7	1.124 9	1.157 6	1.191	1.225	1.259 7	1.295	1.331	1.367 6	1.404 9
4	1.040 6	1.082 4	1.125 5	1.169 9	1.215 5	1.262 5	1.310 8	1.360 5	1.411 6	1.464 1	1.518 1	1.573 5
5	1.051	1.104 1	1.159 3	1.216 7	1.276 3	1.338 2	1.402 6	1.469 3	1.538 6	1.610 5	1.685 1	1.762 3
6	1.061 5	1.126 2	1.194 1	1.265 3	1.340 1	1.418 5	1.500 7	1.586 9	1.677 1	1.771 6	1.870 4	1.973 8
7	1.072 1	1.148 7	1.229 9	1.315 9	1.407 1	1.503 6	1.605 8	1.713 8	1.828	1.948 7	2.076 2	2.210 7
8	1.082 9	1.171 7	1.266 8	1.368 6	1.477 5	1.593 8	1.718 2	1.850 9	1.992 6	2.143 6	2.304 5	2.476
9	1.093 7	1.195 1	1.304 8	1.423 3	1.551 3	1.689 5	1.838 5	1.999	2.171 9	2.357 9	2.558	2.773 1
10	1.104 6	1.219	1.343 9	1.480 2	1.628 9	1.790 8	1.967 2	2.158 9	2.367 4	2.593 7	2.839 4	3.105 8
11	1.115 7	1.243 4	1.384 2	1.539 5	1.710 3	1.898 3	2.104 9	2.331 6	2.580 4	2.853 1	3.151 8	3.478 6
12	1.126 8	1.268 2	1.425 8	1.601	1.795 9	2.012 2	2.252 2	2.518 2	2.812 7	3.138 4	3.498 5	3.896
13	1.138 1	1.293 6	1.468 5	1.665 1	1.885 6	2.132 9	2.409 8	2.719 6	3.065 8	3.452 3	3.883 3	4.363 5
14	1.149 5	1.319 5	1.512 6	1.731 7	1.979 9	2.260 9	2.578 5	2.937 2	3.341 7	3.797 5	4.310 4	4.887 1
15	1.161	1.345 9	1.558	1.800 9	2.078 9	2.396 6	2.759	3.172 2	3.642 5	4.177 2	4.784 6	5.473 6
16	1.172 6	1.372 8	1.604 7	1.873	2.182 9	2.540 4	2.952 2	3.425 9	3.970 3	4.595	5.310 9	6.130 4
17	1.184 3	1.400 2	1.652 8	1.947 9	2.292	2.692 8	3.158 8	3.7	4.327 6	5.054 5	5.895 1	6.866
18	1.196 1	1.428 2	1.702 4	2.025 8	2.406 6	2.854 3	3.379 9	3.996	4.717 1	5.559 9	6.543 6	7.69
19	1.208 1	1.456 8	1.753 5	2.106 8	2.527	3.025 6	3.616 5	4.315 7	5.141 7	6.115 9	7.263 3	8.612 8
20	1.220 2	1.485 9	1.806 1	2.191 1	2.653 3	3.207 1	3.869 7	4.661	5.604 4	6.727 5	8.062 3	9.646 3
21	1.232 4	1.515 7	1.860 3	2.278 8	2.786	3.399 6	4.140 6	5.033 8	6.108 8	7.400 2	8.949 2	10.803 8
22	1.244 7	1.546	1.916 1	2.369 9	2.925 3	3.603 5	4.430 4	5.436 5	6.658 6	8.140 3	9.933 6	12.100 3
23	1.257 2	1.576 9	1.973 6	2.464 7	3.071 5	3.819 7	4.740 5	5.871 5	7.257 9	8.954 3	11.026 3	13.552 3
24	1.269 7	1.608 4	2.032 8	2.563 3	3.225 1	4.048 9	5.072 4	6.341 2	7.911 1	9.849 7	12.239 2	15.178 6
25	1.282 4	1.640 6	2.093 8	2.665 8	3.386 4	4.291 9	5.427 4	6.848 5	8.623 1	10.834 7	13.585 5	17.000 1

年金现值系数表

期数	1%	2%	3%	4%	5%	6%	7%	8%	9%	10%	11%	12%
1	0.990 1	0.980 4	0.970 9	0.961 5	0.952 4	0.943 4	0.934 6	0.925 9	0.917 4	0.909 1	0.900 9	0.892 9
2	1.970 4	1.941 6	1.913 5	1.886 1	1.859 4	1.833 4	1.808	1.783 3	1.759 1	1.735 5	1.712 5	1.690 1
3	2.941	2.883 9	2.828 6	2.775 1	2.723 2	2.673	2.624 3	2.577 1	2.531 3	2.486 9	2.443 7	2.401 8
4	3.902	3.807 7	3.717 1	3.629 9	3.546	3.465 1	3.387 2	3.312 1	3.239 7	3.169 9	3.102 4	3.037 3
5	4.853 4	4.713 5	4.579 7	4.451 8	4.329 5	4.212 4	4.100 2	3.992 7	3.889 7	3.790 8	3.695 9	3.604 8
6	5.795 5	5.601 4	5.417 2	5.242 1	5.075 7	4.917 3	4.766 5	4.622 9	4.485 9	4.355 3	4.230 5	4.111 4
7	6.728 2	6.472	6.230 3	6.002 1	5.786 4	5.582 4	5.389 3	5.206 4	5.033	4.868 4	4.712 2	4.563 8
8	7.651 7	7.325 5	7.019 7	6.732 7	6.463 2	6.209 8	5.971 3	5.746 6	5.534 8	5.334 9	5.146 1	4.967 6
9	8.566	8.162 2	7.786 1	7.435 3	7.107 8	6.801 7	6.515 2	6.246 9	5.995 2	5.759	5.537	5.328 2
10	9.471 3	8.982 6	8.530 2	8.110 9	7.721 7	7.360 1	7.023 6	6.710 1	6.417 7	6.144 6	5.889 2	5.650 2
11	10.367 6	9.786 8	9.252 6	8.760 5	8.306 4	7.886 9	7.498 7	7.139	6.805 2	6.495 1	6.206 5	5.937 7
12	11.255 1	10.575 3	9.954	9.385 1	8.863 3	8.383 8	7.942 7	7.536 1	7.160 7	6.813 7	6.492 4	6.194 4
13	12.133 7	11.348 4	10.635	9.985 6	9.393 6	8.852 7	8.357 7	7.903 8	7.486 9	7.103 4	6.749 9	6.423 5
14	13.003 7	12.106 2	11.296 1	10.563 1	9.898 6	9.295	8.745 5	8.244 2	7.786 2	7.366 7	6.981 9	6.628 2
15	13.865 1	12.849 3	11.937 9	11.118 4	10.379 7	9.712 2	9.107 9	8.559 5	8.060 7	7.606 1	7.190 9	6.810 9
16	14.717 9	13.577 7	12.561 1	11.652 3	10.837 8	10.105 9	9.446 6	8.851 4	8.312 6	7.823 7	7.379 2	6.974
17	15.562 3	14.291 9	13.166 1	12.165 7	11.274 1	10.477 3	9.763 2	9.121 6	8.543 6	8.021 6	7.548 8	7.119 6
18	16.398 3	14.992	13.753 5	12.659 3	11.689 6	10.827 6	10.059 1	9.371 9	8.755 6	8.201 4	7.701 6	7.249 7
19	17.226	15.678 5	14.323 8	13.133 9	12.085 3	11.158 1	10.335 6	9.603 6	8.950 1	8.364 9	7.839 3	7.365 8
20	18.045 6	16.351 4	14.877 5	13.590 3	12.462 2	11.469 9	10.594	9.818 1	9.128 5	8.513 6	7.963 3	7.469 4
21	18.857	17.011 2	15.415	14.029 2	12.821 2	11.764 1	10.835 5	10.016 8	9.292 2	8.648 7	8.075 1	7.562
22	19.660 4	17.658	15.936 9	14.451 1	13.163	12.041 6	11.061 2	10.200 7	9.442 4	8.771 5	8.175 7	7.644 6
23	20.455 8	18.292 2	16.443 6	14.856 8	13.488 6	12.303 4	11.272 2	10.371 1	9.580 2	8.883 2	8.266 4	7.718 4
24	21.243 4	18.913 9	16.935 5	15.247	13.798 6	12.550 4	11.469 3	10.528 8	9.706 6	8.984 7	8.348 1	7.784 3
25	22.023 2	19.523 5	17.413 1	15.622 1	14.093 9	12.783 4	11.653 6	10.674 8	9.822 6	9.077	8.421 7	7.843 1

年金终值系数表

期数	1%	2%	3%	4%	5%	6%	7%	8%	9%	10%	11%	12%
1	1.000 0	1.000 0	1.000 0	1.000 0	1.000 0	1.000 0	1.000 0	1.000 0	1.000 0	1.000 0	1.000 0	1.000 0
2	2.010 0	2.020 0	2.030 0	2.040 0	2.050 0	2.060 0	2.070 0	2.080 0	2.090 0	2.100 0	2.110 0	2.120 0
3	3.030 1	3.060 4	3.090 9	3.121 6	3.152 5	3.183 6	3.214 9	3.246 4	3.278 1	3.310 0	3.342 1	3.374 4
4	4.060 4	4.121 6	4.183 6	4.246 5	4.310 1	4.374 6	4.439 9	4.506 1	4.573 1	4.641 0	4.709 7	4.779 3
5	5.101 0	5.204 0	5.309 1	5.416 3	5.525 6	5.637 1	5.750 7	5.866 6	5.984 7	6.105 1	6.227 8	6.352 8
6	6.152 0	6.308 1	6.468 4	6.633 0	6.801 9	6.975 3	7.153 3	7.335 9	7.523 3	7.715 6	7.912 9	8.115 2
7	7.213 5	7.434 3	7.662 5	7.898 3	8.142 0	8.393 8	8.654 0	8.922 8	9.200 4	9.487 2	9.783 3	10.089 0
8	8.285 7	8.583 0	8.892 3	9.214 2	9.549 1	9.897 5	10.259 8	10.636 6	11.028 5	11.435 9	11.859 4	12.299 7
9	9.368 5	9.754 6	10.159 1	10.582 8	11.026 6	11.491 3	11.978 0	12.487 6	13.021 0	13.579 5	14.164 0	14.775 7
10	10.462 2	10.949 7	11.463 9	12.006 1	12.577 9	13.180 8	13.816 4	14.486 6	15.192 9	15.937 4	16.722 0	17.548 7
11	11.566 8	12.168 7	12.807 8	13.486 4	14.206 8	14.971 6	15.783 6	16.645 5	17.560 3	18.531 2	19.561 4	20.654 6
12	12.682 5	13.412 1	14.192 0	15.025 8	15.917 1	16.869 9	17.888 5	18.977 1	20.140 7	21.384 3	22.713 2	24.133 1
13	13.809 3	14.680 3	15.617 8	16.626 8	17.713 0	18.882 1	20.140 6	21.495 3	22.953 4	24.522 7	26.211 6	28.029 1
14	14.947 4	15.973 9	17.086 3	18.291 9	19.598 6	21.015 1	22.550 5	24.214 9	26.019 2	27.975 0	30.094 9	32.392 6
15	16.096 9	17.293 4	18.598 9	20.023 6	21.578 6	23.276 0	25.129 0	27.152 1	29.360 9	31.772 5	34.405 4	37.279 7
16	17.257 9	18.639 3	20.156 9	21.824 5	23.657 5	25.672 5	27.888 1	30.324 3	33.003 4	35.949 7	39.189 9	42.753 3
17	18.430 4	20.012 1	21.761 6	23.697 5	25.840 4	28.212 9	30.840 2	33.750 2	36.973 7	40.544 7	44.500 8	48.883 7
18	19.614 7	21.412 3	23.414 4	25.645 4	28.132 4	30.905 7	33.999 0	37.450 2	41.301 3	45.599 2	50.395 9	55.749 7
19	20.810 9	22.840 6	25.116 9	27.671 2	30.539 0	33.760 0	37.379 0	41.446 3	46.018 5	51.159 1	56.939 5	63.439 7
20	22.019 0	24.297 4	26.870 4	29.778 1	33.066 0	36.785 6	40.995 5	45.762 0	51.160 1	57.275 0	64.202 8	72.052 4
21	23.239 2	25.783 3	28.676 5	31.969 2	35.719 3	39.992 7	44.865 2	50.422 9	56.764 5	64.002 5	72.265 1	81.698 7
22	24.471 6	27.299 0	30.536 8	34.248 0	38.505 2	43.392 3	49.005 7	55.456 8	62.873 3	71.402 7	81.214 3	92.502 6
23	25.716 3	28.845 0	32.452 9	36.617 9	41.430 5	46.995 8	53.436 1	60.893 3	69.531 9	79.543 0	91.147 9	104.602 9
24	26.973 5	30.421 9	34.426 5	39.082 6	44.502 0	50.815 6	58.176 7	66.764 8	76.789 8	88.497 3	102.174 2	118.155 2
25	28.243 2	32.030 3	36.459 3	41.645 9	47.727 1	54.864 5	63.249 0	73.105 9	84.700 9	98.347 1	114.413 3	133.333 9

教学支持说明

▶▶课件申请

尊敬的老师：

您好！感谢您选用清华大学出版社的教材！为更好地服务教学，我们为采用本书作为教材的老师提供教学辅助资源。鉴于部分资源仅提供给授课教师使用，请您直接手机扫描下方二维码实时申请教学资源。

任课教师扫描二维码
可获取教学辅助资源

▶▶样书申请

为方便教师选用教材，我们为您提供免费赠送样书服务。授课教师扫描下方二维码即可获取清华大学出版社教材电子书目。在线填写个人信息，经审核认证后即可获取所选教材。我们会第一时间为您寄送样书。

任课教师扫描二维码
可获取教材电子书目

清华大学出版社

E-mail: tupfuwu@163.com　　网址：http://www.tup.com.cn/
电话：8610-62770175-4506/4340　　传真：8610-62775511
地址：北京市海淀区双清路学研大厦B座509室　　邮编：100084